대통령과
루이비통

대통령과 루이비통
마케터도 모르는 한국인의 소비심리
ⓒ 황상민2012

초　판 1쇄 발행일 2012년　8월　7일
초　판 8쇄 발행일 2012년 10월 16일

지은이　황상민
펴낸이　이정원

출 판 책 임　박성규
편 집 책 임　선우미정
편 집 진 행　조아라
편　　　집　김상진 · 이은 · 한진우
디 자 인　김지연
본문디자인　박지혜
마 케 팅　석철호 · 나다연 · 도한나
경 영 지 원　김은주 · 김은지
관　　　리　구법모 · 엄철용
제　　　작　송승욱

펴 낸 곳　도서출판 들녘
등 록 일 자　1987년 12월 12일
등 록 번 호　10-156
주　　　소　경기도 파주시 교하읍 문발리 출판문화정보산업단지 513-9
전　　　화　마케팅 031-955-7374　편집 031-955-7381
팩 시 밀 리　031-955-7393
홈 페 이 지　www.ddd21.co.kr

I S B N　978-89-7527-999-7(13320)
값은 뒤표지에 있습니다. 잘못된 책은 구입하신 곳에서 바꿔드립니다.

대통령과
루이비통

마케터도 모르는
한국인의 소비심리

황상민 연세대학교 심리학 교수 **지음**

들녘

차례

프롤로그 나는 소비한다, 고로 존재한다

나의 오늘은 당신의 어제와 같다 8/ 천 개의 마음! 10/ 에피소드: LED TV와 아이폰4 14/ 유행의 이름으로 17/ 콘크리트 구조물을 사는 나라, 인테리어를 뜯는 나라 21/ 소비하라, 그러면 행복할 것이다 24/ 왜, 한국인의 소비심리인가? 28/ 소비의 주인이 될 것인가, 노예가 될 것인가? 31

1부 시장으로 나온 **심리학**

1장 소비심리학의 탄생

과학이 인간의 마음을 만날 때 36/ 심리학? 어디에 쓰는 물건인데? 41/ 나는 내가 가진 모든 것의 총합이다 44/ 경영학이 말하는 소비, 소비행동, 소비심리 48/ 경영학은 소비자의 마음을 모른다 50/ 심리학이 말하는 소비행위, 소비심리의 탐색 52/ 농부를 살린 물고기 53/ 나무와 벽돌로 진짜 집 짓기 56/ 마케팅을 잘하려면 심리학이 필요하다? 58/ 사례 연구: 소비심리 연구에 새로운 통찰을 제공하다 59/ 나는 누구일까?: 소비심리 추리 1 61/ 홈스의 가추법: 소비심리 추리 2 64/ 나는 쇼핑한다, 고로 존재한다 65

2장 내 마음을 뺏어봐!

호수에 잠긴 달 71/ 공주의 달, 신하들의 달 74/ 나를 많이 팔아주세요! 77/ 우리는 '레알' 경험을 소비한다 80/ 나는, 나를 소비할 권리가 있다 82/ 타깃팅을 해야 한다고요? 84/ 마케팅 믹스가 뭐예요? 85/ 다양한 마음 사로잡기 88/ 별들의 전쟁: 사이코그래피와 라이프 스타일 89/ VALS, 미국인의 욕망을 표현하다 92/ 마더합시다! 마더하지 맙시다! 95/ 마케팅 믹스는 왜 작동하지 않는가? 98

3장 심리학자, 새로운 마음 탐색 패러다임을 제안하다

숫자가 아니라 마음을 읽어라! 102/ 마케팅 조사의 비극: 염불보다 잿밥 106/ 핵심 소비자는 누구인가? 108/ 방황하는 마케팅 조사: 무엇을 연구할까? 113/ 완벽한 하나는 없다 119/ 소비자의 입맛은 몇 개일까? 122/ 인간의 마음은 다양하고, 사람의 입맛은 민주적이다 125

4장 당신의 마음은 방금 스캔되었습니다

라면시장을 울린 꼬꼬면 128/ 웰빙식과 보양식 사이 132/ 하워드의 연구는 일반 마케팅 조사와 어떻게 다른가? 135/ 소비자는 다양하고, 욕구는 변덕스럽다 138/ 소비자의 마음에 집중하라 141/ 좋은 질문이 정확한 답을 유도한다 144/ 하워드 모스코비츠의 규칙개발실험 149/ 마음MRI로 소비자를 세분화하라 152/ 각기 다른 마음을 알아내는 법 157/ MRI 찍는 것처럼 마음을 찍는 법 158/ 매력이 전략이다 164

2부 특명 사례 탐구

5장 특명, SK 와이번스 팬의 마음을 잡아라!

야구 관람객을 분석해주세요! 170/ 야구장에 간다, 야구를 본다! 173/ SK 와이번스의 팬, 그들이 궁금하다 176/ 소비자 심리 마케팅의 승리 185

6장 며느리도 모르는 통신요금의 비밀을 밝혀라!

통신요금, 가볍거나 무겁거나! 189/ 고지서를 받아 든 당신의 진짜 마음 191/ 여섯 가지 통신소비자 유형 198/ 당신들의 예단은 틀렸습니다 213

3부 대통령과 **루이비통**

7장 디지털 괴짜, 그들이 온다

모네 씨, 당신이 그러고도 화가요? 220/ 주류의 꿈 223/ 내 맘대로 할까, 대세를 따를까? 228/ 트렌드는 돌고, 대세는 바뀐다 235/ 회사인간 vs. 네오르네상스 238/ 디지털 괴짜, 그들을 알아야 하는 '마지막 이유' 246

8장 21세기 디지털 신인류의 라이프스타일

승민이는 1GB 컴퓨터를 샀을까? 249/ 대중의 마음은 흔들리는 갈대다 254/ 마음 MRI로 디지털 소비자를 스캔하라 259/ 라이프스타일로 본 디지털 신인류 265/ 디지털 괴짜를 위한 마케팅 274

9장 명품소비에 숨어 있는 마케팅 심리

돈이 많으면 '로열'하다? 283/ 조니 워커에서 프랑스 산 빈티지 와인으로 288/ 명품홀릭 한국인, 당신의 심리가 궁금하다 293/ 명품소비 심리코드를 분석하라: 여덟 가지 명품소비 유형 298/ 명품 마케팅의 새판을 짜다 321/ 당신의 라이프스토리를 업그레이드하라 327/ 명품소비, 명품인생 332

에필로그 나는 존재한다, 고로 행복하다

특별한 대한민국을 위한 소비심리 연구 338/ '소통'과 '선거'가 소비행동이 되는 이유 340/ '사람 좋고 무능한' 이웃집 아저씨에게 바라는 것 345/ 벤자민 프랭클린의 열세 가지 가치덕목 350/ 가치가 개인을 규정한다 352/ 가치단어로 확인한 대통령 후보들의 리더십 355/ 한국인의 가치는 이중적이다 360/ 한국인의 삶의 가치와 라이프스타일 362/ 한국의 멋진 사람들은 어떤 가치를 추구하는가? 365/ Be myself, be yourself! 367

참고문헌 및 정보출처 372

프롤로그

나는 소비한다,
고로 존재한다

🚶 나의 오늘은 당신의 어제와 같다

아침 일곱 시. 이선균이 선택한 '과학적'인 침대에서 일어나 기지개를 켠다. 김태희처럼 사랑스럽게 디오스 냉장고 문을 열고, 송중기가 마시는 서울우유를 꺼낸다. 뚜레쥬르 곡물 빵에 치즈를 얹어 원빈의 미소와 함께 먹는다. "버블버블~" 한가인의 트롬 세탁기가 빨아준 셔츠를 입고 집을 나선다. 아이유가 강추한 주유소에 들러 자동차에 기름을 넣는다. 완전 대세 하정우가 공형진에게 타주는 맥심 커피를 한 잔 하고 업무를 시작한다.

21세기 대한민국을 살아가는 누군가의 아침 일과. 트렌디하고 제법 쿨해 보인다. 왠지 '좀 사는 1인 가구' 같지 않은가? 이번에는 스타들의 이름을 빼고 다시 한 번 위의 글을 읽어보자.

아침 일곱 시. '과학적'으로 만든 침대에서 일어나 기지개를 켠다. 디오스 냉장고 문을 열고, 서울우유를 꺼낸다. 뚜레쥬르 곡물 빵에 치즈를 얹어 아침으로 먹는다. 세탁기로 빤 셔츠를 입고 집을 나선다. 주유소에 들러 자동차에 기름을 넣는다. 맥심 커피를 한 잔 하고 업무를 시작한다.

유명 연예인들의 이름을 빼버렸더니 그저 그런 평범한 내용이 되고 말았다. 우리가 어디서나 만날 수 있는 '아무개'의 일상이다. 나와 당신의 '매일'이기도 하다. 흥미로운 일은 스타가 홍보하는 물건은 대개 "뭔가 있어 보이고" 또 매우 "그럴듯해" 보인다는 사실이다. 하지만 생활의 한가운데 들어오면 '일상용품'이 된다. '특별한 그 무엇(something special)'이 '아무 거나(anything else)'가 되어버린다. 인기 스타와 연결된 물건은 특별하지만 사실 물건 그 자체만 가지고는 별 의미를 찾을 수 없다. 우리에게 이 물건이 더 대단한 무엇이 될 때에는 바로 '돈'이 얼마나 들었는지를 알게 되는 경우이다. 누군가 '루이비통 가방'을 가졌다고 하자. 그 사람이 뭔가 조금 다르게 보여지는가? 아닐 수도 있다. 그런데, 그 루이비통 가방을 사는데 한 달 월급이 넘는 돈이 든다는 것을 알게 되면, 그 가방은 특별해진다. 물건과 돈이 인간에게 만들어 내는 소비의 경험이다. '대한민국 사람들의 마음'을 탐구하는 심리학자로서, 내가 주목하는 것이다.

한국인이 보이는 소비의 경험 중에서 가장 대표적인 것이 인기인의 소비행위를 따라 하는 심리이다. 광고에 나오는 연예인이 브랜드 제품을 소비하는 모습, 유명 드라마의 주인공들이 입는 옷, 헤어스타일을 따라 하고, 심지어 그들이 손에 든 책까지 따라 읽는 마음. 그것은 대체 무엇일까? 누군가는 "연예인의 소비가 어떻게 한국인의 심리를 보여주는 일이 될까?" 하면서 고개를 갸웃할지도 모른다. 한국인에게 '스타' 또는 '연예인'의 소비는 바로 '돈'을 상징한다. 돈이 되는 사람, 돈이 많은 사람, 그들이 소비하는 물건이기에 그 물건은 특별한 것이 되고 만다. 대부분의 마케터들이 너무나 잘 알고 있는 한국인의 소비심리이다.

잠시 당신의 하루를 떠올려보라. 한국 사회에 살고 있는 '나 아무개의 하루'를 영사기로 돌려보라. 극소수의 사람을 제외하고, 대부분의 사람들은 비슷한 패턴으로 일상을 살아간다. 에이스 침대가 너무 비싸서 인터넷으로 공동 구매한 제품을 사용한다든지, 서울우유 대신 매일우유를 마시거나 뚜레쥬르 빵 대신 경기미를 먹고, 웅진 코웨이 정수기를 쓰는 대신 보리차를 끓여 마시는 정도의 차이만 있을 뿐이다. 소비하는 그 '무엇'은 다를지언정 "무엇인가를 소비하는" 나의 모습은 광고에 나오는 스타들과 다르지 않다. 소비행위를 말하지 않고는 '나의 하루'를 설명할 수조차 없을지 모른다. 그렇다면, 나는 '스타'나 '연예인'처럼 보이는가? 이제 마케터들이 잘 모르는 한국인의 소비심리를 이야기 해야 할 것 같다.

🚶 천 개의 마음!

'소비행위'를 '돈 쓰는 일' 정도로만 생각하는 사람에게는 '소비심리'라는 말 자체가 낯설 것이다. 누군가는 '소비'라는 단어조차 바람직하지 못하다고 생각할 수도 있다. '소비심리'라는 말의 뜻을 오해하는 사람도 있다. "소비심리? 그거야 뭐 기업들이 자기네 물건을 더 많이 팔아먹으려고 사람들을 유혹하는 방법을 연구하는 거 아니겠어?" 하면서. TV나 신문을 비롯한 언론매체는 어떤가? 그들은 불경기나 불황의 조짐이 보일 때마다 "소비심리가 위축되었다"고 떠든다. 소비자가 물건을 사지 않아 경제위기가 증폭된다고 호들갑을 떤다. 그러면서 소비행위의 이면에 숨은 '소비하는 당신의 진짜 마음'을 알지 못한 채 천편일률적인 뉴스를 여과 없이 내보낸다. 다음 기사를 보자.

> 그칠 줄 모르는 고유가 행진과 경기위축, 가계소득 감소, 등록금, 전세금 등 가계부담 증가로 인해 소비심리가 위축될 대로 위축돼 소비자들이 좀처럼 지갑을 열지 않고 있다. 지난해 중반까지 호황을 구가하던 백화점들은 올해 초 매출신장률이 반 토막 나고 패션과 잡화 등 고급제품 수요가 눈에 띄게 줄어들면서 어려운 시점을 맞이하고 있다. (중략) 국민의 소비심리가 꽁꽁 얼어붙었기 때문이다. 시내 백화점의 한 패션 매장 직원은 "백화점을 찾는 고객 수가 줄기도 했지만, 소비자들이 맘에 드는 물건을 발견하고도 선뜻 구매를 결정하지 못하는 경우를 종종 본다"고 말했다. (중략) 유통업계 한 전문가는 "심화되는 양극화로 인한 중산층의 감소와 각종 불확실성이 높아진 데 따른 구매의욕 저하 때문"이라며 "실물경기 둔화와 심리적 영향이 동시에 작용한 것 같다"고 지적했다.[1]

나라 경기가 좋지 않은 게 소비자들 탓일까? 대형마트 야채코너에 가는 대신 재래시장을 찾고, 슈퍼마켓 카트를 가득 채우는 대신 바구니에 꼭 필요한 것만 담아서 경제가 죽어가는 것인가? 이번에는 좀 다른 내용의 기사를 읽어보자.

해외 명품업체들에게 한국시장은 시장경제 법칙이 적용되지 않는 '파라다

이스'다. 업체가 원하는 대로 가격을 올려도 제품을 원하는 수요가 끊이지 않기 때문이다. 일반적으로 가격이 오르면 수요가 줄기 마련인데, 국내 명품 시장은 가격이 오를수록 판매가 늘어나는 기현상이 벌어진다. 심지어 가격인상이 예고되면 오르기 전에 사재기 열풍까지 불 정도다. (중략) 유럽발 재정위기에다 국내 소비부진의 와중에도 명품 브랜드들은 여전히 두 자릿수의 높은 성장세로 호황을 누린 것으로 나타났다. 4일 유통업계 및 금융감독원에 따르면 루이비통코리아는 지난해 4,973억 원의 매출을 올렸다. 전년(4,273억 원)보다 16.4% 증가한 수치다. 루이비통은 올해 명품업계 최초로 국내 매출 5,000억 원을 돌파할 것이 확실시된다. 이탈리아 브랜드인 페라가모와 불가리의 성장세도 가파르다. 그 동안 국내 명품 시장에서는 루이비통과 구찌의 인지도가 가장 높은 편이었으나 이들 브랜드까지 급성장하면서 명품소비의 저변이 확대되는 모양새다. (중략) 명품 브랜드들은 지난해 한두 차례 제품 가격을 인상했지만 가격을 올려도 당분간 명품 수요는 꺾이지 않을 것으로 업계 관계자들은 전망했다. 한 백화점 관계자는 "명품 시장도 소비심리 위축의 영향을 다소 받는 분위기지만 중산층을 중심으로 명품족 대열에 합류하려는 신규 수요가 일어나면서 성장세를 유지한다"며 "고소득층은 의류나 보석·시계, 중상위층은 고급 가방, 중산층은 대중적인 가방 라인을 중심으로 명품소비에 가세하고 있다"고 말했다.[2]

첫 번째 기사는 소비심리가 위축되어 백화점 매출에 적신호가 발생했다는 내용을 다룬다. 그러나 두 번째 기사는 소비가 부진한 와중에도 명품 매출이 꾸준히 증가하고 있다는 것, 그 원인으로 명품소비의 저변이 확대되었다는 사실을 꼽는다. 이런 마당에 "소비심리가 위축되어 사람들이 돈을 쓰지 않는다"고 해석하는 건 무지의 소치이다. 그런 논리대로라면 "경기가 위축되어 명품 구매율이 뚝 떨어졌다. 하나 둘 문을 닫는 명품 매장이 늘고 있다"는 기사가 언론매체를 도배해야 한다. 그런데 현실은 다르다. 어떤 소비는 줄어들어도 또 다른 어떤 소비는 계속된다. 사람을 움직이는 동인, 지갑을 여는 진짜 마음이 다르기 때문이다. 그런데도 '실물경기' 운운하는 것은 정말이지 '개념을 상실한' 발언이다. 심란한 마음으로 병원을 찾아 이것저것 증상을 말하는 사람에게 의사가 "신경성입니다. 마음을 편히 먹고, 스트레스 받지 말고, 운동하세요!" 하고 말하는 것과 같다. 도움을 요청하는 사람의 입장에선 기운 빠지는 일일 수밖에!

인간의 마음은 다양하다. 무엇이라고 정의할 수가 없다. 현상이 비슷하고 상황이 같아도 거기 반응하는 마음은 제각각이다. 소비행동도 마찬가지다. 똑같은 모델의 스마트폰을 20만 명이 샀다고 했을 때, 하나의 마음일까, 20만 개의 마음일까? 한번 생각해보기 바란다. 위에서 예로 든 기사의 내용도 같은 맥락으로 살필 수 있다. 일상용품에 지출되는 생활비마저 아끼려는 사람이 있는가 하면, 여전히 "내가 가지고 싶은 것은 구매한다"는 사람도 있다. 사람들의 마음은 이렇듯 여러 가지 소비행동으로 드러난다. 그리고 개개인의 소비행동은 다양한 '소비현상'을 만들어낸다. 백화점이나 대형마트 매출 부진의 원인을 단지 '소비심리 위축'이라고 단언할 수 없는 이유가 바로 여기에 있다. 소비심리 탐구란 이와 같이 일상생활 속에 나타나는 다양한 소비현상을 탐색하고 사람들의 다양한 소비행동을 통해 그들의 감춰진 심리를 추리하면서 그 사람의 속마음, 진짜 마음을 알아보는 과정이다.

에피소드2: LED TV와 아이폰4

경기도 일산에 사는 30대 후반의 김상원 씨. 그가 지난 주말 사고를 쳤다. 집안 경제를 말아먹을 정도는 아니지만 최소 12개월 이상 어려움을 겪을 것으로 예상된다. 냉장고와 김치냉장고, TV를 모두 최고급 최신형으로 바꿨기 때문이다. 그야말로 '지른' 것이다. 상원 씨의 집에 있던 냉장고와 TV는 그가 30평대 아파트를 분양 받아 이사오면서 바꾼 것이다. 불과 3년 전의 일이다. 당연하게도 여전히 쓸 만하다. 그런데 왜 상원 씨는 거금을 들여 가전제품을 몽땅 바꾸었을까? 아내가 졸랐을까? 스타마케팅에 놀아 났을까? '반값 세일' 광고에 흔들렸을까? 상원 씨의 마음을 따라가보자.

보름 전이다. 상원 씨는 새신랑이 된 회사 후배의 집들이에 갔다. 대규모 신도시에 차린 후배의 살림집은 신혼답게 구석구석 아기자기하고 예뻤다. 상원 씨는 거기서 인기 상종가인 새로운 모델의—얼음이 나오는—투도어 냉장고와 서랍형 김치냉장고, 그리고 최신형 LED TV를 보았다. 상원 씨는 후배네 집의 냉장고와 TV가 매우 부러웠다. 퍼뜩 자기 집 부엌 마루의 반 이상을 차지한 냉장고와 부엌 베란다에 내놓은 김치냉장고, 그리고 거실장 위를 차지하고 있는 평면 TV가 떠올랐다. 상원 씨는 '야, 이거 좋은데? 나도 한번 바꿔볼까?' 하고 생각한다. 하지만 마음속에서 "이봐, 가전제품 산 지 얼마나 됐다고 그래? 그렇게 돈 쓸 여유나 있어서 하는 생각이야?" 하는 소리가 들리는 것 같다. 2주 후 주말. 상원 씨는 아내와 함께 대형마트에 갔다. 그리고 거기서 요즘 인기를 끌고 있는 반값 TV를 보았다. 예상보다 훨씬 저렴한 가격표가 붙은 냉장고도 보았다. 그는 아내에게 "우리 TV랑 냉장고 바꿀까?" 하고 한마디 한다. 어떻게 되었을까? 그날 상원 씨는 결국 '질렀다'. TV와 냉장고는 물론 김치냉장고까지.

상원 씨는 과연 충동구매를 한 것일까? 고장 나지도 않은 TV와 냉장고를 바꾼 상원 씨의 심리는 무엇일까? 그저 새 물건이 탐났던 것일까? 타인을 의식했을까? 아니면 남과 자신을 비교하는 심리가 발동한 것일까? 우리는 어쩌면 상원 씨의 돌발행동에서 '충동소비', '경쟁', '비교심리' 또는 '과소비' 등의 단어들을 떠올릴 수 있을 것이다. 비슷한 마음을 짐작할 수도 있다. 하지만 이런 단어들을 떠올리거나 언급한다고 해서 우리가 상원 씨의 '그때 그 마음'을 정확히 이해할 수 있는 것은 아니다. 더구나 '그의 소비심리'를 제대로 알 수 있는 것도 아니다.

내가 경험한 에피소드도 흥미롭다. 잠깐 소개하고 넘어가겠다. 얼마 전 나는 노트북을 바꿨다. 오랫동안 윈도우 노트북을 쓰다가 이번에 '맥에어'로 바꿨다. 그 후로 나는 카페에서 노트북을 꺼낼 때마다 나를 바라보는 사람들의 시선이 달라졌다고 느낀다. 정확히 말하면 윈도우 노트북을 바라보는 시선과 맥에어를 바라보는 시선이 다르다는 것을 알게 된 것이리라. 어쩌면 내 마음이 먼저 달라진 것인지도 모르지만! 당신도 한 번쯤 이와 같은 경험을 했을 것이다. "어떤 특정한 물건을 사용하기 시작했다. 그랬더니 나를 보는 사람들의 시선이 좀 달라졌다. 그 사실을 몸으로 느낀다. 괜스레 뿌듯하기도 하고, 자부심으로 으쓱해진다." 물론 개중에는 뭔가 특별한 물건을 사용하면서 도리어 남들 눈에 띄지 않도록 조심하는 사람도 있을 것이다. 하지만 조심하는 그의 진짜 속마음은 어떨까? 영원히 남들이 몰라주기를 바랄 것인가, 아니면 언젠가는 자연스레 알아주기를 바랄 것인가? '특별한 어떤 것'을 구입하여 대놓고 자랑하든 은근히 내보이든 거기에는 한 가지 분명한 사실이 있다. 소비한 물건이나 소비행위는 비슷할지 몰라도 당신과 내가 소비를 통해 경험한 생각과 느낌은 전혀 다르다는 점이다. 이처럼 각기 다른 사람들의 마음이 다양한 소비행동으로 나타나는 것을 탐색하는 게 바로 '소비심리의 탐색'이다.

언젠가 갤럭시S를 쓰는 사람과 아이폰4를 사용하는 사람을 같이 만났다. 처음엔 둘 다 휴대전화를 탁자 위에 올려놓고 있었다. 그런데 시간이 좀 지나자 갤럭시S가 슬쩍 자취를 감췄다. 아이폰4만 반짝거렸다. 어떤 의미일까? 같은 스마트폰인데도 자기가 사용하는 휴대전화에 대한 마음이 다른 것은 무슨 이유일까? 그날 이후, 유사한 자리가 또 다시 마련되었다. 이번에는 새로 출시된 '갤럭시노트'를 가진 사람에게 모두의 시선이 집중되었다. 언뜻 보면 별것 아닌 일들이다. 사소한 일이라고 할 수 있다. 그래서 "친구가 좋은 물건, 새로 나온 물건을 가지면 신기하기도 하고 부럽기도 해서 구경하고 관심 갖게 되는 건 당연한 일 아닌가?"라고 묻는 게 자연스러울 수도 있다. 하지만 생각해보자. 누군가 소유한 성능 좋은 전자제품이나 디자인 좋은 고급 가방을 당신은 "왜 신기해하고 부러워하는가?" 그 부러움의 밑바닥엔 어떤 속마음이 숨어 있을까?

소비심리를 배운다는 것은 이처럼 다양한 현상들이 어떤 마음에서 비롯되는 것인지, 특정 제품이나 서비스에 대한 소비자의 마음은 어떻게 생겨나는 것인지, 또 그것들이 어떻게 달라지는지 탐색하는 일이다. 이때 가장 중요한 것은 "비슷해 보이는 소비행동일지라도 이유가 제가끔 다르다는 사실을 인식해야 한다"는 점이다. 사실 상원 씨가 TV와 냉장고를 새로 사고, 내가 노트북을 맥에어로 바꾼 것은 쓰던 제품이 고장 나서가 아니다. '생애 최초 구입'도 아니다. 대부분의 사람들이 그렇듯 상원 씨나 나나 바꾸고 싶어서 바꾸었을 뿐이다. 그러므로 우리가 '소비자의 마음'을 알아야 한다고 했을 때 정말 알아야 하는 것은 "각기 다른 사람들이 보이는 각기 다른 소비행동의 이유를 정확하게 찾아내는 것"이다. 다시 말해 다양한 소비자 집단이 있다는 것을 가정하고, 이들이 어떤 마음에서 특정 제품이나 서비스를 선호하는지 혹은 그것들을 구매하는지 탐색하는 것이다.

유행의 이름으로

"진정한 멋쟁이는 유행을 선도한다"는 말이 있다. 또 "유행은 돌고 돈다"는 말도 있다. 유행을 모르면 촌놈이 된다. 유행은 입을 것에만 해당되지 않는다. 집을 짓는 데, 밥을 먹는 데, 책을 읽는 데에도 유행이 있다. 일본만화가 선풍적인 인기를 끌 때가 있었는가 하면, 미드폐인(미국드라마에 빠진 사람들을 일컫는 말)을 양산했던 시절도 있었다. 사람들은 이처럼 유행이라는 이름 아래 특정 제품이나 서비스로 몰린다. 처음에는 한두 명에 국한되던 현상이 시간이 지나면서 점점, 그러다가 쫙 퍼져버린다. 이런 현상을 어떻게 설명할까?

심리학에서는 "다양한 사람들이 특정 분야에서 유사한 행동을 동시에 하게 만드는 마음"을 '대중심리'라고 부른다. 특정 행동을 통해 자신을 드러내는 동시에 욕망을 충족시키는 경우이다. 물론 이런 행동이 일어나는 데에는 그들이 속한 사회적 분위기 탓도 있다. '럭셔리 브랜드'로 언급되는 명품을 너도나도 구입하는 현상은 이런 분위기에 동참하려는 대중의 행동이다. 한 시기를 풍미하는 스타의 이미지와 스타일, 나아가 행동거지를 따라 하는 것도 마찬가지다. 인기 연예인을 기용하는 광고들은 그런 분위기에 줄곧 기름을 부어준다. 만일 '애정남'의 최효종이 이런저런 광고에 얼굴을 내민다면 대중은 어떻게 반응할까? "야, 광고를 저렇게 많이 찍다니, 애정남이 대세이긴 하구나!"라면서 그의 인기를 확인할 것이다. 동시에 그가 알려주는 상품, 홍보하는 제품, 혹은 서비스를 한번쯤 이용해봐야겠다고 생각할지도 모른다. 그리고 너도나도 행동으로 옮긴다. 대중심리와 유행은 이렇게 생겨난다. 이 둘은 동전의 양면과 같다.

유행과 연관된 소비행동은 단순히 제품을 구입하는 현상에만 국한되지 않는다. 성형시술, 해외여행과 같은 행동으로도 나타난다. 어떤 시기에 어떤 특별한 소비행동이 갑자기 증가하거나 유행하게 된다면 우선 대중의 소비심리를 먼저 살펴볼 일이다. 사람들은 흔히 소비심리를 개인의 마음에 달린 문제라고 생각한다. 하지만 이것은 틀린 판단이다. 소비심리는 '어떤 구체적인 시간과 공간' 속에서 살아가는 대중의 가장 일반적이고 상징적인 마음을 대변한다. 따라서 "집에 냉장고 있는 사람?" 하고 묻던 시절을 떠올리면서 냉장고는 무조건 투어도, 정수기는 얼음이 나오는 것으로, 세탁기는 드럼형으로, 집은 없어도 자동차는 좋은 것으로 장만하고 싶어하는 젊은이들을 나무랄 일이 아니다. 이들의 소비행동은 곧 21세기 대한민국을 살아가는 사람들의 속마음과 깊은 욕망을 상징하기 때문이다.

아파트 모델하우스에 가보라. 새로 분양할 아파트의 모델하우스는 대중의 꿈을 요소요소에 반영한 '드림-풀-하우스(dream-full-house)'이다. 인테리어는 물론 생활에 필요한 주요 전자제품이 완벽하게 '빌트인(built-in)' 되어 있다. 사람들은 "내가 이런 곳에서 살게 되는 거구나!" 하면서 만족해 한다. 그런데 얼마 전부터 새로운 현상이 나타났다. 입주자들이 자신

| 모던하고 고급스러운 인테리어를 몽땅 교체하는 한국인의 심리는 무엇일까?

의 취향에 맞게 아파트 내부구조와 인테리어를 바꾸기 시작한 것이다. 빌트인된 전자제품을 몽땅 뜯어내고 새로 구비하는 일도 비일비재하다.

한때는 이런 소비행동을 '과소비이자 낭비'라고 질타했다. 하지만 지금은 이런 계몽적 이야기가 통하지 않는다. 유행처럼 번지는 소비현상은 우리 몸도 간과하지 않는다. "몸에 칼을 댄다"는 두려움, "가급적 몸에 칼을 대지 않는다"는 신념, 그리고 "이왕이면 남들 모르게"라는 생각으로 '쉬쉬' 하던 성형시술을 지금은 누구나 여력만 되면 실행에 옮긴다. "약간의 고통만 참으면 멋진 미인으로 탄생할 텐데, 왜 안 해?" 하면서.

케이블 채널 스토리온의 〈렛미인(LET 美人)〉을 보자. 〈렛미인〉은 매회 외모 콤플렉스가 있는 여성 의뢰인 한 명이 나와 의사 아홉 명에게 상담을 받고 3~4개월에 걸쳐 무료로 시술을 받는 프로그램이다. TV 리얼리티 프로그램이 극단화된 형태다. 이 프로그램에 출연했던 어느 30대 주부의 이야기다. 그녀는 자신의 가슴이 작고 빈약한 것을 콤플렉스로 여겼다. 그래서 성적 매력이 떨어진다고 생각했다. 남편이 외도를 한 것도 그 때문이라고 여겼다. 그녀는 이런 사연을 적어 무료시술을 신청했고 당당히 선발되었다.

그는 가슴 확대수술, 허벅지·배 지방흡입, 쌍꺼풀, 이마 보형물, 앞 광대 보형물, 광대수술, 코수술, 앞트임수술 등을 받았다. 치과성형과 피부과 시술, 정신과 치료까지 총 6,054만 원의 비용이 들었다. 전신 성형에 성공한 의뢰인은 가족과 방청객에게 열광적인 환호를 받았다.[3]

이 프로그램은 방영 초기부터 잡음이 많았다. 외모 강박 사회의 트렌드를 반영한다는 지적도 있었고, 인권 논란도 있었다. 하지만 성형시술 프로그램 자체에 대한 시청자의 반응은 무덤덤했다. 오히려 출연자의 달라진 외모나 용감한 선택을 부러워하는 입장이 더 많았다. 프로그램 홈페이지의 시청 후기가 그런 정서를 반영한다.

"출연한 분들을 보니 나도 변하고 싶다."
"선정 기준이 무엇이냐?"
"남자도 지원 자격에 넣었으면 좋겠다."
"정말 모든 게 무료인가요?"

거의 긍정적인 내용들이다. 이런 시류는 연예인들의 행동조차 바꾸었다. 과거에는 자신의 성형 사실을 숨기고 부끄러워하던 그들이 이제는 자신의 성형 사실을 떳떳하게 고백한다. 때로는 이것을 적극적인 홍보 수단으로 삼는다. 성형시술에 대한 사람들의 마음이 그새 달라진 것이다. 분명 과거와 다른 소비행동이다. 이처럼 다양한 현상이 나타나는 이유는 무엇일까? 같은 사실인데 반응하는 사람들의 태도가 완전히 달라진 것은 무슨 까닭일까? 가장 커다란 이유는 우리가 무엇보다도 각기 다른 삶의 모습을 인정하기 시작한 탓일 것이다. 사람들이 마음속에 갖고 있는 욕망을 충족하는 방식이 다르다는 사실, 예전과 많이 달라졌다는 사실, 그리고 그 다양한 욕망들 속에 나의 욕망도 들어 있다는 것을 알게 되었기 때문이다. 소비행동은 인간의 욕망을 가장 잘 드러내는 행위이다. 우리는 소비를 통해 나 자신이 어떤 사람인지, 또 저 사람은 어떤 사람인지 더 잘 이해하게 된다.

♟ 콘크리트 구조물을 사는 나라, 인테리어를 뜯는 나라

대학교수 K 씨는 두 달 전 세미나 차 블라디보스토크를 방문했다. 일정을 마치고 시내 관광에 나섰던 그는 놀라운 사실을 알게 되었다. 러시아의 아파트와 한국의 아파트가 완전히 다른 모습으로 분양된다는 점이다. 그를 안내하던 현지인은 텅 빈 건물을 가리키며 "이게 아파트예요. 여기서는 이렇게 텅 빈 콘크리트 구조물을 구입해요"라고 알려주었다. 완벽한 인테리어로 입주 전부터 철저하게 소비자를 만족시키는 한국의 아파트와 얼마나 다른가? 안내인은 계속해서 "이게 바로 한국과 러시아의 다른 점입니다. 건설업자는 건물 구조만 만들고, 입주하는 사람이 내부 시설을 다 꾸밉니다. 사회주의 국가의 특성이죠"라고 말했다. K 씨는 그 말을 들으면서 '사회주의 국가라고? 그럼 몇 년 전 본 중국의 아파트도?' 하는 의문이 들었다. 몇 해 전 중국을 방문했을 때의 기억이 되살아나서다.

K 씨는 그 당시 모 대학 초청으로 중국을 방문했다. 그가 도착한 곳은 상해. K 씨는 거기서 푸동 지역에 새로 세운 고층 주상복합아파트를 보고 매우 놀랐다. 가격에도 놀랐지만, 무엇보다 우리와 다른 아파트 분양 문화 때문이었다. 그들은 껍데기만 있는 콘크리트 구조물인 채로 아파트를 분양하는 게 아닌가? 인테리어는 입주하는 사람이 직접 한다고 했다. 마루도 깔려 있지 않았고, 문도 없었다. 말 그대로 콘크리트 덩어리를 사서 입주자들이 직접 실내를 장식하는 것이다. K 씨는 '왜, 이런 일이 벌어질까?' 몹시 궁금했다. 하지만 그 누구도 속 시원히 사정을 설명하지 않았다. 그래서 "원래 그렇다니, 그런가 보다 할 수밖에" 하면서 넘어가버렸다. 그런데 이번에 러시아 블라디보스토크를 방문해서 같은 현상을 목격한 것이다.

사람이 들어가 사는 같은 아파트인데, 분양문화도 소비행위도 다르다. 한국인들은 아파트 회사가 다 해준 것을 도리어 맘에 안 든다면서 뜯어 고치는 반면, 중국인이나 러시아인들은 콘크리트만 입혀 놓아도 좋아라 구입한다. 이처럼 사회제도나 문화가 다르면 그 구성원들의 행동양식도 달라진다. 특히 한 사회의 라이프스타일을 반영하는 소비행동은 더욱 더 그렇다. 어떤 사회에서 특정한 소비행동에 변화가 일어나면 대표적인 라이프스타일이 변했다는 사실을 짐작할 수 있다. 특히 먹고 사는 일상적인 생활양식에서 라이프스타일의 변화를 가장 쉽게 감지하게 된다. 아침밥 먹는 일을 생각해보자. 요즘 우리 사회에서 아침밥을 잘 차려놓고 가족 모두가 함께 먹는 집이 몇이나 될까? 하지만 30~40년 전만 해도 이런 모습은 매우 자연스러운 풍경이었다.

| 싱가포르 아파트 단지에 있는 푸드코트. 누구나 부담 없이 밥을 먹는 장소다.

| 북한의 밥·빵 공장.[4]

| '햇반'으로 대표되는 즉석밥을 먹는 건 더 이상 낯선 모습이 아니다.

　　미국의 경우를 보자. 1940~50년대엔 미국에서도 식구들이 모여서 아침식사를 함께 했다. 지금은 대다수의 가정이 아침을 각자 해결한다. 커피와 도넛 혹은 우유와 시리얼로 간단히 알아서 챙겨먹는다. 점심은 회사나 학교의 카페테리아에서, 그리고 저녁은 퇴근길에 해결한다. 가족이 함께 식사하는 경우란 기껏해야 주말이나 명절뿐이다. 한국의 식사풍경도 예외가 아니다. 미국처럼 '각자 알아서' 해결하는 수준은 아니지만 과거에 비하면 많이 달라졌다. 싱가포르도 마찬가지다. 오래 전에 싱가포르

에 갔을 때의 일이다. 나를 초대한 교수와 주말에 늦은 아침을 함께하기로 약속했다. 나는 당연히 그의 집에서 아침을 먹을 줄 알았다. 하지만 그는 반갑게 나를 맞은 뒤 달랑 차 한 잔만 내놓았다. 그러곤 곧장 집 앞 푸드코트로 나를 안내했다. 알고 보니 그곳 사람들은 모두 푸드코트에서 세 끼를 해결하고 있었다. 우리나라와는 또 다른 라이프스타일이다.

과거 한국의 언론은 "홍콩이나 싱가포르의 주부들은 음식을 만들지 않는다. 전부 음식점에서 사다 먹는다. 우리나라 주부들이 부러워할 만하다"와 같은 기사를 실었다. 동시에 '북한의 밥 공장' 사례도 언급했다. 북한의 경우 가정에서 밥을 하지 않고 공장에서 만들어 이를 제공한다는 내용이다. 거기엔 비인간적이라는 해석도 포함되었다. 하지만 이제는 우리나라 사람들도 아무렇지 않게 밥을 사 먹는다. 도시락을 사서 먹기도 하고, 마트에 가서 '햇반'을 사기도 한다. 외식과 테이크아웃 문화는 이제 일상 다반사가 되어버렸다. 시대에 따라, 상황에 따라 소비심리가 바뀐 것을 보여주는 대표적인 예이다.

소비하라, 그러면 행복할 것이다

"책상 하나와 의자 하나와 과일 한 접시, 그리고 바이올린. 행복해지기 위해 무엇이 더 필요한가?" 에리히 프롬(Erich Fromm, 1900~1980)의 『소유냐 존재냐 To have or to be (1976)』에 나오는 말이다. 여기에서 에리히 프롬은 '소유'와 '존재'를 구분하면서 "인간이 행복한 존재가 되는 데는 소유가 중요하지 않다"고 지적한다. 많이 소유할수록 더 행복해진다는 법도 없다. 누구나 아는 사실이다. 해마다 발표되는 '국가별 행복지수' 같은 걸 봐도 그렇다. 하지만 우리는 여전히 "이왕이면 더 좋은 것, 가급적이면 더 많은 것을 소유하고" 싶어한다. 물론 사람마다 욕망이 다르듯 원하는 것과 정도에는 차이가 있을 것이다. 그러나 아무것도 원하지 않는 삶이란 찾아보기 어렵다. 또 우리 인간은 "원하는 물건이나 서비스가 있으면 그것을 소유하려고(사려고) 한다. 소비사회의 특성을 매우 함축적으로 표현한 문장이다. 누구나 한번쯤 자신이 원하는 것을 가능한 한 값싸게 사고 싶어서 밤새 인터넷을 뒤져본 경험이 있을 것이다. "사지 말아야지" 하고 이를 앙다물었다가 어느 순간 충동구매를 했던 경험도 있을 것이다. 혹은 자신이 그토록 갖고 싶었던 그 무엇인가를 소유한 친구에게 부러움과 시샘의 눈길을 던져본 적도 있을 것이다. 하지만 소비가 늘 즐거움을 가져다 주는 것은 아니다. 오매불망 가지고 싶었던 물건을 사고 난 뒤 후회하는 경우도 많다.

경기도 파주에 사는 장하나 씨. 종합병원 원무과 근무 5년 차이다. 전문대 졸업 후 바로 취직한 덕에 하나 씨의 연봉은 또래 친구들보다 높은 편이다. 3개월 전 운전면허를 취득한 하나 씨는 두 달 동안이나 자동차 가격을 알아보았다. 퇴근 후 대리점 방문과 영업사원 미팅은 기본, 인터넷을 뒤져 시승 후기며 리뷰를 꼼꼼히 읽고 따지느라 밤잠을 설친 게 한두 번이 아니다. 식구들과 주위 사람들은 그런 하나 씨에게 경차 구입을 적극 추천했다. 초보운전인데다 나이도 어리고 보험도 신규이고 하니 경차가 안성맞춤이라는 것이다. 하지만 하나 씨 생각은 다르다. "첫 차인 만큼 원하는 것을 사고 싶다. 폼 나게 타고 싶다. 5년 동안 열심히 직장생활 했는데 그깟 자동차 한 대 마음대로 못 뽑으면 되겠어?" 하는 생각이다. 결국 그녀는 3주 전, 2년 할부 조건으로 준중형급 벨로스터 터보를 계약했다. 하나 씨의 연봉을 조금 웃도는 가격이었다.

"구매하라, 그러면 행복해지리라." 소비의 욕망이 지배하는 현대사회에서 우리는 이런 메시지를 자주 듣는다. 소위 '지름신'의 목소리다. 마우스 클릭과 카드 결제로 대표되는 편리해진 소비양식, 24시간 가능한 전천후 소비양식은 이제 절약형 자린고비의 소비까지 부추긴다. 사람들은 "지름신이 강림했다" 혹은 "월급님이 로그인했다가 바로 로그아웃했다"고 자조하면서도 때와 장소를 불문하고 소유욕망을 충족시킨다. 자신이 원하던 것을 갖게 될 때 행복하다고 믿는다. 이 같은 풍토 속에서 명품족으로 대표되는 소비계급, 상류층의 소비생활을 무작정 따라 하는 부류, 대리만족을 찾기 위한 짝퉁족 등이 생겨난다. 자신의 연봉에 버금가는 자동차를 구입한 하나 씨. 그녀는 지금 매우 행복하다. 아침마다 자동차 문을 열고 운전석에 앉으면서 희열을 느낀다. 출근길과 친구를 만나러 가는 길이 예전보다 훨씬 신나고 즐겁다. 하나 씨의 행복은 당분간 지속될 것이다. 자동차 할부금과 보험료, 기름값을 비롯한 차량 유지비 등이 생활을 압박하기 전까지, 또 급여가 인상되지 않아 다른 것을 포기하는 우울한 상황이 벌어지기 전까지는!

경제적 여유가 있는 사람이 고가의 제품을 사는 건 얼마든지 수긍할 수 있다. 그런데 여유가 없는 사람들마저 '럭셔리' 제품에 목을 매는 것은 어떻게 설명해야 하나? 혹은 그 비슷한 것이라도 구매해야 직성이 풀리는 현상은 어떻게 설명할 수 있을까? 비단 견물생심의 문제일까? 경제력이 없는 대학생이 소위 '명품'을 구매하는 현상은 보편적인 일인가? 어떤 사람들은 상류층의 트렌드를 무작정 좇으려 하고, 어떤 사람들은 고급 물건, 값비싼 물건을 통해 존재를 확인 받고 싶어하며, 또 어떤 사람들은 남이 갖지 않은 특이한 물건을 소유함으로써 자기만족을 추구한다. 그들은 "도대체 왜 이러는 걸까?" 현실적인 조건을 따지자면 소박하게 경차를 구입하는 편이 좋았을까 하나 씨가 굳이 무리수를 두어가며 준중형차를 뽑은 진짜 이유는 무엇일까? 비록 'Car Poor'로 살아갈지라도 중고차나 작은 차는 탈 수 없다고 생각하는 그녀의 진짜 속마음은 무엇일까?

이처럼 복잡한 마음들은 소비행위가 단순한 매매에 그치지 않는다는 사실을 보여준다. 더 나아가 인간의 숨겨진 심리를 드러낸다는 사실도 보여준다. 특히 '소유욕'을 말이다. 인간은 대개 소유를 통해 자신의 욕망을 충족한다. 하지만 아무리 많은 것을 소유한다 해도 마음을 다 채울 수는 없다. 욕망은 충족되는 순간 더 큰 욕망을 잉태하기 때문이다. 욕망에는 완전한 충족이 있을 수 없다. 우리의 삶은 과거 수십 년 전에 비해 놀라울 만큼 풍요로워졌다. 이제 '먹고 입을 것' 때문에 고민하는 사람은 없다. '더 좋은 것을 소유하기 위해' 고민하는 대중만 있을 뿐이다. 하지만 대다수의 한국인들은 여전히 자신을 불행하다고 생각한다. 늘 "뭔가 2% 부족하다"고 느낀다. 남들 사는 만큼 살고, 남들 가진 것만큼 가졌는데도 헛헛하다. 원인은 바로 '소비심리'에 있다. 더 큰 욕망, 더 다양한 욕망을 충족시키려는 마음, 이른바 '욕망의 블랙홀'에 빠진 탓이다. 그런데도 많은 사람들이 행복해지려면 무조건 더 많이 가져야 한다고 생각하면서 '특별한 그 무엇'을 얻기 위해 인생을 저당 잡힌다. 행복해지려고 노력할수록 행복과 멀어지는 아이러니는 여기서 발생한다. 새로운 욕망을 만족시켰다고 생각하는 순간, 그것은 이미 낡은 욕망이 되어버렸음을 깨닫게 되는 삶에는 행복이 들어설 자리가 없다. 그래서 인간은 욕망이 언제나 만족을 앞서가는 '제논의 역설'과 같은 상황을 현실에서 경험한다. 그 욕망의 한가운데 바로 소비심리가 있다.

🯄 왜, 한국인의 소비심리인가?

소비심리란 매우 포괄적인 말이다. 무엇인가를 구매하는 단순한 소비행위뿐만 아니라 그것을 구매하게 만드는 심리적 동인, 그리고 구매 후의 마음까지 모두 아우른다. 심리학이 소비심리를 '인간이 기계적으로 소비하는 행동 자체로 파악하지 않고, 소비행동과 연관된 인간의 마음이 어떻게 작동하고, 그 마음이 행동에서 어떤 식으로 드러나는지를 이해하는 것'이라고 규정하는 것은 이런 맥락에서다. 그렇다면 우리는 어떻게 대중의 소비심리와 더불어 개개인의 소비심리를 알 수 있을까? 소비심리에 대한 진정한 탐색은 우리가 일상에서 경험하는 소비행동에 의문을 품는 것으로 시작된다. 아무리 사소한 소비행동일지라도 거기에 "왜?"라는 의문을 품을 때 우리는 소비심리가 무엇인지, 어떤 소비행동에 어떤 심리적 기제가 작동하는지 진지하게 탐색할 수 있다. 소비심리는 단순히 매력적인 물건에 마음이 끌린 소비자가 그 물건을 구매하게 된다는 단순논리로 설명되지 않는다. 당연하다고 생각하는 일반적인 믿음과 사회적 관습이 개입하는, 매우 복잡한 문제이다.

소비는 개인의 문제에만 국한되지 않는다. 소비자가 몸 담고 살아가는 사회가 어떤 체제인지, 가치관은 무엇인지, 어떠한 문화적·관습적 배경을 갖고 있는지에 따라 패턴이 달라진다(앞에서 예로 들었던 중국과 러시아의 아파트 구입 장면을 떠올리면 된다). 하지만 가장 중요한 것은 무엇보다 '개인의 욕망'이다. 물건을 구입하거나 서비스를 이용하는 방식이 사회·문화에 따라 달라지는 것도 각자 자신의 욕망을 충족하고 향유하는 방식에 차이가 있기 때문이다. 그렇다면 같은 나라에 사는 사람들은 모두 비슷한 소비행동을 보일까? 물론 그렇지 않다. 같은 사회에 사는 사람들이라도 제가끔 다른 마음을 가지고 있기 때문이다. 마음이 다른데 소비심리가 같을 이유는 없지 않은가?

2011년 3월 11일, 일본에 지진이 발생했다. 그때 우리는 일본인들이 보여준 아주 독특한 행동을 목도했다. 일본인들은 물자가 부족한데도 다들 조용히 기다렸다. 사재기도 없었다. 하루, 이틀이 지나도록 배급이 없는데도 마냥 기다렸다. 일본 같은 부자 나라에 물자가 부족해서 배급이 안 되었을까? 아니다. 물자를 운송할 수 없었기 때문이다. 일본인들은 물이 없어서 고통에 시달리고 먹을 게 모자라 힘들게 끼니를 때우면서 배급차를 기다렸지만, 정작 구호물자를 가득 실은 자동차는 망가진 도로가 봉쇄된 터라 오도가도 못했다. 한국언론과 외신에서는 일본인들의 질서의식을 극찬하면서 '문명사회의 전범'이라고 호들갑을 떨었다. 엄청난 자연재해 상황에서 약탈이나 방화 없이 모든 사람이 침착하다는 점을 역설했다. 하지만 일주일 후, 일본을 바라보는 시각이 달라졌다. 질서를 잘 지키는 것처럼 보이지만, 사실은 그 사회를 지탱하는 기본이 '잘 짜인 매뉴얼 사회'이기 때문임을 알게 된 것이다. 매뉴얼대로 움직이는 사회에 융통성 있는 '위기 대처법'이 작동할 리 없다.

몇 가지 상황을 가정해보자. 만약 고속도로에 금이 간다면? 매뉴얼대로라면 상황을 즉각 통제해야 한다. 고속도로의 차량 진입을 통제해야 한다. 도로에 금이 얼마나 심한지 조사한 다음 정밀한 보수공사를 시작한다. 결론은? 모두 기다려야 한다는 것이다. 매뉴얼대로 하는 처리 과정은 곤란에 처한 사람들을 굶어 죽게 만들기 쉽다. 일본인의 모습을 긍정적으로만 보던 한국언론들은 말도 안 되는 상황에서조차 감정 표현을 하지 않는 일본인의 행동, 보기에 따라 매우 무기력한 행동을 어느 순간부터 슬슬 언급한다. 그러면서 "일본인은 대체 어떤 사람들인가, 그들의 속은 무엇인가?" 하고 묻기 시작한다.

이번에는 한국인들의 행동을 보자. 같은 상황이다. 고속도로에 금이 갔다. 한국인들은 고속도로를 통제하기보다 일단 차를 몰고 간다. 구멍에 빠지지 않으면 된다는 마음에서 행동부터 하고 본다. 사건이 터지면 급한 사람이 있는 곳부터 먼저 식량을 보급한다. 매뉴얼을 따르기보다 즉각적으로 행동하고 유연하게 대처한다. '연평도 포격사건'이 좋은 예다. 사건이 벌어지자 연평도 주민들은 일단 피하자는 생각에 인천으로 피난을 갔다. 거주할 곳이 마땅치 않자 그들은 찜질방에 거처를 정했다. 찜질방 주인들은 흔쾌히 공간을 제공했다. 일단 처리하고 나중에 인천시에 배상을 요구하면 된다고 생각한 것이다.

위기 상황은 같아도 대처하는 모습은 나라마다 문화권마다 다르다. 그런데도 대학에서는 미국인의 '소비자 행동론', '소비심리'를 마치 한국인의 것인 양 가르친다. 내가 책을 쓰게 된 것도 이런 환경에서 비롯한 것이다. 한국인도 미국인과 동일한 소비행동을 할 것이라 믿는 천진한 마음으로 더는 학생들을 가르칠 수도, 연구할 수도 없었다. 한국의 사회 문화와 맥락 속에서 일어나는 소비행동을 우리의 눈으로 제대로 읽을 때, 소비심리를 제대로 알 수 있다. 미국 책을 그냥 번역하여 외우는 것은 우리 사회에서 일어나는 소비심리를 공부하는 것이 아니다.

🛉 소비의 주인이 될 것인가, 노예가 될 것인가?

누군가는 소비하는 당사자가 인간인 만큼 우리가 소비의 주인이라고 주장할지도 모른다. 물론이다. 인간은 소비의 주인이다. 하지만 소비의 노예도 될 수 있다. 다만 여기에는 차이가 있다. 소비라는 같은 행위를 두고 자기 주체성과 정체성을 뚜렷하고 분명하게 한다면 주인이 될 테지만, 정체성이나 주체성을 상실한다면 노예가 된다. 소비의 시대에 살면서 소비하지 말라고 주장하는 게 아니다. '월든 호수'에 오두막을 짓고 살았던 헨리 데이비드 소로(Henry David Thoreau, 1817~1862)처럼 모두 그렇게 살자는 이야기도 아니다. 우리가 어떻게 행동하는가에 따라 소비의 주인도 노예도 될 수 있다는 뜻이다. 각자의 마음에 따라 각기 다른 소비행동이 나타나듯 소비심리의 근간을 이루는 속마음이 어떤가에 따라 소비의 주체가 되기도 하고, 노예가 될 수도 있으니까.

21세기 대한민국을 살아가는 사람들은 소비자인 동시에 마케터다. 다른 사람들이 만들고 제공하는 상품이나 서비스를 활용한다는 측면에서는 소비자다. 하지만 자신의 삶을 위해 무엇이든 자신이 가진 무엇을 남에게 제공하고 그 가치를 인정받아야 한다는 측면에서 보면 '마케터'이기도 하다. 자신의 재능이든 노동력이든 무엇인가를 남에게 팔아야 하는 탓이다(우리는 이것을 '자아실현'이라는 멋진 말로 표현한다). 그러므로 현대사회에서 우리가 살아가는 것 자체를 소비행위라 할 수 있다. 누구나, 단순히 물건을 사는 협의의 소비가 아닌 나 자신의 삶을 만들어 가는 광의의 소비를 하기 때문이다. 소비심리는 '소비자인 나를 알고, 또 나 자신을 효과적으로 다른 사람들에게 알리고, 나의 삶을 행복하고 즐겁게 살아가기 위한 것'이다. 따라서 자본주의 사회를 살아가는 우리가 그 어떤 것보다

선행해야 할 주요 과제는 소비심리의 분석이다. 어떤 직무에 종사하든 마케팅은 자신의 삶을 이루는 핵심 활동이 되는 탓이다. 이 책은 이 시대를 살아가는 사람들이 소비자인 동시에 스스로 자기 삶의 마케터 역할을 하는 과정에서 일어나는 다양한 심리와 마케팅 현상을 알려준다.

・・・

이 책은 크게 세 부분으로 나뉜다. 1부 〈시장으로 나온 심리학(1~4장)〉에서는 심리학과 마케팅이 만나게 된 배경, 소비심리학의 탄생 과정, 소비자들의 심리를 연구할 때 가장 중요하게 다루어야 할 점, 소비자의 마음을 읽는 것이 왜 중요한지, 그리고 기존의 심리연구는 어떤 식으로 이루어졌는지 등을 소개한다. 그리고 일반적인 심리연구로는 도저히 파악할 수 없는 소비자의 진짜 속마음을 알기 위한 도구로 '마음 MRI 찍기' 방법을 다룬다. 이것은 "소비자의 마음은 각기 다르다"는 전제 아래 그들의 마음이 어떻게 제가끔 반응하는지 알아보는 연구방법이다. 나는 이 연구방법이 한국 사회에서 살아가는 한국인의 소비심리를 알아보는 데 가장 유용한 툴이라고 생각한다.

2부 〈특명 사례 탐구(5~6장)〉는 1부에서 다룬 여러 가지 이론들 가운데 내가 중점을 두고 연구한 '마음 MRI 찍기'를 실제 경우에 적용한 사례들을 소개하는 장이다. 말 그대로 기업으로부터 받은 '특명'을 실제 연구의 테마로 삼은 것이다. 한국인의 다양한 삶을 잘 보여준다고 판단되는 스포츠 활동과 휴대전화 소비가 연구주제이다. 탈도 많고 말도 많은 소비자의 아리송한 마음, 소비자 자신도 잘 모르는 마음들을 진단해보는 장이라 하겠다.

3부 〈대통령과 루이비통(7~9장)〉에서는 한국인의 소비심리를 가장 잘 설명하는 이상적인 툴로서 '디지털문화(소비)'와 '명품소비'를 다룬다. 디지털문화(소비)는 21세기를 살아가는 한국인의 의식, 행동 패턴을 가장 극명하게 알아볼 수 있는 영역이고, 명품소비는 한국인의 감춰진 소비심리를 가장 잘 보여주는 상징적인 소비현상이다. 단지 값비싼 물건을 구입하는 행위가 아니라 개인이 추구하는 삶의 방식이나 욕망이 명품소비를 통해 구현되는 탓이다. 소비심리학적 관점에서 보자면 논의할 만한 요소가 아주 풍부한 '핫 아이템'이다. 나는 특히 디지털문화와 명품소비현상을 통해 소비자의 소비스타일, 구매심리, 그 속에 감춰진 욕망 등을 MRI로 스캔하듯 꼼꼼히 짚었다. 궁극적으로 '한국인의 속마음'이 무엇인지 궁금했기 때문이다. 그 결과 디지털사회 속에서 살아가는 한국인의 라이프스타일은 어떤 모습인지, 우리 각자가 어떤 유형의 소비자로 살아가고 있는지 알 수 있었다.

에필로그는 지난 10년간 내가 소비자 심리와 마케팅 심리를 연구하면서 얻은 결론을 정리한 것이다. 자본주의 사회에서 살아가는 이상 우리는 누구나 소비의 주체인 동시에 소비의 노예로 살게 된다. 하지만 인간은 자신의 삶을 '만족스럽고 행복한 삶'으로 마케팅 할 수 있는 특별한 존재이기도 하다. 그러려면 무엇보다 먼저 자신의 속마음을 정확하게 이해한 후 가치를 정립하고, 자신이 속한 사회의 습성과 문화를 바로 알고, 당당하고 주체적으로 행동해야 할 것이다. 그렇게 할 때 우리는 비로소 '소비의 노예'에서 벗어날 수 있을 것이다.

1장 소비심리학의 탄생
2장 내 마음을 뺏어봐!
3장 심리학자, 새로운 마음탐색 패러다임을 제안하다
4장 당신의 마음은 방금 스캔되었습니다

1부

시장으로 나온
심리학

1장

소비심리학의
탄생

🎎 과학이 인간의 마음을 만날 때

19세기 후반. 네 사람의 과학자가 '인간의 마음'을 두고 시간차 공격을 감행했다. 장 샤르코(Jean Charcot, 1825~1893), 빌헬름 분트(Wilhelm Wundt, 1832~1920), 지그문트 프로이트(Sigmund Freud, 1856~1939), 알프레드 비네(Alfred Binet, 1857~1911)가 그 주인공들이다. 탐색의 방법은 조금씩 달랐지만 그들은 한 가지 생각에 동의했다. "의사가 사람의 신체를 연구하듯이 인간의 마음도 연구할 수 있다"는 생각이다. 대중의 반응은 두 가지였다. 경악과 두려움, 그리고 호기심. 대중은 무엇보다 과학자들이 인간의 마음을 실험 대상으로 삼고 연구한다는 것에 경악했다. 인간의 마음이 신에 의해 창조된 것으로 믿었던 시대에 결코 마음은 연구대상이 될 수 없었다. 어떻게 인간이 인간의 마음을 연구할 수 있다는 말인가? 그러면서도 대중은 '마음 탐구'를 통해 인간을 바라보는 인식이 달라질 수도 있다는 사실에 큰 호기심을 보였다. 신이 감추어 둔 영역에 발을 들여 놓는다는 두려움이 일긴 했지만 희망도 있었다. 사적이고 주관적인 영역에 속했던 인간의 마음을 이성의 논리로 파헤칠 수 있을 것이라는 희망, 그것은 바로 과학의 힘을 신봉하기 시작한 19, 20세기의 시대정신이었다. 과학은 신비의 베일 속에 감추어진 마음을 누구나 알 수 있는 '객관'의 영역으로 옮겼다. 아니, 그럴 수 있다는 기대를 하게 된 것이다. 사람들은 두려움 반, 호기심 반인 상태에서 '기억 연구' 혹은 '정신물리학'이라는 이름 아래 이루어지는 심리학 연구 과정을 지켜봤다.

19세기 말, 마음 탐구에 대중이 놀라움과 호기심을 보여줄 때, 과감하게 신체의 질병을 치료하듯, '마음의 병을 치료'하는 일에 나선 사람이 있다. 프랑스의 신경과 의사였던 샤르코이다 그는 당시 최신 기법이라 할 수 있는 최면을 통해 마음의 병을 치료할 수 있는지를 보여주었다. 그래서 파리에서 신경클리닉을 운영하면서, 히스테리·마비·시각장애·기절·기억상실 등의 징후를 보이는 환자들에게 최면술 요법을 적용한 뒤, 그들의 상태를 연구하고 증후들을 분류한 뒤 치료했다. 샤르코가 히스테리아 환자들을 치료하는 것을 보고 매료된 또 다른 신경과 의사가 있었다. 그가 바로, 막 전문의 과정을 마치고 오스트리아 빈에서 파리로 연수를 온 젊은 의사 지그문트 프로이트였다. 마음의 병을 탐색하는 샤르코의 최면 요법에 감동을 받은 그는 이후 오스트리아의 빈에 인간의 마음을 탐색하는 병원을 열게 된다. 이로써 인류 역사에 최초로 그리고 본격적으로 심리치료가 등장한다. 프로이트는 당시, '비정상적인 행동' 또는 '정신병'이라고 불리는 것이 사실은 인간의 마음이 원인이라는 것을 인식했다. 그래서, 정신병을 '마음의 병'이라 보았다. 이런 프로이트의 인식은 당대의 시각으로 볼 때, 경악을 금치 못할 일이었다. 왜냐하면, 당시까지만 해도 누군가 히스테리아나 조울증, 또는 이상 행동을 하면, 그것은 신의 저주 혹은 악마의 소행이라 믿었기 때문이다. 프로이트는 이런 비정상적인 행동의 근거가 마음의 병이라고 생각했다. 그리고 의사가 병든 신체를 고치듯이, 마음의 병 역시 치료할 수 있다고 믿었다. 이것이 바로 지금은 '심리치료'라고 알려진 전문적 활동의 시작이다. 프로이트는 이런 심리치료가 바로 '대화요법' 즉, 요즘의 상담인 전문가와 환자 사이의 대화로 가능하다고 주장했다.

앞서거니 뒤서거니 등장해서 센세이션을 일으킨 과학자들, 그리고 그들의 새로운 연구 덕분일까? 마음을 탐구하는 심리학에 대한 관심은 날로 증폭되었다. 하지만 문제가 발생했다. 인간의 마음을 탐색한다는 것은 분명 흥미롭고 놀라운 일이었지만, 이 연구가 일상생활에 어떤 유용성이 있는지 밝혀내야 했던 것이다. 과학의 자리에 서려면 적어도 흥미로운 일 이상의 확실한 무엇이 있어야 했고, 사람들의 삶에 구체적인 도움을 주거나 최소한 어떤 문제를 해결할 수 있도록 대안을 제시할 수 있어야 했다(19세기 말~20세기 초 신생 학문으로 등장했던 심리학이 지닌 문제점은 100년이 지난 현재에도 여전히 남아 있다). 마음의 탐구가 일반인들의 생활에 도움이 되는 심리학 연구가 된 것은 프로이트로부터 비롯된 것이다. 그의 심리학 연구는 마음에 병이 걸린 사람을 치료하는 것이었다. 현재 일반인들이 프로이트의 마음 탐색을 대표적인 심리학 연구로 인정하는 이유도 이런 유용성 때문이다. 하지만 당시 사람들에게 프로이트가 주장한 인간의 마음치료는 쉽게 받아들여지지 않았다.

마음이 병에 걸린다는 생각, 그것을 치료할 수 있다는 것도 생경한데,

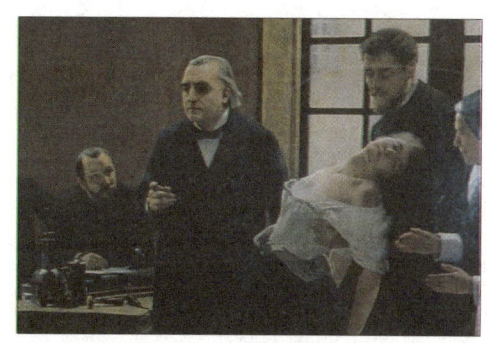

| 19세기 말 프랑스의 정신과 의사 샤르코가 히스테리아 환자에게 최면을 걸어 치료하는 모습. 샤르코의 히스테리아 환자들에게 매료된 프로이트는 이상 행동을 보이는 환자들의 마음을 본격적으로 연구하기 시작한다.

| 프로이트의 초상화(좌).
| 프로이트의 카우치(우).

| 분트는 라이프치히 대학에 최초의 심리학 연구실을 만들었다.

게다가 대화로 치료할 수 있다니! 사람들은 수군거렸다. 하지만 프로이트의 신념은 확실했다. 그는 환자의 무의식에 내재한 억압이 무엇인지, 그것을 어떤 식으로 방어하는지 등을 연구하여 자신의 이론을 정립했다. 이어서 '환자와 정신분석자의 대화를 통해 마음의 병을 치료하는 정신분석학적 임상 치료 방식'을 창안했다. 그는 자신이 연구하고 실험한 방법에 '정신분석'이라는 이름을 붙이고 대중들에게 "마음의 병을 치료하는 방법", 즉, 심리치료라고 소개했다. 그 후 프로이트는 '자유 연상법, 감정전이 이론, 꿈을 통해 무의식적 욕구를 관찰하는 치료기법' 등으로 더욱 유명세를 타게 된다.

마음의 병을 치료하면서, 마음의 정체를 탐색했던 프로이트와 달리, '정상적인 행동 속에 숨어 있는 인간의 마음'을 탐색하려 했던 과학자가 있다. 바로 빌헬름 분트이다. 그는 프로이트가 인간의 마음의 병에 관심을 두기 훨씬 이전인 1879년에 이미 라이프치히 대학에 심리학 연구실을 마련하고 인간의 마음을 연구했다. 당시 그의 실험실은 최고의 과학이라고 칭송 받았던 물리학과 의학 분야의 실험 방법을 도입했다는 측면에서 큰 관심을 끌었다. 그의 연구를 알아보려고 유럽과 미국에서 많은 학자들이 찾아왔다. 보통 사람들의 마음을 실험실에서 탐구하는 것은 이상 행동이나 정신병을 고치는 것과 다른 차원이며, 분명 어떤 유용한 결과가 있을 거라고 기대하면서. 하지만 그것이 무엇인지 알아내기란 쉽지 않았다. 마음을 다룬다는 건 신체의 질병을 고치는 것과는 달랐다. 물리학이나 화학처럼 새로운 법칙을 발견하는 것도 아니었다. 가장 까다로웠던 점은 마음 상태가 어떻다는 것을 알게 된다 한들 특정 영역에서 구체적인 도움을 주기 힘들었다는 것이다. 따라서 일상에서 사람들이 해결하고 싶은 것이 무엇인지, 어떤 것이 정말 '문제시' 되는지, 그 문제를 해결함으로써 구체적으로 어떤 결과를 얻을 수 있는지 언급하기란 매우 어려운 일이었다. 자칫하면 심리학 연구 자체가 한갓 백일몽으로 끝나버릴 판이었다.

🧍 심리학? 어디에 쓰는 물건인데?

심리학은 자연과학적 전통과 실용과학으로서의 유용성 그리고 인문, 사회과학으로서의 정체성 사이에서 출발했다. 불안한 심리학의 존재를 확실하게 대중에게 인식시킨 사람은 바로 프랑스 심리학자 비네다. 그가 개발한 '지능검사'가 실용적 가치를 인정 받은 덕분이다. 비네는 심리학자이자 의사로서 실험 심리학과 이상 심리학, 아동 심리학에 큰 업적을 남겼다. 지능검사는 그가 1908년 동료 시몽과 함께 개발한 것이다. 비네의 지능검사가 일상의 영역에 도움을 제공함으로써 심리학은 드디어 새로운 전기를 맞게 된다. 대중의 흥미와 호기심은 오래 가지 않는다. 아무리 새로운 것이라 해도 등장하는 순간 옛 것이 되고, 흥미와 관심은 퇴색하게 마련이다. 19세기 말에 등장한 '마음의 병'이라는 테마는 분명 신선했다. "병든 마음뿐만이 아니라 일반적인 마음이 일상에서 어떻게 반응하는가?"를 탐색하는 것은 더욱 더 신선했다. 흥미롭고 새로운 연구였다. 하지만 다양한 물질을 발견하거나 과학적 탐색의 결과를 통해 병을 치료하는 활동과 달리, 인간의 마음을 탐색한 결과는 정작 어디에 소용되는지가 분명하지 않았다. 연구 결과물을 현실의 어떤 지점에서 사용할 수 있는지 보여주는 데도 어려움이 따랐다. 당연히 대중의 관심도 떨어졌다. 비네는 이런 상황을 단박에 뒤집은 학자로 기억된다. 마치 역전 만루 홈런을 날리듯이, 심리학 연구가 현실의 문제를 어떻게 해결하는지를 잘 보여주었다.

당시 프랑스는 왕정에서 공화국으로 바뀐 상황이었다. 파리 시청은 모든 사람들이 교육을 받을 수 있는 새로운 교육 제도를 도입했다. 과거에는 귀족을 비롯한 특별한 계층의 사람들만이 교육을 받을 수 있었다. 하지만 그때부터, 원하는 사람이라면 누구나 다 학교를 다니게 되었다. 학교가 일반 대중에게 문호를 개방한 것이다. 그런데 문제가 발생했다. 다양한 배경과 연령의 사람들이 한꺼번에 몰려든 탓이다. 심지어 한 교실에 아홉 살 어린이와 스무 살 어른이 앉아 있는 어처구니 없는 상황이 연출되기도 했다. 가르치는 내용도 문제였다. "어떤 사람들에게, 무엇을 어떻게 가르쳐야 할 것인가?"는 매우 심각한 사안이었다. 이에 파리 시는 심리학자인 비네 박사에게 이 문제를 해결해 달라고 요청했고, 그 결과 '비네 검사'가 탄생한다. 비네 박사는 각 개인의 능력을 '지능'이라는 기준으로 구분하고자 했다. 그래서 사람들의 지능을 평가하고 구분할 수 있는 검사를 개발했다. 이 사례는 각 사람의 마음을 측정하고 또 이것을 서로 구분하는 것이 어떤 유용성이 있는지를 잘 보여준다. 이때부터 지능 연구는 심리학의 주요 분야로 자리잡게 된다.

비네의 지능 검사는 초기 심리학이 일반인에게 부각되는 과정에서 매우 특별한 사건으로 간주된다. "열망과 호기심을 유용성으로 치환한" 사례이기 때문이다. 인간의 마음을 과학적으로 탐구한다는 것은 당시 '새로운 학문적 열망이 있는 사람' 혹은 '남다른 호기심이 있는 사람'의 관심을 끄는 정도에 지나지 않았다. 분트의 연구실에 세계 각국에서 많은 사람들이 찾아왔다는 사실을 다시 상기하자. 마음을 연구하는 심리 실험실이 생겼다는 소식에, 당시 세계 여러 나라, 특히 미국에서 많은 연구자가 대거 모여들었다(이들은 미국으로 돌아가 대학에서 심리학을 가르치게 된다). 이후, 재미

| 지능검사개발로 심리학의 유용성을 증명한 **비네**, 최초로 심리학 실험실을 만든 **분트**, 인간의 동기와 욕망을 소비자심리 연구에 적용한 **디처**(좌측부터).

있는 현상이 미국에서 일어났다. 호기심 또는 과학에 대한 기대 차원에서 이루어진 심리학 연구들이 본격적으로 대중의 생활을 바꾸는 중요한 활동이 된 것이다. 미국은 실험실 안의 심리학을 일상의 문제를 해결하는 중요한 과학 지식이나 과학 연구방법으로 수용했다. 미국 사회의 전통인 실용주의(pragmatism)는 인간의 마음을 탐구하는 새로운 학문인 심리학마저 사람 사는 일과 관련된 문제를 해결하는 데 적극적으로 활용했다. 교육은 물론 군대, 사회제도 및 경제활동에 속하는 다양한 문제 해결에 심리학의 연구내용과 방법들을 적용했다. 교육 심리학, 학습 심리학, 산업 심리학, 조직 심리학 등의 이름으로 불려지는 심리학 영역들도 이때 생겨났다. 소비행동이나 소비심리에 관한 연구들은 이 같은 배경에서 이루어졌다.

요즈음에는 누구나 '소비심리'니 '마케팅심리'니 하는 말을 자연스레 받아들인다. "물건이 있고 돈이 있으면 그냥 사는 거지 뭘 따지나?"고 생각하는 사람은 거의 없다. 하지만 불과 반 세기 전만 해도 사정이 달랐다. '소비'라는 단어보다 '구매'라는 단어가 더 어울렸던 시절, 선택적으로 뭔가를 사는 게 아니라 필수적으로 물건을 구입했던 시절의 이야기다. 그때, "사람들의 (소비)행동에는 반드시 동기와 욕망이 작용한다"고 주장한 사람이 있다. 바로 어니스트 디처(Ernest Dichter, 1907~1991) 박사이다. 그는 미국인의 일상생활에 심리학 연구를 적극적으로 적용시킨 대표적인 사람이다. 오스트리아 출신의 미국 심리학자로 소비행동에 처음으로 관심을 부각시킨 사람이기도 하다. '동기연구의 아버지'로 알려진 그는 마케팅 전문가였다. 디처는 프로이트의 정신분석 개념과 기법들을 시장에서 일어나는 소비자의 행동을 연구하는 데 처음으로 적용했다. 그는 "내재된 무의식적인 동기가 개인의 욕망을 불러일으킨다"는 생각을 제시했고, 이는 광고산업에 폭넓게 적용되었다. 1998년 《뉴욕타임즈 New York Times》는 그를 "표적집단(focus group)이라는 용어를 처음 사용했을 뿐 아니라 광고에서 이미지와 설득이 얼마나 중요한지를 대중에게 널리 알린 인물"이라고 평했다.

  소비행동에 대한 심리학자들의 연구는 제2차 세계대전 이후 본격적으로 시작된다. 전쟁 이후, 미국의 시장 경제는 최고조로 활성화되었다. 군수물자를 생산하던 엄청난 공장들이 그때부터 이전에 없었던 새롭고 다양한 물건들을 만들기 시작했다. 엄청난 생산 능력은 곧 "쏟아지는 제품들을 어떻게 하면 더 많이 팔 수 있을까?" 하는 고민과 직결되었다. 그래서 전문가들은 일반 대중이 새로운 물건이 나왔음을 인식하고 그것을 생활에서 바로 이용하게끔 눈과 귀를 자극할 수 있는 다양한 방법을 찾기 시작했다. 즉 '소비자의 구매욕구, 소비욕구'를 불러일으킬 만한 방법을 연구하기 시작한 것이다. 소비행동과 인간의 심리를 연결시키는 적극적인 시도는 이때부터 본격화된다.

🚶 나는 내가 가진 모든 것의 총합이다

  1890년. 한 권의 책이 세상을 놀라게 만들었다. 그 책은 이제껏 사람들이 '감히 생각하지 못했던' 행동의 기준을 제시했다. 그것은 전통적인 잣대였던 도덕이나 규율, 관습이나 명제가 아니었다. 바로 '자기 자신(self)'이었다. 이 놀라운 내용이 담긴 책의 제목은 『심리학의 원리 The Principles of Psychology(1890)』, 저자는 '미국 심리학의 아버지'로 불리는 윌리엄 제임스(William James, 1842~1910)이다. 그는 개인들이 각기 다른 방식으로 욕망을 충족하는 데는 분명한 기준이 있으며, 그 기준이 바로 '자기'라고 말한다. 이것은 유럽의 심리학적 전통과 전혀 다른, 매우 미국적인 기준이다. 군주제를 거쳐 혁명을 통해 민주주의가 자리 잡은 유럽과 달리 미국은 처음부터 '개인'이 모여 만든 나라였기에 가능한 시각이었다. 제임스는 개인의 근간이 되는 자기를 그 무엇보다 중요한 잣대로 보았다. 그는 『심리학의 원리』에서 '자기'라는 개념을 이렇게 표현한다.

"한 인간의 '자기'는 그가 '내 것'이라고 부를 수 있는 모든 것들의 총합이다. '내 것'에는 신체로부터 시작해서 옷·집·토지 등 다양한 것들이 포함된다."[1]

놀랍고 신선한 통찰이다. 미국이 수많은 개인이 모여 세운 나라였다고 해도 사실 1890년대 후반부터 1900년대 초까지는 청교도적인 전통이 매우 강했던 시기이다. 그 시기를 살았던 사람이 일상적인 삶 속의 인간을 이토록 솔직하게 묘사하다니! 만일 21세기 현재, 한국 사회를 살아가는 어떤 사람을 이렇게 정의한다면, 그는 틀림없이 "나를 뭘로 보고 하는 소리야? 내가 그런 속물로밖에 안 보여?" 하면서 불쾌하게 생각할 것이다. 대부분의 사람들은 자기, 또는 자신이란 존재를 '자신이 가진 것보다 훨씬 나은 존재(본능에 충실한 동물과 달리 고매한 정신을 가진 존재)'로 보고 싶어한다. 동의하든 아니든 제임스가 말하는 자기, 즉 나라는 존재는 '내가 갖고 있는 모든 것을 합친 어떤 것'이라는 뜻이다. 내가 가진 모든 것이 나를 나타낸다면 이제 우리는 자신을 제대로 알기 위해서라도 자신이 소유하고 있는 것, 또는 소유하고 싶은 것에 대해 알아야 하지 않을까? 지금까지와는 다른 시선으로 바라보아야 하지 않을까?

디처 박사는 "물건을 가지고 싶다"는 심리를 '욕구' 혹은 '욕망'이라고 보았다. 프로이트의 정신분석학에서 말하는 인간의 성적인 욕망, 생존에 대한 욕망을 그는 '소비의 욕망'으로 확장했다. 그에게 소비심리의 연구란 "어떤 물건을 가지고 싶다는 욕망이 어떻게 발생하는지, 사람들은 그것을 어떻게 인지하고, 또 실행에 옮기는지를 탐색"하는 일이었다. 디처 박사는 대중이 어떤 물건을 성적인 코드로 받아들이거나, 특정 물건을 소비하는 것을 '무의식적인 욕구의 대리만족'으로 개념화했다. 술이

| 스타의 성적인 코드가 담긴 물성을 소비하는 광고.[2]

나 담배 혹은 청바지 광고를 떠올려보라. 이런 제품의 광고는 대개 섹시한 스타들을 모델로 기용한다. 지금, 당신의 머릿속으로 지나가는 이미지가 있는가? "부드러워서 맛있다"고 말하는 소주 광고, 늘씬한 선남선녀의 몸매를 한껏 드러내는 청바지 광고가 떠오르는가? 그렇다. 바로 그것들이다. 대개 시청각적 환상을 함께 파는 광고들이다. 어쩌면 소비자 대중은 소주 한 잔을 마시는 게 아니라 신세경의 청순미를 마시는 것이고, 담배 한 개비를 태우는 게 아니라 카우보이의 야성미를 태우는 것인지도 모른다. 그저 그런 청바지를 사는 게 아니라 몸짱 가수 비의 섹시미를 입는 것인지도 모른다. 알게 모르게, 스타의 성적인 코드가 담긴 물성을 소비하는 것이다. 물론 '대리만족' 기능을 유발하는 광고도 많다. 유명한 인물이나 인기 연예인들이 특정 제품을 사용하는 모습을 보면서 소비자들은 "저걸 쓰면 나도 고소영처럼 될 수 있을지 몰라!" 하는 착각에 빠진다. 고가의 화장품이 한순간에 동 나는 것은 이런 맥락에서다. 모두, 디처 박

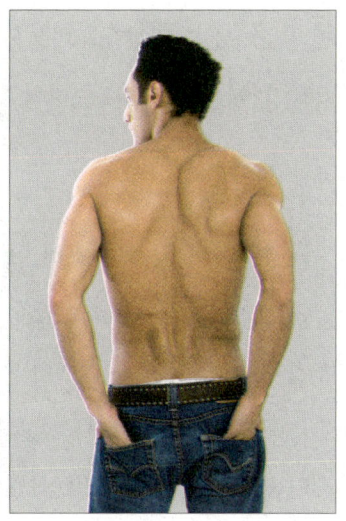

사가 말하는 소비심리를 가장 잘 활용한 광고들이다.

생활 속에서 쉽게 확인하는 다양한 소비행동의 밑바탕에는 인간의 '욕망'이 깔려 있다. "갖고 싶다"거나 "사고 싶다" 같은 것들이다. 그리고 그 끝은 대개 '소유'이다. 우리가 흔히 사용하는 욕망이라는 단어는 그 자체로 감성과 이성의 통합을 보여준다. 예를 들어 '성적인 욕망'이라고 하면 노골적이면서도 지나치게 육체적인 측면을 부각하는 느낌이 든다. 하지만 '사랑'이라는 단어로 표현하면 매우 다른 의미처럼 받아들여진다. 동일한 경험이라고 해도 어디에 초점을 두느냐에 따라 다른 방식의 욕망 충족이 되는 셈이다. 돈으로 표현되는 물리적 가치는 누구에게나 유사하게, 혹은 동일하게 수용될 수 있지만, 심리적 가치는 절대 그렇지 않다. 사람마다 다르다. 따라서 소비행동과 그에 따른 소비심리야말로 개개인의 가치를 가장 잘 반영하는 것이라고 볼 수 있다. 그리고 가치 안에는 인간의 다양한 욕망이 숨어 있다. 이런 이유에서 "소비는 각기 다른 개인의 욕망이 투영된 구체적인 행동이자 개인 간의 차이를 가장 잘 보여주는 행동의 표현"이라고 본다. 우리가 소비를 통해 인간의 마음을 안다는 것은 각기 다른 인간의 구체적인 욕망이 "어떻게 전혀 다른 방식으로 충족되는가"를 확인하는 과정이다.

경영학이 말하는 소비, 소비행동, 소비심리

한국대학교 심리학과에 재학 중인 김소진 씨. 그는 졸업 후 이벤트 전문회사 '판타지아+'에 취직할 생각이다. 판타지아+는 아우디나 볼보 같은 세계적인 자동차 회사의 신차 런칭 행사, 의료기기 엑스포 같은 국제적인 행사를 준비하고 진행하는 회사다. 업계 평가도 아주 높다. 그는 인

턴사원으로 일하는 6개월 동안 모든 행사의 요체가 '사람의 마음을 제대로 읽는 것'임을 알게 되었다. 규모 따위는 문제가 아니었다. 행사 내용이 아무리 좋아도 사람이 들지 않으면 모든 게 끝이다. '개점휴업' 상태를 면할 수 없다. 학교로 돌아온 소진 씨는 남은 두 학기 동안 마케팅과 심리학을 접목해서 공부해야겠다고 마음먹는다. 고민 끝에 그가 선택한 것은 〈소비자 행동론〉과 〈소비심리학〉. 사람들의 관심을 자극하고, 그들을 움직이게 만들려면 소비자 대중의 심리를 먼저 알아야 한다고 생각한 탓이다. 그런데 의외의 사실이 있었다. 소비자의 심리와 행동을 다루는 과목이 심리학과가 아닌 경영학과에 더 많았던 것이다. 소진 씨는 과연 그가 원했던 내용들을 배우게 될까?

경영학부에서 개설한 〈소비자 행동론〉을 들여다보자. 여기서 정의한 '소비자의 행동'이란 다음과 같다.

> "소비자 행동은 의사결정단위들이 재화, 서비스, 활동, 그리고 아이디어를 획득하고, 소비하고, 처분하는 것에 관한 소비자들의 의사결정의 전체성을 포함하고 있다."
>
> —J.Jacoby

문장이 애매하다. 한 번 더 읽어보면, 소비자 행동에 관한 이 정의가 논리상 '동어반복(tautology)'임을 알 수 있다. 아무 생각 없이 '역전 앞'이라는 말을 사용하는 것과 같다. '소비자 행동=소비자들의 의사결정의 전체성'이라는 것은 '밥=쌀과 물의 결합체'라고 이야기하는 것과 다르지 않다. 다만 여기에 "재화, 서비스, 활동, 그리고 아이디어를 획득하고 소비하고 처분하는 것"이라는 비즈니스 행위를 추가로 언급함으로써 소비자 행동이 비즈니스 행위라는 것을 강조했을 뿐이다. 현재 미국마케팅협회(AMA)는 소비자 행동을 "인간이 일상에서 경험하는 거래(exchange)의 상황에서 일어나는 정서와 인지(affect and cognition), 행동(behavior), 환경(environment)의 역동적 상호작용"이라 정의한다. 정서와 인지, 행동은 인간의 심리를 상징하는 것이고, 환경은 생활환경을 뜻한다. 언뜻 보면, 소비자가 '거래 상황에서 보이는 다양한 심리적 특성'들을 고려하는 것 같지만, 이것이 구체적으로 무엇을 지칭하는지 알 수 없다.

경영학은 소비자의 마음을 모른다

미국마케팅협회가 소비자 행동을 정의하면서 빼먹은 게 있다. '역동적 상호작용'의 주체, 즉 소비라는 상황을 두고 서로 다른 행동을 취할 수밖에 없는 주체인 '소비자'와 '기업'을 구분하지 않았다. 경영학이라는 분야의 속성 때문에 소비자 개인을 고려하는 척 하였지만, 정작 소비자는 사라지고 물건이나 서비스를 제공하는 기업의 입장에서만 소비자를 보려 했다. 소비자의 행동을 좀더 명확하게 보여주자면 다음과 같이 정의해야 할 것이다.

> "소비자의 관심을 끌고 유지함으로써 기업은 존속된다. 소비자의 행동은 기업 입장에서 보면 마케팅 전략(시장 세분화, 타깃팅, 마케팅 믹스)을 위한 것이다. 그리고 소비자의 욕구(needs)와 바람(wants)을 충족시켜야 하는 일이라면—그것이 무엇이든 전부— 소비자 행동에 관한 지식은 모든 영역에 도움이 된다."[3]

소비행동과 소비심리는 일반적인 인간행동과 심리에 대한 탐색과 다르다. 소비는 욕망을 충족시키는 활동이기 때문이다. 누가 자신의 욕망을 충족시키려 하는가? 우리는 소비자 개인이라고 쉽게 생각한다. 하지만 이 소비와 관련된 욕망을 충족시키는 과정에는 물건이나 서비스를 제공하거나 판매하는 '생산자' 또는 '공급자'가 있다. 비즈니스 활동에는 소비자 개인, 기업이라고 지칭되는 생산자 또는 공급자, 이렇게 서로 다른 목적을 가진 행동 주체들이 있다.

소비행동, 소비심리는 누구의 입장에서, 어떻게 보느냐에 따라 각기 다르게 정의된다. 소비를 "물건이나 서비스를 얻기 위해 돈을 지불하는 행위"로 보는 것은 기업의 입장이다. '소비자인 인간 자체'에 대한 관심보다 (소비자인) '인간이 수행하는 비즈니스' 측면의 사건에 초점을 두기 때문이다. 이런 입장에서는 소비행동을 연구할 때 그 주제를 흔히 시장 세분화, 타깃팅, 마케팅 믹스 등으로 잡는다. 행위의 주체는 언제나 기업이 되고, 소비자는 항상 대상이 된다. 반면, 기업의 입장이 아닌 소비자 개인의 입장에서 소비행동과 심리를 보는 것은 "개인이 자신의 욕망을 충족시키는 행동과 심리를 알려고 하는 것"이다. 소비자의 행동에 영향을 미치는 것은 (개인의) 내적 요인, 외적 요인, 그리고 의사결정 과정이다. 내적 요인에는 '동기, 지각, 인지, 학습, 자기개념, 라이프스타일' 등이 포함되고, 외적 요인에는 '문화·사회적 요인'들이 포함된다. 주로 사회학이나 문화인류학에서 이론적 프레임을 가져오며, '사회계급, 인종, 가족, 집단, 문화' 등을 연구한다.

마지막으로 의사결정 과정은 "소비자들이 실제로 소비를 하는 동안 나타나는 의사결정의 전 과정"을 다룬다. 여기에는 '문제 인식, 정보탐색,

대안 평가 및 선택' 등의 주제들이 포함된다. 그 가운데 심리학이 관심을 갖는 주제는 개인의 내적 요인과 의사결정 과정이다.

심리학이 말하는 소비행위, 소비심리의 탐색

기업과 개인은 분명 다른 주체이다. 따라서 생각과 행위도 다르다. 그러므로 우리가 탐색해야 할 것은 "서로 다른 영역의 관심사들을 어떻게 연결시킬 수 있을까?" 하는 점이다. 기업과 개인의 관심사가 얽히는 교집합이 무엇인지 알아내야 한다는 뜻이다. 기업은 시장 세분화, 타깃팅, 마케팅 믹스를 잘하기 위해 소비자의 행동과 심리를 알고자 한다. 하지만 소비자들은 기업의 마케팅 전략 따위엔 관심이 없다. 그들에게 중요한 것은 "자신의 욕구를 어떻게 하면 가장 합리적인 방법으로 만족시킬 것인가, 내가 받을 수 있는 최상의 서비스는 무엇인가?" 하는 점이다. 그러므로 기업이 제대로 된 마케팅 전략을 구사하려면 무엇보다 '다양한 소비자 개인'을 이해해야 한다. 그들의 욕망이 어떻게 생기는지, 소비자가 자기 욕망을 어떤 방식으로 충족하고 싶어 하는지를 정확하게 알아야 한다는 뜻이다.

현재 우리에게 소개된 〈소비자 행동론〉은 경영학 분야에서 다루어지며 마치 실용적인 학문처럼 보인다. 기업이 보고 싶은 소비행위를 설명하기 위해 경제학, 심리학, 사회학, 그리고 문화인류학 같은 다양한 행동과학의 연구성과와 지식들을 적절히 접목했기 때문이다. 특히, 미국에서 이루어진 지식을 그대로 수입하였다. 미국 사회에서 통용되는 소비행위, 소비심리만 담겨있어서 정작 한국 사회에서 일어나는 소비행동이 무엇인지 알 수 없다. 한국 사회에서 한국인들이 보이는 소비심리에 대한 내용은 거의 없다. '소비자 행동론' 이름의 분야에서 정작 소비행위의 주체가 되는 한국인의 행동, 한국인의 심리에 대한 내용이 없는 것이다. 학문을 수입하는 나라에서 쉽게 발견할 수 있는 일이다. 이렇다 보니, 정작 소비행위에서 무엇이 문제인지, 또는 핵심인지조차 분명하게 밝히지 못한다. 각기 다른 분야의 연구성과를 하나의 주제 아래 결합한 것 같지만, 정작 무엇이 문제인지, 무엇을 위한 연구인지 산뜻하게 해결하지 못했다.

소비자의 행동이나 심리를 먼저 따져야 한다고 주장하는 것은 이런 맥락에서다. '기업과 소비자', '욕망과 충족' 사이의 교집합을 찾지 못하면 쓸데없는 매듭만 늘어날 테니까! 하지만 방법은 있다. 무엇보다 먼저 우리 사회에서 소비심리나 소비행동의 특성을 가장 잘 보여주는 현상이 무엇인지 살피고, 그 다음 개개인의 심리를 다룬다. 그리고 나서 연구결과 분석을 바탕으로 기업이 얻고자 하는 시장 세분화, 타깃팅, 마케팅 믹스가 어떻게 이루어지는지 이해하면 된다.

농부를 살린 물고기

한 학기 동안 〈소비자 행동론〉과 씨름한 소진 씨. 그는 기말고사 리포트 과제를 받고 고민에 빠졌다. 담당 교수가 "그간 배운 내용을 토대로 각자 아이템을 하나 잡아 소비자의 행동을 분석하라"는 과제를 주었기 때문이다. 다른 친구들처럼 스마트폰이나 자동차를 주제로 간단히 써도 되지만, 소진 씨는 그러고 싶지 않다. 기획행사 전문가의 길을 걷기로 한 만큼 그는 제품을 홍보함과 동시에 사람의 마음을 사로잡는 마케터가 되고 싶었다. 대중의 행사 참여를 (어떤 식으로든) 구매로 이어지게 만들어야 한다. 그래야 기업으로부터 다음 행사를 의뢰받을 거고, 자신도 발전

| 소비자 행동론, 소비자 심리 관련 교재 목차 |

소비자행동[4] 이학식/홍익대 마케팅교수 고려대·한양대·이화여대·건국대 교재	소비자 행동의 이해[5] 이문규/연세대 마케팅교수 연세대·국민대 교재	소비자 행동론[6] 임종원/서울대 마케팅교수 서울대 교재
[제1부 소비자행동의 개괄적 이해] 1장 마케팅과 소비자행동연구 2장 소비자행동 개관과 관여도 [제2부 소비자 의사결정과정] 3장 문제의 인식, 정보의 탐색 4장 구매 전 대안평가 5장 구매, 구매 후 행동 [제3부 소비자 정보처리와 기억] 6장 소비자 정보처리 과정 7장 기억 [제4부 태도] 8~9장 태도의 형성과 변화(1)(2) [제5부 개인적 영향요인] 10장 학습 11장 개성과 라이프스타일 [제6부 환경적 영향요인] 12장 문화와 사회계층 13장 준거집단과 가족 14장 집단 내 커뮤니케이션과 집단간 커뮤니케이션 [제7부 소비자행동과 마케팅 전략] 15장 소비자행동과 제품, 가격 및 유통전략 16장 소비자행동과 마케팅 커뮤니케이션	[소비자 행동연구의 기초] 1. 이론적 기초 2. 방법론적 기초 [소비자 정보처리시스템] 3. 소비자 동기와 관여도 4. 정보의 취득 5. 소비자 기억과 지식 [소비자 평가와 선택] 6. 소비자태도 7. 태도 변화 8. 소비자평가 9. 소비자선택 10. 평가·선택오류 [구매 후 행동] 11. 소비자 만족 12. 소비자 귀연 13. 소비자 학습 14. 소비자행동의 영향변수 ※ 소비자의 구매행동을 심리학적으로 접근, 소비자의 마음이 움직이는 원인과 매커니즘을 이해하게 했다는평	1부 소비자 행동의 의의와 내용 2부 소비자 행동의 내적요소(지각, 기억, 감정) 3부 태도와 행동(태도변화, 관여도와 의사결정, 구매의사결정, 학습) 4부 소비자 행동의 외적요소(문화·사회계층, 가족, 생활유형, 구전·준거집단·신제품확산, 상황적 영향) 5부 특수주제(산업고객 구매 행동, 컨슈머리즘) ※ (초판 94년) 소비자의 숨겨진 욕구를 찾으려면 소비자 행동이해… 소비자에게 합리적인 소비생활의 방향을, 정책수립자에게는 올바른 산업정책 수립의 방향을 기업에게는 성공적인 마케팅 전략 수립 방향을 제시.

한다. 뻔한 이치다. 소진 씨는 궁리 끝에 아이디어를 하나 냈다. 지역마다 활성화된 축제와 그곳의 특산물을 연계시키는 마케팅을 생각한 것이다. 그는 '농부를 살린 물고기-파로호 산천어 축제와 화천 지역 농산물 판매 활성화'라는 타이틀로 리포트를 쓰기로 마음 먹었다. 소진 씨는 자료 조사를 하기 전, 다시 한 번 강의 노트를 훑어보았다. 기업의 목표와 소비자의 행동. 그는 이 두 가지 사안을 "(화천군의) 파로호 축제 관광객 유치와

소비자 심리의 이해[7] 홍성태/한양대 경영학과교수 국민대 교재	소비자 심리학[8] 양윤/이화여대 심리학교수 이화여대 교재
1장 소비자 심리분석의 개관 1. 소비자 행동의 3요소, 2. 용어의 정리 2장 정보의 취득 1. 감각, 2. 주의, 3. 지각, 4. 이해 3장 정보의 저장 1. 기억의 구조, 2. 운용기억, 3. 영구기억 4장 정보의 통합 1. 정보통합의 의의, 2. 통합화 과정, 3. 반응화 과정 5장 태도의 형성(I) 1. 태도의 의의, 2. 태도의 측정, 3. 태도와 행동 6장 태도의 형성(II) 1. 태도형성의 과정, 2. 비본질적 단서의 이용, 3. 상황적 요인의 영향 7장 조건형성의 원리 1. 고전적 조건형성, 2. 작동적 조건형성, 3. 대리적 조건형성 8장 심리적 평형의 유지 1. 인지요소의 역할, 2. 균형이론, 3. 일치이론, 4. 인지 부조화 이론, 5. 심리적 반발 이론 9장 歸因과정의 분석 1. 타인지각 이론, 2. 자기지각 이론, 3. 일반화된 이론	[1부 소비자 심리학] · 정의와 역사, 필요성, 일반적 모형 [2부 소비자의 내적 요인] · 지각(감각, 선별과정, 지각 체제화, 해석) · 학습(고전적·조작적 조건형성, 사회학습이론) · 기억(기억구조, 소비자 지식, 구성기억, 기억과 감정, 암묵기억) · 동기와 감정(욕구와 동기, 전반적 욕구 이론, 제한된 범위의 동기 이론, 구매 동기 조사, 감정) · 성격(정신분석학, 호나이의 성격 이론, 특질론, 소비자 성격척도, 자기개념, 상표성격, 라이프스타일과 사이코그래피 분석) · 태도와 가치(태도의 특성, 태도의 기능, 태도의 구성요소, 태도 모형, 태도와 행동, 가치) · 태도변화(설득·행동에 따른 태도변화, 광고에 대한 태도) · 설득 커뮤니케이션(설득 커뮤니케이션 모형, 출처, 메시지 특성, 매체, 수신자, 피드백) · 소비자 판단 및 결정 1: 문제인식과 정보탐색(소비자 구매 결정과정의 일반적인 모형, 대안적 관점, 문제인식, 정보 탐색) · 소비자 판단 및 결정 2 평가와 선택(대인평가, 소비자 선택 과정) · 구매 후 과정(구매 후 만족·불만족, 소비자 불평행동, 상표 충성) [3부 소비자의 사회적 맥락] · 소비자 상황(물리적 환경·매장환경, 사회적 환경, 과제규정, 시간, 선행상태, 사용상황, 소비자, 제품 간의 상호작용) · 집단과정(집단, 구전 커뮤니케이션, 확산과정)

관광객의 행동 패턴 및 성과"로 대치할 생각이다. 하지만 영 가닥이 잡히지 않았다. 기업의 1차 목표는 분명 시장 세분화, 타깃팅, 마케팅 믹스를 잘해서 이익을 더 많이 창출하는 것이다. "소비자가 왕이다"라고 하면서 그들의 심리와 행동을 파악하려고 애쓰는 것도 필요한 정보를 얻기 위해서다. 하지만 정작 소비자 개인의 행위에 얽힌 내적·외적 요인과 의사결정 과정을 제대로 알아내기란 어려운 일이었다. 구체적인 연결점을 찾기

란 더 더욱 쉽지 않았다. 무엇이 문제였을까?

경영학과에서 다루는 소비자 심리 강의는 소비자 개인의 내적 요인과 의사결정 과정, 그리고 개인의 외적 요인 등을 위주로 한다. 주제도 '동기, 지각, 인지, 학습, 자기개념, 라이프스타일, 문제 인식, 정보탐색, 대안 평가 및 선택' 등이다. 놀라운 것은 〈심리학개론〉에서도 같은 주제를 다룬다는 사실이다. 〈소비자 심리학〉 또는 〈소비자 행동론〉이라는 책의 내용은 '심리학개론'의 내용에 '소비'라는 포장지를 입힌 것이 되었다. 『소비심리』나 『소비자 행동론』이라는 이름으로 발행된 책들은 이런 상황을 잘 보여준다. 하나같이 거기서 거기이다. 분명 소비자의 심리를 다루는 것이고, 특히 기업이 원하는 시장 세분화, 타깃팅, 마케팅 믹스에 초점을 두었다고 하지만 정작 내용은 〈심리학개론〉에 소개되는 다양한 심리학 개념 풀이 수준이다. 우리가 일상에서 경험하는 소비현상들이 어떤 사람들에 의한 어떤 심리와 행동을 나타내는지에 대한 내용은 찾기 힘들다. 〈심리학개론〉 교과서에 소개되는 다양한 개념에 마케팅과 관련된 몇 가지 사례나 제품, 서비스들을 소개하고, 여기에 약간의 사회학·문화인류학적 내용을 더했을 뿐이다. 한국 사회, 한국인의 소비행동과 심리에 관한 내용은 없다. 그저 수입품처럼 낯설기만 하다. 한국 사회에 사는 사람들의 삶의 모습에서 나오는 소비심리와 소비행동에 대한 탐색이 필요했다.

나무와 벽돌로 진짜 집 짓기

심리학에 관한 다양한 단어와 지식을 알면 인간의 마음과 관련된 문제를 해결할 수 있을까? 절대 그렇지 않다. 마치 우물가에서 숭늉을 찾는 격이다. 집을 짓고자 하는 사람에게 덜렁 나무와 벽돌을 던져 주는 것과

| 나무와 벽돌은 있는데….
아아, 집 짓는 기술이 필요해!

같다. 집을 짓는 데 정작 필요한 것은 집 짓는 기술이다. 수입한 심리학에서 얻는 지식은 '나무와 벽돌'에 불과하다. 학교 수업이나 책을 통해 얻은 단편적이고 현상적인 심리학 지식은 실용적인 쓰임은 물론 기술이나 능력을 배양하는 데 별로 도움이 되지 않는다. 몇몇 심리학 관련 단어의 뜻을 안다고 일상의 문제가 해결되는가? 친구나 가족의 고민을 해결할 수 있는가? 단지, 시험에서 좋은 점수를 얻는 데만 소용이 있을 뿐이다.

소비와 관련된 다양한 현상, 마케팅과 관련된 여러 문제에 심리학 지식을 응용하는 것도 이 같은 상황이다. 〈심리학개론〉에 나오는 기초적인 지식을 배우는 것과 이런 지식을 활용하여 소비행동과 심리, 소비와 관련된 인간의 문제를 탐색하고 해결하는 것은 완전히 별개의 문제이다. 하지만 대학에서 가르치는 〈소비자 행동론〉, 〈소비자 심리〉 등은 가장 기본적인 심리학 지식을 나무와 벽돌 수준으로 전달한다. 학생들은 나무나 벽돌을 구분하는 방법만 배우는 꼴이다. 이 과목들은 재료를 주기만 하면 누구나 집을 지을 수 있는 것처럼 이야기한다. 심리학 용어나 이론, 개념들을 몇 가지 알면 소비자 행동이나 심리를 알 수 있을 것처럼 홍보한다. 그러나 심리학 용어를 몇 가지 알고 심리학 개념을 좀 안다고 해서 마케팅 현장에서 일어나는 다양한 의문들을 해결할 수는 없다.

〈소비자 행동론〉은 심리학 이론을 마케팅 개념으로 포장해서 배우는 과목이 아니다. 〈소비자 심리〉 역시 심리학 관련 용어를 학습하는 과목이 아니다. 한국 사회에서 일어나는 소비행동을 이해하고, 관련 문제들을 해결하기 위해 정작 필요한 것은 집을 지을 수 있는 기술이다. 지식은 수입해서 사용할 수도 있지만, 한국 사회에서 살아가는 한국인의 마음은 상품처럼 살 수 있는 게 아니다. 기업은 이 점을 주지해야 한다. 심리학에 기반을 둔 지식을 시장 세분화, 타깃팅, 마케팅 믹스에 적용할 때, 무엇보다 '나무와 벽돌을 이용해서 멋진 집을 지을 수 있는 기술' 확보에 집중해야 한다. 〈소비자 행동론〉을 배우고 〈소비자 심리〉 책을 열심히 들여다본다고 해결될 일이 아니라는 뜻이다.

🕴 마케팅을 잘하려면 심리학이 필요하다?

소진 씨 역시 "마케팅을 잘하려면 심리학이 필요하다"라는 말의 당위성을 인정한다. 하지만 그는 〈소비자 행동론〉을 배우고 리포트를 쓰는 과정에서 경영학이나 심리학이나 그저 나무와 벽돌에 대해서만 열심히 가르칠 뿐, 정작 그것들을 이용해서 집 짓는 법을 가르쳐주지 않았다는 것을 절감했다. 몇 가지 소비행동 사례에 관해 보고 들은 것을 소비자 행동이나 소비심리로 착각했을 뿐이다. 기업마다 목표와 기대치가 다르듯이 소비자의 욕구와 반응도 다르게 마련이다. 마케팅에 성공하고, 소비자에게 좋은 반응을 얻고, 브랜드가 '러브마크'가 되려면 우선 기업과 소비자 각자가 원하는 것들의 교집합 부분을 확실히 하고, 차츰 그 영역을 확장할 수 있어야 한다.

소진 씨는 〈소비자 행동론〉을 정리하는 리포트를 쓰면서 바로 이 대목을 눈 여겨 보았다. '기업인 화천군'은 '파로호 축제라는 상품'을 만들어 시장에 내놓으면서 '산천어'에만 집중한 나머지 '소비자인 관광객의 마음'—파로호에는 새벽에 넘어가면 돼—을 제대로 읽지 못했다. 그래서 관광객 대부분을 이웃 도시 춘천에 빼앗겼다. 군민들은 망연자실할 수밖에! 그러나 방법은 있다. 화천군의 목표와 파로호 축제에 오는 관광객의 욕구가 어디에서 만나는지 그 접점을 찾아 반경을 넓히면 된다. 바로, 화천의 한 템포 느린 청정농산물과 스피디한 도시인의 자연주의 욕구가 만나는 자리다. 그는 요즘 리포트를 마무리하느라 바쁘다.

사례 연구: 소비심리 연구에 새로운 통찰을 제공하다

구체적인 생활 환경에서 개개의 인간들이 보이는 각기 다른 소비행동을 파악하고, 소비와 관련된 문제를 해결하려면 소비심리와 소비행동에 대한 탐색이 필요하다. 기업은 이런 소비심리와 소비행동에 대한 탐색을 자신들의 비즈니스를 위한 시장 세분화, 타깃팅, 마케팅 믹스에 활용한다. 하지만 인간의 심리와 행동에 관한 다양한 개념들을 분절적으로 파악하는 것은 도움이 되지 않는다. 중요한 것은 소비행동의 주체인 인간의 심리, 전체적인 인간의 심리를 아는 것이다. 즉 구체적인 소비행동을 하는 사람이 누구인지를 아는 일이다. 이와 비슷한 연구 프레임이 경영학에서 널리 수용된 '사례 연구(case study)'이다.

사례 연구는 조직에서 일어나는 경영 행위를 대학에서 단순히 재무, 인사, 회계, 마케팅 등 각각의 영역으로 분리하여 학습할 수 없다는 인식에서 시작되었다. 조직의 운영은 세분화되고 전문화된 개별 영역에서 진행되지만, 영역별 분석 자료의 총합만 가지고는 조직 전체의 문제를 파악할 수 없다는 인식에서 비롯된 학습법이다. 사례 연구는 1970년대 이후 미국에서 선풍적인 인기를 끌었다. 전문가들은 구체적인 기업경영의 사례를 통해, 조직 전체가 어떤 문제에 노출되는지, 그 문제들을 어떻게 해결할 수 있는지를 알고자 했다. 경영학이 사례 연구를 도입한 이유는 단순하다. 경영대학원에서 가르치고 학습한 수많은 내용들이 실제 기업경영에 도움을 주지 못했기 때문이다. 사례 연구는 경영현상을 배우는 핵심 접근법이다. 이런 현상은 소비심리 연구에 새로운 통찰을 제공한다.

소비행동이나 심리는 개별적인 심리과정이나 심리요인으로 설명할 것이 아니라, 구체적인 소비행동을 중심으로 설명해야 한다. 각기 다른 개인의 다양한 소비행동 사례들을 통해 소비심리를 파악해야 한다는 뜻이다. 심리학 지식을 습득하는 것과 개별 인간을 아는 것은 전혀 차원이 다른 문제이다. 하지만 대한민국에서는 종종 이 두 가지 사안을 혼동한다. 오늘날 우리의 심리학이 해결해야 할 과제이기도 하다. 인간의 심리에 관한 다양한 개념과 이론을 알더라도, 내가 만나는 각기 다른 사람을 전부 이해하기는 어렵다. 집 짓는 법을 가르쳐준다면서 열심히 나무와 벽돌만 모으게 하는 심리학 공부는 인간이 부딪힌 문제를 해결하는 데에 도움이 되지 않는다. 나무와 벽돌을 다듬고 차곡차곡 쌓아야지만 집은 조금씩 모양을 갖추고 완성된다. 소비자의 행동과 심리를 이해하기 위해서는 직접 그 문제에 빠져드는 사례 연구가 필요하다.

🧍 나는 누구일까?: 소비심리 추리 1

다음과 같은 소비행위를 하는 사람이 있다. 어떤 사람일까? 이런 행동을 통해 우리가 짐작하거나 알 수 있는 사실은 무엇일까?

> **사례1**
>
> 스마트폰의 알람을 듣고 잠에서 깬다.
> 트레이닝복을 입고 간단히 운동을 한다.
> 비누로 샤워하고, 샴푸로 머리를 감는다.
> 타월로 젖은 몸을 닦는다.
> 치약과 칫솔로 이를 닦는다.
> 에프터 셰이브와 피부 로션으로 세안을 마감한다.
> 커피를 한 잔 마신다.
> 속옷을 입고, 청바지와 셔츠를 입는다.
> 워드 프로그램을 실행하여 보고서를 마무리하고, 프린터로 인쇄한다.
> 노트를 배낭에 넣고, 재킷을 입고 집을 나선다.

누구나 하는 일상적인 행동이다. 순서는 다를 수 있어도 대개 비슷하다. 하지만 이런 행동만 가지고는 그가 누구인지, 어떤 사람인지 예측하기가 쉽지 않다. 노트와 배낭을 사용하는 것으로 보아, 비교적 젊은 사람이라고 추측할 수 있다. 보고서를 아침에 다시 확인하고 프린트를 하는 것으로 보아 준비성이 있는 사람, 비교적 꼼꼼한 사람이라고 생각할 수 있다. 알람소리를 듣고 잠에서 깨어나는 걸 보니 시간에 맞추어 생활해야 하는 사람일 것이다. 아침에 일어나서 운동하는 것을 보면 건강 관리에 유념하는 사람이다.

사례2

'아이폰4'의 알람소리를 듣고 잠에서 깬다.
'아디다스' 트레이닝복을 입고,
'노르딕트랙' 러닝머신으로 간단히 운동을 한다.
'심플(simple)' 비누로 샤워하고, '아베다' 샴푸로
머리를 감는다.
'샤넬' 타월로 젖은 몸을 닦는다.
'프로폴렉스'치약과 '오랄비' 칫솔로 이를 닦는다.
'폴로' 에프터 셰이브와 피부 로션으로 세안을 마감한다.
'캘빈클라인' 속옷을 입고, '폴로' 셔츠와 '디젤' 청바지를 입는다.
'스타벅스 커피빈'을 갈아 핸드 드립 커피를 만들어 마신다.
'파워포인트' 프로그램을 실행하여 보고서를 마무리 하고,
'삼성' 프린터로 인쇄한다.
'몰스킨' 노트를 배낭에 넣고, '몽클레어' 패딩재킷을 찾아 입고
집을 나선다.

이 사람의 행동 패턴을 보면서 어떤 특성을 가장 뚜렷하게 느꼈는가? 분명, 사례1에서는 다양한 행동들, 즉 알람소리로 잠을 깨고, 간단한 운동을 하고, 커피를 마시고, 보고서를 마무리 한다는 것으로 그가 비교적 젊고 꼼꼼하며, 부지런한 사람일 것이라고 추론할 수 있다. 하지만 사례2에서는 그런 특성들이 잘 부각되지 않는다. 사람에 대한 논리적인 추론이 잘 되지 않는다. 그를 있는 그대로 보지 못하게 만드는 이유는 무엇일까? 바

로 다른 단서들 때문이다. 모두 제품에 관한 정보들이다. 아이폰4, 아디다스 트레이닝복, 노르딕트랙 러닝머신, 심플 비누, 아베다 샴푸, 샤넬 타월, 프로폴렉스 치약, 오랄비 칫솔, 폴로 에프터 셰이브, 캘빈 클라인 속옷, 폴로 셔츠, 디젤 청바지, 스타벅스 커피빈, 몰스킨 노트, 몽클레어 패딩재킷 등은 누군가의 성격을 나타내는 표현만큼 강하게 다가온다. 브랜드 이름을 보니, 사례2의 주인공은 비교적 경제적으로 여유가 있는 것 같다. 생활 수준뿐 아니라 인간관계에서의 위치까지 짐작이 된다. 한국 사회에서는 경제적 여유가 곧 그 사람의 인간관계 수준을 보여준다고 생각하기 때문이다. 하지만 다양한 브랜드 정보는 정작 이 사람이 어떤 사람인지를 파악하는 데 방해가 된다. 추론이 쉽지 않다. 어떤 유형의 사람인지 얼핏 그림은 그려지는데 실체를 확인하기가 어렵다.

만일 사례1과 사례2의 사람이 다르게 느껴진다면, 당신은 일단 소비심리의 1단계에 근접한 셈이다. 여기에서 한 단계 더 넘어가려면 사람의 마음을 파악해야 한다. 생각해보자. 어떤 사람이 더 잘 부각될까? 대다수의 사람들은 사례1의 주인공보다 사례2에 나오는 사람을 더 쉽게 떠올릴 것이다. 하지만 사례2의 사람에게서 알 수 있는 정보란 기껏해야 그가 사례1에 나오는 사람보다 돈이 좀 더 많을 것 같다는 '막연한 생각' 뿐이다. 만일 당신이 물건이 아니라 '소비하는 사람'에 초점을 두어 그가 어떤 사람인지 파악하고 싶다면, 그가 브랜드(제품)를 "어떤 방식으로 소비하고 있는가" 하는 '소비행동' 자체에 초점을 맞추어야 한다.

홈즈의 가추법: 소비심리 추리 2

다음은 코난 도일의 소설 『네 개의 서명 *The sign of four*(1890)』에서 왓슨과 홈즈가 대화를 나누는 장면이다. 이것은 '가추법'이라는 논리 추론방법을 적용한 경우이다. 방금 우리가 한 추론과 그리 다르지 않다.

왓슨: 여기 시계가 하나 있는데 말일세, 어찌어찌 하여 내 손에까지 들어왔네. 최근까지 이 시계를 가지고 있었던 사람이 어떤 사람인지 설명해줄 수 있겠나?"

홈즈: 지저분한 버릇을 가지고 있던 사람이었군. 단정치 못하고, 부주의하고…… 상당한 재산을 물려받았지만, 재산을 다 잃고 오랜 세월 가난하게 살았어. 가끔씩 큰 돈이 들어오긴 했지만, 결국 가난을 면치 못하고 술에 절어 살다가 죽은 사람일세.

왓슨: 정말 놀랍구먼. 자네가 한 말은 하나도 틀리지 않고 다 맞았네. 도대체 어떻게 알아맞힌 건가?

홈즈: 그런가? 운이 좋았군. 사실 정확하게 맞힐 생각은 처음부터 없었고, 난 그저 가능성이 가장 높은 것을 말했을 뿐인데.

왓슨: 설마 그냥 추측으로 맞힌 건 아니겠지?

홈즈: 그럼, 추측이 아니지. 추측은 논리적인 생각에 가장 치명적인 요소니까. 자네 눈에 이상하게 보일지도 모르지만, 그건 자네가 내 논리적인 사고의 흐름을 따라오지 못하거나 아니면, 커다란 추론을 뒷받침하고 있는 아주 작은 사실들을 제대로 보지 못했기 때문일세.

　그 시계의 케이스 아랫부분을 자세히 보게. 그럼, 두 군데가 움푹 패여 있는 걸 알 수 있을 걸세. 그리고 또 시계 케이스에 온통 긁힌 자국이 나 있는 것도 알 수 있을 걸세. 그 자국들은 동전이나 열쇠 따위의 딱딱한 물건들과 시계를 같은 주머니에 넣고 다녔다는 걸 의미하네. 이런 사실만 확인하면, 50기니나 하는 값비싼 시계를 함부로 굴린 남자가 부주의한 사람이었다고 추리하는 것은 그다지 어려운 일이 아니네. 또 이런 값비싼 시계를 물려받을 정도였다면 당연히 다른 재산도 상당히 물려받았겠지.

또 영국에서 전당포 주인이 시계를 받으면 보통 케이스 안쪽 면에 날카로운 핀으로 수령증 번호를 긁어놓는데, 그 시계에서 그런 숫자를 적어도 네 개는 읽을 수 있더군. 시계 주인이 자주 돈이 궁해서 전당포를 찾았음을 알 수 있지 않겠나?

마지막으로, 안에 있는 판을 한 번 자세히 보게. 열쇠구멍이 있는 부분 말일세. 구멍 주변에 긁힌 자국이 수도 없이 많지 않나? 열쇠가 구멍을 제대로 찾지 못하고 긁은 자국일세. 술주정뱅이의 시계가 아니면 이런 자국은 나 있지 않을 걸세. 이제 이해가 되나?

🧍 나는 쇼핑한다, 고로 존재한다

"I shop therefore I am(나는 쇼핑한다. 고로 나는 존재한다)"은 미국의 포스트모더니즘을 대표하는 여성 작가 바바라 크루거(Barbara Kruger)의 1987년 작품이다. 흑백 처리된 배경과 대조적으로 빨간색으로 쓰여진 문구인 "나는 쇼핑한다. 고로 나는 존재한다"는 철학자 데카르트의 유명한 명제 "나는 생각한다. 고로 나는 존재한다(Cogito ergo sum, I think therefore I am)"를 차용한 것이다. 소비로 자신의 존재를 보여주는 현대사회의 모습을 잘 반영하고 있다. 데카르트의 명제는 서양인들로 하여금 자신의 존재를 자신의 마음과 동일시하도록 만들었다. 과거에는 나의 생각조차 신의 영역이었는데, 데카르트에 이르러서 인간의 이성이 신에게서 분리된 것이

| BARBARA KRUGER, "Untitled"(I shop therefore I am),
282cm×287cm, photographic silkscreen/vinyl, 1987.[10]

다. 이것은 인간성에 대한 최고의 통찰이다. "나는 소비한다. 고로 나는 존재한다"라는 것은 소비사회에 드러나는 또 다른 인간성에 대한 인식이다. "나는 소비한다. 고로 나는 존재한다"라는 이 말은 사람들이 소비를 통해 개성 있는 인간으로서의 자기 존재를 드러낼 수 있음을 뜻한다. 소비를 통해 비로소 '보편적이고 정상적이고 평균적인 인간'이 아닌 개인으로서의 개체성을 보여줄 수 있다는 것이다. 소비사회에서는 이처럼 '소비하는 모습'을 통해 '그 사람'을 알 수 있다.

소비행동은 인간의 욕망과 감정, 그리고 사고와 행동이 통합되어 일어나는 것이다. 우리가 일반적으로 알고 있는 "감성과 이성의 통합이 가장 전형적으로 드러나는 영역"이 바로 소비행동이다. 최근 유행하는 '하의실종' 패션을 생각해보자. 이런 유행에 동참하는 사람들의 행동엔 어떤 심리가 숨어 있을까?

여성들의 하의실종 패션에 대해 사람들은 "섹시함을 드러내기 위해", "이성을 유혹하기 위해" 또는 "자신의 몸매가 잘났다는 것을 보여주기 위해" 등등 다양한 해석을 내놓는다. 하지만 하의실종 패션을 하고 거리를 활보하는 여성들에게 "왜 이런 옷을 입고 다니는가?"라고 물어보면 대답은 사람들의 예측과 전혀 다르다. "그냥!" 혹은 "유행하니까"라거나 "날씬한 몸매를 잘 드러낼 수 있어서" 또는 "하고 싶어서" 등이 전부이다. 사실 특별한 이유가 없는지도 모른다. 제3자의 입장에서는 비교적 그럴듯한 이유를 붙일 수 있지만, 정작 그 행동을 하는 사람에게는 나름 정확한 이유가 있기보다 "그때그때 사정에 따라" 보이는 행동일 수 있다는 뜻이다. 자동차를 이야기한다고 치자. 어떤 사람한테는 경차 '모닝'이 가장 이상적이고 전형적인 자동차다. 그러나 다른 누군가에게는 벤츠나 BMW만이 진정한 자동차일 수 있다. 그들에게는 모닝이 웃기는 장난감처럼 보인다. 소비심리에 대한 탐색은 바로 이런 차이가 각기 다른 사람들에게 어떻게 나타나는지, 또는 동일한 대상에 대해 사람들이 각각 어떻게 받아들이는지를 탐색하는 것이다.

소비행동의 속성은 일반적인 인간행동과 다르다. 어떤 사람은 보일 수 있는 속성을 다른 누군가는 결코 보이지 않는다. 하지만 어떤 한 사람의 행동에는 그 사람만의 고유한 심리가 숨어 있다. 행동이 다양한 만큼 심

| 왜냐고 묻지 마세요!
하의실종 트렌드를 반영한 여성들의 옷차림

리도 다양하다는 뜻이다. 예를 들어보자. 평소에는 돈을 아끼다가도 마음에 드는 무엇인가를 사고 싶을 때에는 아낌없이 돈을 쓰는 사람이 있다. 버스나 지하철 요금 한 푼도 아끼는 사람인데 자신의 마음에 드는 오디오세트나 신형 컴퓨터를 살 때는 거리낌이 없다. 점심은 베이글 한 개나 김밥 한 줄로 간단히 때우면서 정작 식사 후에 마시는 커피에는 점심 값의 두 배를 지불한다. 옷은 잘 안 사 입어도 취향을 만족시키는 특이한 가방은 자주 구입한다. 남들이 뭐라 그러건 말건 값비싼 수제인형이나 수제상자, 특이한 노트나 필기구를 기꺼이 구매한다. 가격이나 실용성이 아니라 내 마음을 끄는가, 내 취향을 잘 나타내는가에 따라 구입을 결정하는 것이다. 좋아하는 작가의 책은 읽든 안 읽든 우선 사고 보는 사람, 몇 달치 월급을 모아 루이비통이나 구찌 같은 럭셔리 브랜드 제품을 사는 사람, 보너스를 알뜰히 모아 뉴욕에 가서 드라마 〈섹스 앤 더 시티 Sex and the City〉에 나오는 호텔과 음식점을 순회하고, 저녁에는 브로드웨이 뮤지컬을 관람하는 사람도 많다. 물론 한 사람이 이런 행동을 다 하지는 않을 것이다. 대다수 사람들이 모두 이렇게 행동하지도 않는다. 하지만 '어떤' 사람들은 한번쯤 할 수 있는 행동이다. 소비심리의 탐색은 이처럼 각기 다른 사람들이 저마다의 상황에서 자기만의 방식으로 욕망을 충족하는 데 관심을 갖는다. 특정한 물건을 잘 팔기 위해 어떻게 인간의 행동과 심리를 해석해야 하는지 단순히 묻는 차원을 넘어 인간 중심의 소비심리를 탐색하는 것이다.

> "서울 시내 중형아파트, 수입 승용차, 연구실, 버버리 코트, 애플 맥북, 아이폰4, 에스프레소머신, 러닝머신, 투도어 냉장고, 이과수 정수기, 자전거, 1만여 권의 장서……"

이런 소유의 목록을 통해, 우리는 마치 이 사람을 잘 알게 되는 느낌을 가질 수 있다. 혹시 이 글을 쓰는 필자라고 착각하지 말기 바란다. 나는 정수기도 없고, 자전거도 없다. 내가 가진 책은 1만 권은커녕 천 권도 안 된다. 그러면 누구일까? 사실, 나도 모른다. 단지, 이 사람은 대한민국에서 비교적 여유 있는 생활을 할 뿐 아니라, 남들에게 지적이고 세련된 사람 또 활동적인 사람으로 보여질 것이라는 정도만 알 수 있다. 현실적인 어떤 사람일 수도 있고, 어쩌면 많은 대학생들이 원하는 이상적인 미래의 자신의 모습일 수도 있다. 여기에는 단지 어떤 사람이 소유한 것뿐 아니라 소유하기를 바라는 목록도 포함되어 있을지 모른다. 현실적인 것에서부터 이상적인 것에 이르기까지 내가 갖고 있는 (혹은 갖고 싶어하는) 모든 것이 나를 나타낸다. 자아의 확장이라고 볼 수 있다. 그렇듯 소비는 현실에서의 존재는 물론 이상적 자아개념까지 반영한다. 결국 소비라는 것은 사람들에게 나를 보여줄 수 있는, 그리고 자신이 어떤 사람인지 보여줄 수 있는 중요한 수단인 셈이다.

길거리를 지나다 보면 명품가방을 든 대학생들을 종종 본다. '명품앓이'라는 유행어가 있을 만큼 한국인의 명품 사랑은 유별나다. 다른 나라에서는 상상할 수 없는 일이다. 어떤 전문가는 한국의 명품소비 현상에 '국민성'의 잣대를 들이댄다. 그러나 물건을 소비하는 데 국민성이 개입될 여지란 없다. 소비행위를 통해 개인이 자신을 어떻게 드러낼 것인지, 또 다른 사람들이 나를 어떻게 보아줄 것인지를 기대하는 심리적인 문제가 있을 뿐이다. 사실 명품이란 단어를 사용하는 나라도 우리나라밖에 없다. 에르메스, 루이비통, 샤넬 등 브랜드 제품은 단지 럭셔리 브랜드일 뿐이다. 그것들을 명품이라고 부르면서 높은 의미를 부여하는 것은 한국 사회가 돈에 부여하는 가치가 얼마나 큰지 보여주는 하나의 단적인 실례에 불과하다. 물론 소비는 돈과 연결될 수밖에 없다. 소비심리가 사람들이 무엇을 중요하게 여기고 어떻게 살아가고 있는가와 연결된다고 보는 것은 이 점 때문이다. 자신에게 한정된 자본을 어떤 것에 우선 순위를 두고 사용하는가는 자신이 "무엇에 가치를 두고, 무엇을 중요시하는가?"를 보여준다. 이것이 바로 경영학에서 다루는 소비심리와 다른 심리학의 〈소비심리〉이다. 즉 "소비하는 인간 자체에 초점을 둔 심리학적 소비심리"라 하겠다.

2장

내 마음을 뺏어봐!

🚶 호수에 잠긴 달

어느 왕국의 공주가 심한 병에 걸렸다. 백약이 무효였다. 훌륭한 의사와 박사, 심지어 내로라하는 무당들까지 달려와 공주의 병을 진찰했지만 아무도 공주의 병이 무엇인지, 어떻게 치료할 것인지 알지 못했다. 왕의 근심은 날로 깊어졌다. 하루는 궁중의 광대가 왕에게 물었다. 공주의 병이 위중하고 또 아무도 병을 고칠 수 없다고 하니 혹시 공주님께 마지막 소원이라도 있는지 확인하는 게 어떻겠느냐고. 그러면서 자신이 재미있는 이야기를 해드리면 병중에 있는 공주가 조금이라도 기분이 좋아질지 모르니, 공주를 한 번 만나게 해달라고 요청했다. 왕은 광대의 생각이 나쁘지 않다고 여겼다. 가만히 누워 죽을 날만 기다리는 공주에게 광대가 즐거움을 선사한다면 좋은 일 아니겠는가? 왕은 광대를 불러 허락의 뜻을 밝혔다. "네 요청을 받아들일 터이니 성심 성의껏 공주의 기분을 달래 보거라!"

공주를 만난 광대는 "왜 아픈지, 얼마나 위중한지"를 물었다. 공주는 "달을 가지고 싶었지만 그럴 수 없어서 병이 났다"고 하면서 "그 욕망은 결코 채울 수 없는 것이더구나. 이제 나는 그저 죽음을 기다리는 수밖에 없어. 달을 가질 수 없을 바에야 차라리 죽는 게 나아" 하고 대답했다. 광대가 공주에게 다시 물었다. "누군가 달을 따다 준다면 병이 나을 거라고 생각하나요?" 그러자 공주는 "달을 가지지 못해 생긴 병이니, 달만 가지게 되면 분명 나을 거야! 그렇게 믿는단다"라고 말했다. 그러면서 덧붙였다. "지금까지 많은 사람들이 와서 병을 진찰하고, 이것저것 물어보고 갔지만, 그 누구도 나한테 왜 병에 걸렸냐고 묻지 않았어. 그런데 네가 그런 걸 자세하게 물어주니 정말 고맙구나. 왕실 주치의한테 달만 갖게 되면 병이 나을 것 같다고 이야기해보았지만 소용없었단다. 못들은 척 하던데." 공주는 이렇게 말하면서 눈물을 글썽였다.

광대는 곧장 왕에게 달려갔다. 그리고 공주의 소원을 낱낱이 전했다. 왕은 사랑하는 딸의 소원을 들어주고 싶어서 모든 신하들에게 명령을 내렸다. "달을 따오너라!" 하지만 모두 고개를 저었다. 이구동성으로 달을 따올 수 없다며 머리를 조아렸다. 과학자들은 달이 얼마나 멀리 떨어져 있는지, 얼마나 무거운지, 또 왕국보다 몇 만 배나 큰지 등을 일일이 늘어놓으며 왕을 설득했다. 다양한 이유들이 총동원되었다. 그러나 결론은 한결같았다. "달을 따서 왕국에 가져오는 것은 불가능하다"는 것이었다.

왕의 근심은 나날이 깊어졌다. 달만 가져오면 공주의 병이 나을 것 같은데, 아무도 달을 가져올 수 없다고 하다니! 그때 광대가 다시 나섰다. "왕이시여, 공주의 병이 무엇인지 아무도 알지 못했을 때 공주님께선 친히 당신의 병이 무엇인지, 왜 생겼는지 차근차근 설명해주셨습니다. 달을 가져오는 게 전혀 불가능한 일이었다면, 공주님은 처음부터 원하지 않았을 수도 있습니다. 하지만 공주님은 진심으로 달을 원합니다. 그렇다면 공주님에게 먼저 물어보는 게 어떨까요? 어떻게 하면 달을 가져올 수 있을 것 같은지를." 왕은 광대의 말에 일리가 있다고 판단했다. 불가능한 일이라고 생각했다면 처음부터 그렇게 간절히 원하지 않았을지도 모른다. 공주는 정말 달을 가질 수 있다고 믿는 것 같다. 왕은 광대에게 다시 한번 공주를 만나달라고 부탁했다. 광대는 공주에게 달려갔다. 그리고 이렇게 물었다. "공주님이 원하는 달은 어떤 달입니까?"

공주는 하늘에 떠 있는 달, 호수에 잠긴 달을 가지고 싶다고 대답한다. 너무 갖고 싶어서 왕궁 지붕 위로 올라가보았지만 달을 딸 수는 없었다고 했다. 간절한 마음에 호수에 직접 들어가보기도 했지만, 그것도 소용없었다는 것이다. 그리고 이제, 매일 밤 달을 바라보며 갖고 싶어하던 공주는 모든 것을 포기한 채 급기야 시름시름 죽어가고 있다. '달을 얻고 싶은 간절한 마음'을 들은 광대가 다시 공주에게 물었다. "공주님, 정말 힘드셨겠어요. 이제 공주님이 원하는 달을 제가 가져다 드릴게요. 그런데 공주님, 그 달은 크기가 어느 정도죠?" 광대의 물음에 공주가 오랜만에 웃음을 터뜨렸다. "너도 참 무식하구나. 하늘 높이 떠 있는 달을 한번 네 손가락으로 비추어 보렴. 내가 본 달은 엄지손가락으로 딱 가려졌어. 하늘에 뜬 달도, 호수에 잠긴 달도!!"

공주의 미소 띤 얼굴을 보면서 광대가 또 물었다. "공주님이 갖고 싶어하는 달은 뭐로 만들어진 건가요?" 공주는 정말 한심하다는 듯 광대를 바라보았다. 그러곤 다시 대꾸했다. "광대야, 너는 저 예쁜 달에 별로 관심이 없구나. 달은 노란색이잖아. 반짝 반짝 빛나고. 그걸 보고도 뭐로 만들어진 건지 모르겠다고? 이런, 맙소사! 금이 아니면 뭐겠어?" 공주의 말에 광대는 "아, 그렇군요! 공주님이 원하는 달은 엄지손톱 크기의 금으로 만들어진 것이군요!" 하고 대답했다. 광대의 머릿속에 당장 그림이 떠올랐다. 공주가 원하는 달은 엄지손톱만 한, 금으로 만들어진 동그란 모양의 물건이다! 광대는 마지막으로 한 번 더 공주에게 물었다. "공주님, 그렇게 반짝반짝 빛나는 달을 따서 어디다 쓰시려고요?" 공주는 정말 이해할 수 없다는 듯 뚱한 표정으로 광대를 물끄러미 바라보았다. 그러더니 이렇게 대꾸했다. "목에 걸고 다닐 거야. 그러면 얼마나 예뻐 보이겠니?" 며칠 후. 공주는 '엄지손톱만 한 동전 크기의 금 목걸이'를 목에 걸게 되었다. 원하던 것을 갖게 된 공주는 기쁜 마음으로 자리에서 일어났다. 병은 깨끗이 나았다.

🚶 공주의 달, 신하들의 달

〈공주와 달〉이야기는 서로 다른 주체의 서로 다른 생각을 보여주는 적절한 에피소드다. 여기서 중요한 것은 '(공주와 신하들이 가진) 서로 다른 생각'이다. 그들의 생각을 따라가보자. 첫 번째 다른 생각. 사건의 발단은 "공주가 달을 가지고 싶어한다"였다. 밤하늘을 밝히는 달, 영롱하게 빛나는 달. 공주가 탐낼 만큼 아름답다. 그녀에게 달은 '소유욕'이다. 하지만 공주의 소원을 전해들은 의사와 과학자들은 고개부터 절레절레 흔든다. 그들에게 달은 '팩트이자 과학'이기 때문이다. 그래서 신하들은 "달은 가질 수 없는 것"이라는 전제 아래 무조건 고개부터 흔든다. 문제를 해결하려고 노력하기는커녕 "달은 가질 수 없다"는 생각만 강조한다. "달을 가질 수 있다"고 생각한 공주와 그들은 출발점부터 다르다. 만일 공주가 "달은 가질 수 없는 거야"라고 생각했다면 그녀 역시 달에 대해 그토록 욕심을 부리지 않았을 것이다.

두 번째 다른 생각. 공주의 마음은 처음엔 온통 '자기가 갖고 싶은 달'에 집중된다. 그러다가 차츰 '달을 갖고 싶어하는 자신의 욕망'에 몰두하게 된다. 반면, 왕국의 의사와 과학자들은 여전히 '달을 원하는 공주의 마음'이 아니라 '하늘에 떠 있는 달 자체'에 집중한다. 그녀의 마음 따위는 안중에도 없다. "달이 어떤 것인지", "병의 원인이 무엇인지", "병을 어떻게 고칠 수 있는지"를 과학적으로 분석하느라 정신이 없다. 그러느라 정작 병에 걸린 사람이 누구인지, 달을 가지려는 이가 원하는 달은 어떤 것인지 알아볼 생각도 하지 못한다. "누가 옳고, 누가 그른가"의 문제가 아니라 "누가 무엇을 원하느냐, 누가 어떤 욕망을 충족하려고 하나, 그것을 안 다음 어떻게 해결하는가"의 문제인데! 출발점부터 달랐던 공주와 신하들의 생각은 계속 평행선을 달렸다. 그러니 결과도 다를 수밖에.

〈공주와 달〉이라는 동화는 소비자가 진정 욕망하는 것이 무엇인지를 알려준다. 또 기업이 그것을 정확하게 알려면 기업 자신의 관점이 아닌 소비자의 관점에서 바라보는 지혜가 필요하다는 사실도 말해준다. 소비자는 대개 자신의 욕망의 정도에 해당하는 만큼 '돈'을 지불한다. 기업은 이것을 소비자의 '지불의사(willing to pay)'라 부른다. 소비자 입장에서 볼 때 물건이 비싸다는 것은 그것을 얻기 위해 지불해야 하는 비용이 자신의 욕망에 비해 더 크다는 뜻이다. 그래서 때로 소비자는 A 정도면 될 줄 알았던 것을 A만큼 지불하고 욕망을 충족시키면서 왠지 부당하다고 느낀다. 객관적인 기준으로는 A짜리 욕망일 수도 있지만 본인의 마음속에서는 여전히 그것을 A^-라고 생각한다. 반면 다른 소비자는 A^+를 지불해야 겨우 얻을 수 있을 거라고 생각했는데, A만큼 지불해도 된다니 횡재라고 생각한다. 주관적이고 상대적인 반응이다. 이처럼 사람들이 가지는 욕망의 강도는 동일한 물건에 대해서도 다를 수 있다. 소비심리가 있다는 것을 느끼게 되는 순간이다. 소비심리는 단순히 "돈으로 물건을 사는 행동"에 관해 이야기하지 않는다. 소비심리를 안다는 것은 "각 개인이 자신의 욕망을 어떻게 표현하거나 충족하는지, 사람들은 저마다 어떻게 다른지"를 알게 되는 일이다. 〈공주와 달〉 이야기에서 공주가 달을 갖고 싶어 안달한 나머지 병까지 든 것은 소비심리가 극적으로 표현된 경우라고 볼 수 있다.

개인에게 있어 소비란 자신의 욕망을 충족시키는 행위다. 기업은 바로 이런 개인의 욕망을 자극하기 위해 새로운 제품을 개발하고 새로운 서비스를 제공한다. 소비자의 소유욕과 이를 충족하는 소비행동을 통해 비즈니스를 한다. 〈소비심리〉를 개인의 심리(마음)에 대해 연구하는 〈일반 심리학〉과 다르다고 평가하는 것은 이런 이유 때문이다. 〈소비심리〉는 '개인과 기업'이라는 서로 다른 두 행동 주체가 가진 욕망을 어떻게 충족시키는지 살피는 것이다. 즉 "소비행동을 하는 소비자와 소비행동을 기대하는 기업"의 욕망을 다루는 분야이다. 소비가 개인의 입장에서 "자신의 욕망을 충족하는 과정"이라면, 기업의 입장에서는 "개인 소비자가 가진 욕망을 충족시켜주는 방법을 찾아내는 일"이다. 기업이 만드는 물건, 제공하는 서비스는 바로 이런 욕망을 충족하는 다양한 방법 가운데 하나다. 따라서 대량으로 쏟아지는 상품과 다양한 서비스의 홍수 속에서 고객의 소비심리를 자극하고, 소비자의 마음을 잡는 것만이 기업 생존의 핵심이자 관건이 된다. 소비자 개인의 입장에서는 자신의 욕망을 드러내는 일이고, 기업 입장에서는 제품이나 서비스를 제공하는 일이다. 〈소비심리〉는 이런 일을 잘 수행하도록 이끄는 일종의 안내판이다. "공주가 원하는 달이 무엇이었을까?" 연구하면서 그것의 정체를 알아내고자 했던 광대의 진심이 이룬 긍정적 결과이기도 하다.

나를 많이 팔아주세요!

1차 세계대전은 많은 것을 바꿔놓았다. 사고방식과 가치관을 바꿔놓았다. 프로이트가 소개한 마음 탐구, 마음의 병을 고친다는 생각은 1차 세계대전 이후, 많은 사람들에게 인간에 대한 또 다른 이해 방법으로 받아들여졌다. 이와 더불어 사람들의 생활방식도 급격히 바뀌었다. 인간의 마음과 행동의 변화가 무엇보다 뚜렷하게 드러나게 된 곳이 바로 소비의 영역이었다. 전후 미국을 중심으로 신생 기업이 부흥하면서 산업 생산력도 급속도로 증가하게 되었다. 생산이 중요한 게 아니라 만들어진 물건을 파는 일이 더 중요해졌다. 새로운 시대가 열린 것이다. '마케팅'이라는 용어가 처음으로 등장했고, '소비심리'라는 말도 나오기 시작했다. 기업 입장에서는 소비자들이 정말 무엇을 원하는지, 소비자들의 욕구가 무엇인지를 반드시 알아야 할 필요성이 높아졌다. 이런 현상의 한가운데 자동차가 있다.

1900년대 초, 세계 자동차 산업은 미국의 '포드(Ford)'와 'GM(General Motors)'이라는 양대 산맥이 주도했다. 포드 사의 창업자인 헨리 포드

| 대량생산의 포문을 연 포드 사의 T모델.[1]

(Henry Ford, 1863~1947)는 더 많은 사람들이 자동차를 타는 세상을 만들고 싶다는 일념 아래 당시로서는 혁신적이었던 'T모델'을 개발했다. 그는 자동차를 통해 "대중이 물건을 소비한다"는 개념을 처음으로 사회에 퍼뜨린 사람으로 기억된다. 컨베이어 벨트를 통한 조립 생산은 일대 혁명이었다. 가격은 떨어졌고 자동차는 이제 사치품이 아닌 대중의 필수 생활용품이 되었다. 바야흐로 '대량생산 시대'가 도래한 덕분이다.

1908년 당시 자동차의 가격은 850달러였다. 그 당시 850달러는 일반 노동자의 1년치 월급이었다. 하지만 포드가 공장을 대량생산 체제로 발전시키면서 사람들은 그리 큰 돈을 지불하지 않고도 자동차를 구입할 수 있게 된다. 그리고 그때부터 자동차는 소수의 전유물이 아니라 대중이 소비할 수 있는 '상품'으로 변모했다. 1930년대로 접어들자 사람들의 소득이 늘어나면서 자동차 가격은 더욱 내려갔다. 덕분에 더 많은 사람들이 자동차를 살 수 있었다. 자동차에 대한 사람들의 욕구도 다양해졌다. GM은 소비자 욕구의 다양성에 기반하여 가격대별로 브랜드를 출시하게 된다. 귀에 익은 이름들, 즉 '쉐보레 Chevrolet', '폰티악 Pontiac', '올드모빌 Old mobile', '뷰익 Buick', '캐딜락 Cadillac' 등의 브랜드들이 그 당시 태

| 1930년대 가장 대중적인 인기를 끌었던 GM사의 폰티악(좌)과 캐딜락(상, 우).[2]

어났다. GM사는 가격대별 시장 세분화를 통해 고객들의 니즈를 만족시킬 수 있었다. 자동차 대중화의 불이 댕겨진 것이다.

    자동차뿐만이 아니다. 대중은 점점 더 많은 것을 원하게 되었고, 또 원하는 것을 선택해서 소비하기 시작했다. 이처럼 인간이 자신의 욕망을 충족시킬 수 있게 되자 기업은 그런 욕망에 맞춘 다양한 제품과 서비스를 제공하기 시작한다. 기업에서는 "어떻게 하면 소비자의 마음을 사로잡을 것인가" 하는 문제뿐 아니라 소비자의 마음을 사로잡은 제품이나 서비스를 소비자 개인에게 전달하는 마케팅 방법까지 세심하게 고려했다. 덩달아 소비심리의 영역도 진화를 거듭한다. "소비자의 욕망이 무엇인지" 알고자 했던 수준을 넘어 마침내 기업이라는 행동 주체가 가진 욕망에도 관심을 기울이게 된 것이다. 따라서 새로운 제품이나 서비스를 개발하여 소비자의 마음을 잡는 것은 물론, "어떻게 하면 이것들을 더 효과적으로 판매할 수 있을지" 고민해야 했다. 이른바 마케팅 전략이 필요하게 된 것이다. 상품은 그저 단순히 생산해야 할 어떤 것이 아니었다. "더 많이 팔아야 할 어떤 것"이었다.

우리는 '레알' 경험을 소비한다

마케팅이 불필요했던 시대가 있었다. 바로 물건이 귀했던 시대이다. 그 당시 사람들은 어떤 것이든 손에 넣는 것만으로도 욕망을 충족할 수 있었다. 물건이 있기만 하면 족했으니까. "없어서 못 판다" 또는 "시장이 반찬이다"는 이야기가 그들의 마음을 대변한다. 이것저것 따지고 가릴 때가 아닌 그런 상황이다. 따라서 물건을 만들기만 하면 원하는 사람들이 줄을 섰다. 일단 생산이 되면 무조건 잘 팔렸다. 이런 시대를 우리는 '제품 중심(product concept)의 시대'라고 부른다. 하지만 사람들은 점차 물건이 없어서 고민하는 게 아니라 많은 물건들 중에서 어떤 물건을 사야 할지 몰라 고민하게 되었다. 기업의 입장도 달라졌다. 생산능력이 증가하고 교역이 활성화되면서 '다양한 많은 물건' 또는 '유사한 많은 물건'들이 쏟아져 나온 탓이다. 대중이 고민하는 내용도 달라졌다. 그들은 "어떻게 하면 더 값싼 물건을 구할 수 있을까?"를 두고 고민하게 되었다. 그리고 기업은 "어떻게 하면 더 잘 팔 수 있을까?"를 과제로 떠안게 된다. 가격을 중심으로 좀더 값싼 물건을 찾는 시대를 우리는 '판매중심(selling concept)의 시대'라 부른다. 이 시기의 좋은 물건이란 같은 종류일 경우 값이 좀더 싼 것을 의미했다.

너도 나도 갖고 싶어하는 잇 아이템 스마트폰을 예로 들자. 당신이 사용하는 아이폰4는 미국 캘리포니아에서 디자인되어 중국에서 생산한 것을 한국이 수입하여 판매하는 것이다. 또 다른 대세 갤럭시S는 국내 회사 '삼성전자'에서 만든다. 하지만 이것을 생산하려면 적어도 2~3개국의 근로자들이 노동력을 바쳐야 한다. 세계화 물결, 글로벌 공조, 무역과 관세 장벽의 철폐, 국제 무역 활성화 등의 쉬운 예이기도 하다. 이런 현상은 우리가 생활에서 소비를 통해 욕망을 충족시키는 것이 특정 지역이나 국가에 한정되지 않는다는 것을 경험하게 만든다. 아이폰이든 갤럭시든 일단 스마트폰을 구입했다고 치자. 그 후에도 선택의 고민은 이어진다. 스마트폰이 무엇이든 선택할 수 있는 통신사가 최소 두세 개 이상 되는 탓이다. 서비스 제품 상의 차이나 가격에 큰 차이가 없다. 이런 경우, 어떻게 할까?

대중은 약간의 가격 차이까지 신중하게 고려한다. 통신사별 서비스 내용도 면밀하게 살핀다. 그리고 어떤 식으로든 마음을 정한다. 이전에 가입했던 통신사의 서비스가 마음에 들어서, 혹은 새롭게 바꾸는 게 귀찮아서 기존 통신서비스를 유지하는 경우도 있을 것이다. 가격이 조금 비싸다는 것을 알면서도! 아니면 "그동안 맘에 안 들었는데, 이 참에 확 바꿔보자"고 마음 먹는 소비자도 있을 것이다. 소비자의 마음은 이처럼 다르다. 당연히 반응과 선택도 달라진다. 아니, 소비자의 선택이 다양해졌다고 말하는 편이 옳겠다. 소비자는 이제 자기 마음을 따라간다. 물건과 서비스의 질이 비슷하다면 가격에 대해서는 그리 민감하게 반응하지 않는다. 물건이 좋다고, 가격이 싸다고 광고하는 것만으로는 더 이상 소비자의 마음을 사로잡을 수 없다. 시장이 물건 생산 중심의 콘셉트에서 '소비 중심의 마케팅 콘셉트(marketing concept)'로 바뀐 것이다.

마케팅 콘셉트의 시대에서 가장 뚜렷하게 부각되는 말은 "기업은 소비자가 진정으로 원하는 물건이 무엇인가를 고민해야 한다"는 것이다. '마케팅의 시대'임을 알려주는 멘트이다. 새로운 모델이 나올 때마다 소비자들이 매장 앞에 줄을 서는 '애플'의 경우가 그렇다. 애플의 신제품은 마케팅 시대가 우리 생활에서 어떤 식으로 구현되는지를 잘 보여준다. 신형 아이폰을 구입하거나 새로 나온 아이패드를 구입한 소비자의 마음은 어떨까? 그들의 마음은 "단지 휴대전화 하나 바꿨을 뿐인데!"가 아니다. 신상품을 사는 게 아니라 새로운 경험을 사는 것이다. 어쩌면 새 애인을 만난 것 같은 마음일지도 모른다. 공장에서 갓 출시된 그 무엇이 아니라 자신의 마음을 빼앗아간 진짜 '특별한 그 무엇'을 소유하게 되었으니까!

🚶 나는, 나를 소비할 권리가 있다

내로라 하는 통신회사 MT의 홍보마케팅 팀장 장인호 씨. 그는 요즘 머리가 깨질 지경이다. TV에 새로 내보낼 광고를 짜야 하는데, 콘셉트가 영 잡히지 않는다. 2000년대 초반까지만 해도 대부분의 제품이 타깃으로 삼는 대상은 비교적 확실했다. 고만고만한 제품과 서비스가 판치던 시절이라 약간의 고급스러움과 특별함을 덧입히면 눈에 띄었고, 판매도 제법 용이했다. 광고도 마찬가지다. 하지만 지금은 사정이 다르다. 웬만큼 고급스럽거나 특별하지 않고선 명함을 못 내민다. 빛의 속도로 변하는 소비자의 마음을 따라가는 것도 버겁다. 게다가 소비자 층은 또 얼마나 다양한지! 승부수를 던지려면 결국 "나의 고객이 어떤 사람인지" 분명히 알아야 했다. 막연히 "우리 회사 제품이나 서비스를 잘 이용하는 일반적인 사람들"을 소비자라 생각해서는 안 될 일이었다. 장인호 씨는 결국 자사 제품(서비스)에 더 잘 맞는 사람, 그것을 더 많이 원하는 소비자가 누구인지, 그것에 뚜렷한 욕망을 가진 소비자가 어떤 사람인지를 먼저 조사하기로 했다. 각기 다른 욕망을 가진 소비자 집단을 알아야만 제대로 된 마케팅 전략을 세우고, 광고를 하고, 성공적인 판매 활동을 벌일 수 있을 테니까. 장 팀장이 고민하는 내용의 본질을 우리는 '시장 세분화(market segmentation)'라고 부른다.

시장 세분화라고 표현하긴 해도 소비심리의 진짜 탐색 대상은 소비자의 마음이다. 따라서 이것은 '소비자 세분화'가 되어야 마땅하다. 소비자들이 각기 다른 상품을 선택하는 이유를 소비자의 특징에 따라 구분하는 것이다. 일반적인 소비자 세분화는 인구 분포적인 특성을 따른다. 연령, 성별, 상권 같은 이른바 사회적인 특성에 따라 소비자 개인을 나누는 것이다. 하지만 이 같은 분류는 사실 인구사회학적 세분화에 불과하다. 소비자 개개인의 마음을 탐색하는 소비자 세분화가 아닌 탓이다. 따라서 문제가 있다. 개인의 특성이 도외시된다는 점이다. 만일 (고민하다 지친) 장 팀장이 보편적인 시장 세분화 원칙에 따라 자사의 제품(서비스) 홍보 전략을 세운다고 치자. 그는 경험 있는 팀장답게 연령, 성별, 상권 별로 홍보 마케팅 방법을 다르게 짜고, 그에 맞춰 전략을 구사할 것이다. 그런데 한 가지 해결하지 못한 의문점이 그를 괴롭힌다. 성별과 연령, 상권에 따른 구분이 무의미한 경우를 종종 목도한 탓이다. 이를 테면 외국계 기업 사보실에 근무하는 그의 선배가 그렇다. 그는 이른바 '꽃중년'이다. 트렌디한 의상은 물론 얼리어답터다. 아이도 둘이나 있다. 그런데 그 선배는 여성이다. 집도 서울이 아닌 경기도 파주이다. 집에서 회사까지 매일 왕복 두 시간 반 운전하고 다니는 '커리어우먼'이다. 연령, 성별, 상권 분류상 결코 타깃이 될 수 없는 사람이다. 하지만 그의 사고방식이나 행동, 생활 패턴은 20~30대를 앞서가고도 남는다. 이런 사람들은 어떻게 분류할까? 어느 영역의 타깃이 될 수 있을까?

타깃팅을 해야 한다고요?

'타깃팅(targeting)'이란 특정 소비자 집단을 위한 상품이나 서비스를 개발·제공하는 것을 의미한다. 기업의 입장에서 소비자를 비즈니스를 위한 대상으로 삼는다는 것을 뜻한다. 타깃팅하려면 소비자라는 이름의 각 개인이 자신의 욕망을 어떻게 충족시키려 하는지를 알아야 한다. 이 뿐 아니라, 개인이 자신의 욕망을 충족시키는데 무엇을 중요시하는지도 파악해야 한다. 물론, 이것을 위해 어느 정도의 비용을 지불할 수 있는지 아는 것도 필수이다. 지불의사가 있는지를 알아야 한다. 이런 모든 활동은 소비자 개인을 바라보는 기업의 이야기이다. 기업 입장에서는 일반적으로 이런 활동을 '타깃 마케팅(target marketing)' 또는 '포지셔닝(positioning)'이라는 용어로 표현한다. 물론, 일반 소비자들은 이것에 대해 특별히 생각하거나 고민해 표현하지 않는다.

다시 소비자 개인의 입장에서 한번 생각해 보자. 특정 상품이나 서비스가 자신의 삶에서 얼마나 중요한지, 자신의 삶에서 우선하는 가치가 무엇인지를 생각해 보는 것은 그리 사소한 일은 아니다. 특히, 스스로 욕망을 충족시키기 위해 얼마만큼의 비용을 기꺼이 지불하려고 하는지는 무엇보다 자기 자신을 잘 표현하는 일이다. 기업 입장에서 하는 소비자 조사, 마케팅 조사는 소비자 개인의 생각을 기업의 필요와 상호 연결하여 파악하는 일이다. 분명 동일한 일인 것 같은데, 기업의 입장을 반영하느냐, 또는 소비하는 개인의 입장이냐에 따라 내용이 달라진다. 소비심리, 소비행동에서 말하는 타깃팅은 동화 〈공주와 달〉에서 누가, 무엇을 보느냐에 따라 달라지던 '달'의 문제이다.

마케팅 믹스가 뭐예요?

타깃팅이 각기 다른 소비자 집단의 니즈를 기업의 제품이나 서비스와 일치시키는 것이라면, '마케팅 믹스(marketing-mix)'는 기업이 자신의 제품이나 서비스를 고객들에게 가장 잘 홍보하기 위한 마케팅 전략이다. 주요한 요소로 '마케팅의 4P'를 든다. 4P란 가격(price), 제품 혹은 서비스(product), 장소(place), 프로모션(promotion)을 말한다. 통상적으로 마케팅이 잘 되는 데에는 이 네 가지 요소를 어떻게 결합하느냐에 달렸다고 한다. 어떤 제품이나 서비스를 얼마에, 어떤 장소에서 어떻게 프로모션 하느냐에 마케팅의 성공이 달려 있다고 주장한다.

삼성전자는 태블릿피씨를 출시하면서 아이패드와 경쟁하기 위해 조금 가벼운 제품인 갤럽시탭을 선보였다. 가격도 경쟁력 있게 책정했다. 그리고, 서울뿐 아니라 뉴욕이나 런던 같은 유행의 첨단 지역에 있는 최고 상점을 섭외했고 다양한 매체에 광고를 하는 프로모션도 실행했다. 그렇다면, 갤럭시탭의 마케팅이 훌륭하게 이루어진 것이라 할 수 있을까? 그 결과는 알 수 없다. 단지, 이런 마케팅 믹스 전략을 활용했다면, 소비자가 누구인지를 무시한 전형적인 마케팅 활동이라고 이야기를 할 수 있다. 막연히 4P를 언급하는 마케팅 전략, 마케팅 믹스는 소비하는 인간과 거의 관계가 없다. 단지, 이것은 가장 좋을 것 같은 조건을 언급할 뿐이다.

다음은 국내 언론에서 보도한 갤럭시탭 관련 기사 내용이다. 이 마케팅 활동이 4P 측면에서 보면 어떤 상황인지 생각해 보자. 4P는 기업 입장에서 마케팅과 관련한 중요한 요인이 될 수 있지만, 소비자의 심리나 소비행동과 관련된 주요 요인인지 확인할 수 없는 경우가 많다. 이 기사가 바로 그런 사례를 보여준다.

삼성전자가 이스라엘 광고업체가 자체 제작한 태블릿PC 갤럭시탭 광고 때문에 전전긍긍하고 있다. 3일 이스라엘 언론은 자국 케이블TV 업체 'HOT'가 갤럭시탭을 이용한 프로모션을 진행하면서 이란 핵시설을 폭파하는 내용을 담았다고 보도했다.

광고 주요 내용은 이란 핵시설 근처에서 여성으로 분장한 4명의 남성이 이스라엘 정보기관인 모사드 요원을 만나면서 시작된다. 갤럭시탭으로 TV를 보면서 시간을 보내고 있던 모사드 요원은 이들에게 갤럭시탭의 다양한 특징을 알려준다. 그러다 이들 중 한명이 실수로 갤럭시탭을 터치하자 뒤편에 보이던 핵 시설이 폭파된다.

그는 폭발 직후 "뭐지? 이란에서 새로운 수수께끼의 폭발인가?"라는 대사로 지난해 11월 이란에서 있었던 폭발 사고를 암시한다.[3]

물론 가격이 아주 저렴하거나 광고가 화려하면 제품이 잘 팔릴 수도 있다. 하지만 결정적인 것은, 물건 자체가 사람들에게 다가오지 않는 한 마케팅의 4P는 아무 짝에도 쓸모 없다는 사실이다. 그러므로 "고전적인 마케팅 믹스 외에 또 다른 P(people)에 대한 이해"가 필요하다. 즉 사람에 대한 이해가 요구된다는 뜻이다. 소비심리란 기업을 행동 주체로 고려하는 게 아니라 소비자 개인을 고려한 심리이기 때문이다.

소비자 세분화를 제대로 하면 "시장과 소비자를 정확히 이해하고, 제품을 적확하게 포지셔닝"할 수 있다. 아이패드가 시장에 처음 나왔던 순간을 떠올려보자. 마케터들은 이것을 어디에 포지셔닝할까 고민했다. 학생을 대상으로 해서 학업용으로 런칭하자니 뭔가 부족한 느낌이 들었다. 그렇다고 어린아이들을 위한 게임용으로 홍보하려니 위화감 조성이 우려되었다. 시장의 확장 가능성을 제한하는 것처럼 보였다. 또 연배에 따라 중시하는 기능이나 용도가 다를 게 뻔했다. 중장년들은 아이패드로 온라인 결제를 하거나 책을 보거나 영화를 볼 것이다. 대학생들은 수업에 가지고 들어가 노트 필기용으로 쓸 것이다. 그보다 나이가 훨씬 어린 학생들은 아이패드를 변화무쌍한 만능 장난감으로 사용할 것이다. 결국 한국에 온 아이패드는 역발상을 꾀한다. 구체적인 소구 대상을 따지는 대신 매우 추상적인 성향에 기대기로 결정한 것이다. 그래서 이렇게 말한다. "아이패드를 사용하는 순간 새로운 세상이 열립니다!"라고. 이렇듯, 같은 물건이라도 소비자와 그들이 중시하는 가치에 따라 용도가 달라진다. 마케터들이 소비자를 특성에 따라 세분할 줄 알아야 하는 이유이다.

👤 다양한 마음 사로잡기

MP3 플레이어 또는 스마트폰이 필수품이 되었을 때 우리 주위에서 조용히 사라진 물건이 있다. 바로 '녹음기'이다. 필자가 미국에 유학할 당시만 해도 녹음기는 학생의 필수품, 그야말로 잇 아이템이었다. 제대로 알아들을 수 없는 강의를 다시 들으려면 꼭 있어야 했다. 하지만 지금은 거의 잊혀진 물건이 되었다. 우리가 아는 녹음기는 2차 세계대전이 끝난 이후, 일본의 '소니' 에서 처음 나왔다. 소리를 녹음한다는 것은 이미 100년 전에 에디슨의 축음기를 통해 세상에 알려졌지만, 사람들의 목소리를 그 자리에서 바로 녹음할 수 있는 녹음기는 그 자체로 대단한 물건이었다. 하지만 소니 녹음기는 처음 시장에 등장한 이후 무려 1년이 지나도록 판매가 부진했다. 사람의 목소리를 바로 녹음할 수 있다는 점에서 매우 놀랍고 신기한 물건이었지만, 목소리를 녹음하는 재미를 느낄 수 있다는 것만으로 소비행동을 이끌어내지 못했다. 사람들은 모두 '이걸 어디에 쓰지?' 하고 생각했다. 모든 새로운 물건이 세상에 등장했을 때처럼!

그러나 얼마 지나지 않아 상황은 반전되었다. 소니 녹음기가 외국어 학습과 음악 재생에 획기적인 물건이라는 게 알려진 것이다. 목소리 녹음은 기본, 학습과 여가에도 도움을 준다니! 반응은 놀라웠다. 다양한 소비행동에 대한 이해가 생겨나자 기계가 불티나게 팔리기 시작한 것이다. 이 경우, 제품의 기능이나 특이한 기술이 대중의 마음을 사로잡은 게 아니었다. 제품이 "어떻게 쓰이느냐"를 발견하게 되면서 시장 자체가 달라진 것이다. 소니 녹음기의 성공적인 판매는 이제껏 경험하지 못했던 새로운 기능이 인간의 숨겨진 욕망을 자극하고, 그것을 불러내 충족시킬 수 있다는 것을 증명한 좋은 사례다.

애플에서 내놓은 아이패드를 보자. 아이패드와 경쟁하는 제품으로 삼성전자에서는 갤럭시탭을 내놓았다. 이 둘의 차이는 무엇일까? 기술적인 스펙 이외에 차이를 찾기 힘들다. 사실 아이패드냐, 갤럭시탭이냐 하는 브랜드의 차이만 있을 뿐 똑같은 전자제품이다. 그러나 사람들의 사용 패턴은 다르다. 국가별로 비교하자면 한국인들은 아이패드를 인터넷 검색이나 노트 필기용으로 많이 쓴다. 반면 미국인들은 책이나 잡지를 보는 데 더 많이 사용한다. 대만인들도 마찬가지다. 대만은 잡지전문서점이 운영될 만큼 사람들이 잡지 보는 걸 좋아하는 나라다. 잡지 구매도 일상적인 소비행동에 속한다. 미국도 다를 바 없다. 그러나 한국인들은 그들만큼 잡지나 책을 가까이하지 않는다. 따라서 같은 전자제품을 두고도 미국이나 대만과는 전혀 다른 소비행동 양상을 보인다. 같은 물건이라도 그것을 대하는 소비자들의 마음이 다르다는 것을 보여준다. 그렇다면 제품 개발자들은 이런 마음을 어떻게 알았을까? 다수의 마음을 개별적으로 만족시키는 다양한 기능을 과연 어떻게 생각했을까?

♟ 별들의 전쟁: 사이코그래피와 라이프스타일

소비자의 마음을 얻어내는 건 매우 까다로운 일이다. 왕의 마음을 얻는 것보다 어렵다. 왕은 한 사람이지만, 소비자는 다중이다. 왕의 마음이야 못 얻으면 그만이지만, 소비자의 마음을 얻지 못하면 사달이 벌어진다. 말품·발품을 팔아 "임금님 귀는 당나귀 귀!"를 외쳐대는 게 소비자의 속성인 탓이다. 기업에서 소비자의 심리를 연구해야 한다고 눈에 불을 켜는 건 이런 특성 때문이다. 오늘은 구입한 제품이 "완전 마음에 든다"면서 사용후기에 별을 다섯 개 주었다가도, 내일 뭔가 삐끗하면 "낚였어요! 님들 절대 구매하지 마셈!" 하고 줄줄이 열변을 토한다. 별을 기대하는 건 언감생심이다. 대부분의 소비자가 그렇다. 마음 씀씀이가 나빠서가 아니다. 인간의 욕망이 '원래 간사하게 생겨먹은' 탓이다. 소비자의 마음은 연구하고 알아야 할 대상이 틀림없다.

소비자 심리 연구는 일반적인 마케팅 방법론이나 소비자 조사와 다르다. 마케팅 영역에서 이루어지는 소비자 조사는 일반적으로 제품 구매 후 이루어지는 사용평가가 많다. 마케팅 전문가들은 여기에 인지과정·지각과정·의사결정과정 등이 영향을 미칠 것이라고 생각한다. 인간의 마음이 작동하는 방식을 잘 안다고 생각하면서 소비자의 마음을 추측하고 예측한다. 하지만 그들의 조사연구는 제품이나 브랜드에 대한 소비자의 반응을 확인하는 데 그칠 뿐이다. 그렇다면 어떤 방법이 있을까? 가장 손쉬운 방법은 '소비자 구분'이다. 소비자를 구분하면 소비자의 마음을 쉽게 확인하게 되고, 각 집단에 따라 어떻게 차이가 나고 어떤 점에서 비슷한가를 알 수 있다. 똑같이 아이패드를 쓰는 대학생이라고 해도 그들의 동기와 목적, 심리는 다르다. 아이패드를 노트로 사용하는 학생이 있는가 하면, 전자책을 읽으려고 구매한 학생도 있을 것이다. 과시용으로 들고 다니는 사람도 있을지 모른다. 동일한 대학생 집단이고 동일한 제품(아이패드)을 사용하지만 소비행동은 다르다. 소비행동만 놓고 본다면 이들은 서로 다른 집단에 속한다.

'데모그래피(Demography)'가 인구통계학적인 측면에서 집단을 구분하는 방식이라면 '사이코그래피(Psychography)'는 심리 특성에 따라서 인간을 구분하는 방법이다. 사이코그래피는 어떤 사람이 어떤 특별한 행동을 하는 근거나 동기에 대해서 이야기한다. 즉 사이코그래피는 성별이나 나이에 따라 겉으로 보이는 모습 외에 어떤 사람의 삶에서 드러나는 가치와 특성을 말해주는 것이다. 소비심리는 절대적인 인간이 아니라 주어진 상황에서 나타나는 통합적인 인간의 모습을 살피는 것이다. 따라서 소비자를 안다는 것은 소비자의 성격이나 심리를 안다는 것이다. 이런 특성을 기준으로 소비자를 나누는 것을 "사이코그래피 기법을 쓴다"고 한것이다. 사이코그래피 기법이 가장 잘 활용되는 곳은 범죄 현장이다. 범인에 대해 실시하는 '프로파일링(Profiling)'을 떠올리면 될 것이다.

일상생활에서 가장 잘 알려진 프로파일링은 무엇일까? 가장 일반적인 예로 라이프스타일에 대한 탐색을 들 수 있다. 이것은 보통 한 개인의 사이코그래피와 데모그래피를 결합하여 개인의 일상생활 방식에 대한 프로파일을 만드는 작업이다. 하지만 여기에도 문제가 있다. 이것저것 여러 가지 라이프스타일을 말하면서 흔히 "저 여자는 아방가르드 스타일이군!" 하고 쉽게 말하지만 사실 구체적인 내용을 언급하기보다 '누군가에게' 어울릴 법한 다른 명칭을 붙여주는 수준에 지나지 않는다. 특히 한국 사회가 그렇다. 엄밀히 말하자면 우리 사회에는 스타일이 없다. 남을 따라 하는 유행만 있을 뿐이다. 설령 스타일이 있다고 해도 남의 눈을 끄는 경우가 아니라면 '촌스러운 그 무엇'으로 묻혀버리기 일쑤다. 흔히 20대 여성들의 대표적인 라이프스타일을 '클래식, 캐주얼, 아방가르드'라고 한다. 이런 단어를 사용하는 것을 마치 라이프스타일을 아는 것처럼 이해한다. 하지만 단어 하나를 안다고 해서, 또 그것을 사용한다고 해서 내용까지 아는 것은 아니다. 한 사람의 라이프스타일을 제대로 이해하려면 그가 보여주는 구체적인 소비행동을 알아야 한다. 그런 모습은 대개 특정 장소, 예를 들면 동대문 시장이나 명동 같은 곳에서 잘 드러난다.

♟ VALS, 미국인의 욕망을 표현하다

성별·연령·지역을 통해서 소비자를 구분하는 게 아니라 사이코그래피를 기준으로, 즉 소비자의 심리적 특성에 따라 소비자를 구분하려 한 대표적인 사례가 스탠포드 연구기관(Stanford Research Institute)이 개발하여 소개한 'VALS(Value and Lifestyle)'이다. 사이코그래피와 데모그래피의 특성에 맞춰 미국인들의 라이프스타일을 연구한 것이다.

미국인들이 삶에서 가장 중요하게 생각하는 것은 "좌파냐 우파냐"가 아니다. 그들은 삶이 얼마나 혁신적인가, 또는 삶이 얼마나 생존 모드로 진행되고 있는가를 중요하게 여긴다. 혁신형(innovators)은 미국 사회에서 많은 자원(high resources)과 높은 혁신성(high innovations)의 특성을 가진 사람들이다. 이에 비해 생존형(survivors)은 생존 모드(survivor mode)라는 말처럼 어떻게든 살아보려고 발버둥 치는 유형의 사람이다. 라이프스타일 측면에서 보자면 미국 사회에서 이런 성향이 강한 사람들은 패스트푸드를 즐겨 먹는다. 혁신형과 생존형 성향의 사람들은 그들이 지향하는 구체적인 가치와 생활방식의 속성에 따라 더 세분화된다. 가용한 자원(resources)과 혁신성(innovative)의 속성과 더불어 개인의 가치(values), 즉 이상적인 것(ideals)에 초점을 두느냐, 성취(achievements)에 초점을 두느냐, 또는 자신을 어떻게 표현(self-expression)하느냐에 따라서 다음 여섯 가지 유형으로 나누어진다.

사고형(thinkers)이라고 이름 붙여지는 사람들은 남들이 생각하지 않는 것을 생각하고 구체화시킨다. 스티브 잡스(Steve Jobs, 1955~2011) 같은 사람이 여기 속하고, 대학에서 가르치는 교수들이 주로 사고형 부류에 속한

| VALS 유형 구분 | [4]

혁신형(INNOVATORS)

높은 자원(High Resources)
혁신성(High Innovation)

사고형(THINKERS)	성취형(ACHIEVERS)	경험형(EXPERIENCERS)
이상적인 것(Ideals)	성취(Achievement)	자기표현(Self-Expression)
신념형(BELIEVERS)	노력형(STRIVERS)	자급형(MAKERS)

생존형(SURVIVORS)

낮은 자원(Low Resources)
비혁신성(Low Innovations)

다. 그럼 돈을 많이 못 버는 교수들은 무엇일까? 그들은 신념형(believers)의 수준으로 떨어진다. 우리가 흔히 이념 지향적이라고 이야기하는 사람들, 자신이 믿고 있는 것을 포기할 수 없다고 생각하는 사람들이다. 이들은 사고형과 비교된다. 비교적 낮은 자원과 낮은 수준의 소득을 가진 사람들로 어려운 삶에서 강한 믿음을 유지하면서 살려고 한다. 자신의 믿음을 유지하려는 경향은 특정한 이념을 추종하거나 광신도적인 종교적 추종 행동과 같은 그런 성향을 보이기도 한다. 바로 신념형의 집단이다.

성취형(achievers)은 무엇인가를 성취한 소비집단이다. 도널드 트럼프(Donald Trump) 같은 사람, 스티브 잡스, 빌 게이츠(William H. Gates) 등 비즈니스로 성공한 사람들은 대개 성취형이다. 노력형(strivers)은 말 그대로 아등바등하는 사람들이다. 무엇인가를 성취하고 싶은데 성취하지 못한다. 어쩌면 내가 무언가를 이뤄야 된다고 생각할 때 못 하고 있다면 노력형에 속한다고 할 수 있겠다. 많은 대학생들은 어쩌면 노력형에서 성취형이 되고자 하는 삶을 산다고 할 수 있다. 이와 반대되는 속성을 가진 집단은 경험형(experiencers)이다.

경험형과 자급형(makers)은 자기 표현이라는 가치를 중심으로 구분된다. 경험형의 핵심 특성은 다양한 경험이다. 다양한 경험이란 무엇일까? 무엇보다 자기 것이 되고 자기를 잘 드러내줄 수 있는 경험을 중요시하는 특성이다. 그러면, 예를 들어, 다양한 해외 경험을 하는 항공기 승무원들은 경험형일까, 자급형일까? 이것을 구분하려면 자신의 삶을 다양한 방식으로 표현하고 즐기는 정도가 어느 정도인지를 먼저 확인해야 한다. 만일 자기 표현이 뚜렷하고 높은 자원과 혁신성을 가지고 있다면 경험형이라고 할 수 있지만, 자원이나 혁신성이 낮다면 자급형 집단에 속한다. 그냥 생활을 하기 위해 사는 것이지 적극적으로 자기를 표현하면서 살아가는 게 아닌 탓이다. 중요한 것은 무엇보다 자기 자신이 어떤 집단에 속하는지 알아내고 판단하는 것이다. 당신은 어떤 유형에 가까운가? 자신이 지향하는 가치나 삶의 스타일이 무엇인지 분명하지 않거나, 잘 알고 싶지 않은 사람은 이런 구분조차 부담스러워할 것이다.

VALS를 활용해서 소비자 집단을 구분하고, 개인이 어떤 유형에 속하는지 확인하는 것은 그 자체로 유용성이 높다. 기업의 입장에서 소비자 세분화와 타깃팅을 위한 핵심 정보로 사용할 수 있기 때문이다. '타깃 소비자 집단'을 분명하게 구분할 수 있게 할 뿐 아니라, 타깃팅, 마케팅 믹스를 할 수 있는 토대도 제공한다. 또 더욱 분명한 마케팅 전략을 세울 수 있고, 효과적인 마케팅을 가능하게 한다. 그러나 VALS 와 같은 '소비자 가치와 라이프스타일 분류 시스템'을 만들려면 특정 사회나 국가에 속한 소비자 집단의 가치와 삶의 방식에 대한 체계적인 연구가 필요하다. 수입 학문으로 〈소비자 행동론〉이나 〈소비심리〉를 가르치는 경우, 한국 사회에서 VALS와 같은 시스템을 구축하기란 매우 어려운 일이다. 안타깝게도 현재 우리나라에서는 가치와 라이프스타일에 의해 소비자 집단을 뚜렷하게 구분하고 그 자료를 사용하는 경우가 없다.

🙍 마더합시다? 마더하지 맙시다!

타깃팅과 마케팅 믹스를 잘못하면 "배가 산으로 간다." 가장 대표적인 사례로 공익광고를 들 수 있다. 타깃팅 따로, 마케팅 믹스 따로, 결국 소비자의 심리도 따로 놀게 된다. 보건복지부에서 만든 공익광고 〈마더(Mother)하세요〉를 보자. 이것은 저출산 문제를 해결하기 위한 캠페인 목적으로 만든 광고다. 〈마더하세요〉는 좋은 생각이나 선한 의도도 그것을 받아들이는 사람들의 마음을 제대로 이해하지 못하면 예상 밖의 결과를 초래한다는 것을 증명한다. 광고의 요지는 "임신한 여성을 배려하는 이상적인 직장 모습 보여주기"다. 보건복지부 사람들은 아마도 일반 대중이 이 광고를 보면서 감동하리라고 생각한 모양이다.

임신한 직장여성을 배려하는 사회가 되고, 출산으로 인한 불이익을 받지 않게 된다면 저출산 문제가 해결될 거라고 기대했을 것이다. 정부의 생각이다. 하지만 사람들은 이 광고를 보면서 반대의 경우부터 떠올린다. 회사 다니면서 아이 키우는 게 얼마나 힘든가 하는 현실을 말이다. 광고가 보여주는 이상적인 모습은 그냥 "딱 거기까지!"이다. 현실의 곤고함은 광고를 능가한다. 어쩌면 대다수 여성 직장인들은 "우리 회사에선 내가 임신한

| 보건복지부의 출산 장려 캠페인 〈마더하세요〉.[5]

걸 알게 되면 바로 쫓아낼 텐데!" 하고 생각할지 모른다. 현실의 직장 상황은 광고처럼 쾌적하지 않고, 현실에서 마주치는 동료들은 광고 속 사람들처럼 친절하지 않다. 마음이 없는 게 아니라 그럴 여유가 없기 때문이다. 현실을 정확하게 파악하지 못하고, 사람들의 심리를 제대로 이해하지 못하면서 "마더합시다"라고 떠드는 것은 어불성설이다. 아니, 민폐인지도 모른다.

또 다른 예로 '로또' 광고를 들 수 있다. 복권에 당첨될 걸 생각하면 인생이 바뀌고 희망이 생긴다는 광고 역시 〈마더하세요〉와 같은 맥락이다. 로또가 상징하는 일확천금의 기회가 아니고서는 이제 평범한 서민들은 한국 사회에서 단 한 발자국도 위로 올라갈 수 없다. 로또는 그런 끔찍한 현실을 각인시킨다. 물론 '마더'와 '로또'는 다르다. 의미도 차원도 다르다. 〈마더하세요〉를 보고 아이를 낳는 사람은 없어도 로또 광고를 보고 복권을 사는 사람은 많다. 왜 그럴까? 바로 '손실회피경향' 때문이다.

2002년 12월. 미국 프린스턴 대학교 심리학과의 대니얼 카너먼(Daniel Kahneman) 교수가 노벨 경제학상을 받았다. 많은 사람들은 "심리학자가 웬 노벨 경제학상을?" 하고 의아해 했다. 하지만 특별히 놀랄 이유는 없

| 인생역전을 꿈꾸게 하는 복권.[6]

다. 1930년대 세계공황의 시기엔 역으로 케인즈의 경제학이 인간의 심리적 측면을 더 분명하게 성찰했으니까. 연구분야가 문제가 아니라 대상이 문제인 셈이다. 카너먼은 '전망 이론(prospect theory)'을 정립, 인간의 의사결정 과정에 뚜렷하게 나타나는 손실회피경향을 설명한다. "인간은 잠재적 수익보다 (당장의) 손실에 더 민감하게 반응한다." 그렇기에 손실의 위험이 분명할수록 잠재적 수익을 기대하기보다 위험을 회피하려는 방식으로 반응한다. 그는 "사람들은 위험을 싫어하는 게 아니라 손실을 싫어한다. 손실은 언제나 이득보다 더 커 보인다"고 말한다.

다시 〈마더하세요〉를 보자. 사람들은 아이의 출산으로 얻게 되는 (잠재적) 수익에 대해서는 고개를 갸우뚱한다. 좋은 점, 이익으로 다가오는 점이 분명하게 떠오르지 않는다. 반면, 출산에 따른 불이익은 확실하게 그림이 그려진다. 이런 상황이라면 누구나 잠재적인 위험에 먼저 반응하는 게 당연하지 않을까? 복지부가 "마더하세요"라고 출산을 장려하는 광고를 보여주는 것은 '잠재적 위험'에 대한 각성을 일깨울 뿐이다.

임신하거나 아이가 있는 동료를 배려하라는 뜻으로 광고에 등장하는 "마음을 더하세요"는 신선한 문장이다. 표현도 산뜻하다. 하지만 이 문장은 산 위에 홀로 서 있다. "마더하세요"가 주는 좋은 뜻과 긍정성을 선뜻 잡아보겠다고 손을 내미는 사람은 별로 없다. 임신이나 출산 과정을 통한 직장 근무의 어려움, 출산휴가를 보내는 동안 회사에서 벌어질 일들, 기업주의 반응, 육아 과정에서의 고통 등만 더 생생하게 연상될 뿐이다. 광고에 나오는 친절하고 배려 깊은 동료와 상사의 행동은 현실과 다르다. "아이를 함께 키우겠다"는 정부의 다짐은 여전히 공허하다. 신기루처럼 느껴진다. '잘 연출된 장면'을 강조할수록 여성들에겐 잠재적인 위험 요소가 훨씬 더 많이 부각된다. 전혀 공감하지 못한 채, 임신과 출산으로 인해 감내해야 하는 잠재적인 손실과 위험부담(시간과 돈, 에너지)을 확인할 따름이다. 하지만 로또 광고는 어느 정도 효과를 누릴 수 있다. 로또를 구입하도록 충동질하는 데 성공할 수 있다는 뜻이다. 로또를 산 이후의 기대나 설렘, 심지어 로또 당첨으로 누리게 될 경제적 혜택을 연상하면 1,000~5,000원에 이르는 로또 구입비는 그야말로 '새 발의 피'다. 비용 면에서나 잠재적 손실 면에서나 거의 위험성을 느끼지 못한다. 잠재적 손실보다 잠재적 이익을 더 뚜렷하게 느끼는 경우라 하겠다.

🚶 마케팅 믹스는 왜 작동하지 않는가?

1994년 조엘 코엔(Joel Coen)이 감독하고 팀 로빈스(Timothy Francis

Robbins)가 주연한 영화 〈허드서커 대리인 *The Hudsucker proxy*〉은 영화라기보다는 마케팅 바이블에 가깝다. 영화 속 주인공 노빌(팀 로빈스)은 오랜 연구 끝에 훌라후프를 발명한다. 그리고, 회장의 전폭적인 지원으로 시장에 훌라후프를 출시한다. 그러나 시장에서의 반응은 형편없다. 훌라후프의 가격은 거의 공짜에 가까운 수준으로 떨어지고, 급기야 훌라후프를 구매한 상점들은 이것을 그냥 사은품으로 나누어준다. 거리에 던져 버리다시피 한 것이다.

어느 날 곱상하게 생긴 금발의 백인 꼬마가 길거리에 나뒹구는 훌라후프를 주워 돌리기 시작한다. 마침 방과후 떼지어 집으로 가던 학생들이 우연히 꼬마가 훌라후프를 돌리는 장면을 목격한다. 학생들은 한참 동안 넋을 놓고 구경하다가 모두들 우르르 상점으로 몰려가 훌라후프를 산다. 거저 나누어주던 훌라후프가 갑자기 높은 가격으로 팔리기 시작하는 일이 벌어진다. 이 사례를 소비와 관련시켜보자. 어떠한 심리를 알 수 있을까? 한 아이가 훌라후프를 돌리고 아이들이 우르르 이것을 따라 산다고 해서 단순히 '모방심리'라고 하면 설명이 될까? 아니다. 만약, 아이 대

| 마케팅 바이블로 간주되는 영화 〈허드서커 대리인〉.[7]

신에 노숙자가 훌라후프를 돌리고 있었더라도 아이들이 따라서 샀을까? 분명, "그렇지 않을 것이다."

다시 이 영화의 한 장면을 마케팅 4P를 적용해 해석해보자. 제품은 어떤가? 훌라후프가 개발되던 당시 회장은 "이 제품은 바퀴 이후 최고의 발명품"이라고 극찬했다. 엄격한 품질 검사를 거쳤고 나름 괜찮은 물건이었다. 가격 면에서도 거의 공짜에 가까웠다. 그런데도 관심을 끌지 못했다. 그렇다면, 판매장소는 어떠했는가? 아주 좋은 장난감 가게에서 팔았는데도 팔리지 않았다. 열심히 프로모션을 했지만 소용없었다. 결론적으로, 마케팅의 4P라고 할 수 있는 모든 요소들을 갖추었지만, 이 제품은 잘 팔리지 않았다. 물론, 가격이 아주 저렴하면 팔릴 수도 있다. 하지만 그렇게 되면 기업 자체의 비즈니스도 저렴해진다. 여기서 분명히 알 수 있는 것은 마케팅 4P를 활용한 마케팅 믹스 전략이 그 자체로 틀린 이야기는 아니어도 그것이 곧바로 소비자의 마음을 끄는 핵심은 아니란 점이다. 이것이 바로 기업의 입장에서 소비심리를 그저 막연히 시장 세분화, 타깃팅, 마케팅 믹스 등과 같은 마케팅 전략을 수행하기 위한 기반 작업으로 볼 수 없는 이유이다.

소비심리의 입장에서, 아니 마케팅 전략의 측면에서 다시 〈달과 공주〉의 이야기로 돌아가보자. 왜, 왕국의 신하와 의사, 과학자들은 달을 가져다 달라는 공주의 요청을 불가능하다고 무시했을까? 왜 모두들 자신이 알고 있는 달만 생각하면서 공주의 마음을 알려고 하지 않았을까? 그들은 당연히 자신이 알고 있는 달과 공주가 생각하는 달이 같을 것이라고 믿었다. 모두들 똑똑하고 훌륭했지만, 아니 달에 대해 너무 잘 알고 있었지만, 정작 달을 가지고 싶었던 공주의 마음이 무엇인지는 알려고 하지 않았다. 기업이나 경영도 마찬가지다. 소비자의 마음을 아는 것, 타깃팅을 잘하는 것, 마케팅 믹스를 통한 마케팅 전략을 세우는 것 모두 인간의 욕구나 실생활에서 작동하는 대중의 마음 차원에서 이루어져야 한다. 소비자의 심리를 안다는 것, 즉 소비심리 탐색이란 결국 기업뿐 아니라 소비자 개인의 욕망을 대변하는 일이기 때문이다.

3 장

심리학자, 새로운 마음 탐색 패러다임을 제안하다

👤 숫자가 아니라 마음을 읽어라!

톰 행크스(Tom Hanks)가 주연한 영화 〈빅 *Big*(1988)〉은 어린 시절 누구나 한번쯤 소원했던 것, 즉 "빨리 어른이 되고 싶다"는 꿈을 이룬 소년의 이야기다. 주인공 조쉬(톰 행크스)는 어느 날 축제에 갔다가 (어떤 바람이든 들어준다는) '졸타'라는 기계에 소원을 빈다. 어른이 되게 해달라고. 다음날 아침, 잠에서 깨어난 조쉬는 비명을 지른다. 자신의 몸을 보고 깜짝 놀란 탓이다. 소원이 이루어진 걸까? 조쉬는 소원대로 서른 살, 어른이 되어 있었다. 기쁨과 놀라움은 잠깐, 조쉬는 곧 문제에 부딪힌다. 부모도, 단짝 친구도 조쉬를 알아보지 못한다. 하는 수 없이 그는 부모 곁을 떠나고, 일자리를 찾아 맥밀런 완구회사에 취직한다. 겉모습과 달리 열세 살 소년의 마음을 가진 조쉬. 겉보기는 어른이지만 생각은 '아이 그 자체'다. 덕분에 조쉬가 기획한 장난감은 시장에서 좋은 반응을 얻는다.

| 소비자의 마음을 읽은 '어른아이' 조쉬의 색다른 스토리를 다룬 〈빅〉. 마케터들에게 시사하는 바가 크다.[1]

회사에서 인정을 받게 된 조쉬. 어느 날 그는 중역들과 함께 신상품 기획 회의에 참석한다. 본 회의에 앞서 마케팅 담당자 폴이 마케팅 조사 결과를 발표한다.

"이번 조사는 '이중맹검법(double-blind)'을 통한 과학적인 방법으로 6개월에 걸쳐 진행되었습니다. 전국의 9세에서 11세 사이의 아이들 천 명을 대상으로 표본을 추출하였습니다. 현재 시장에서 '노봇(Nobot)'과 '트랜스포머(Transformers)'의 점유율이 37%인데 우리 회사 역시 이들 회사와 같은 시장을 타깃으로 하고 있습니다. 따라서 우리회사의 신상품이 시장의 1/4은 점유할 수 있을 것으로 예상되며 신상품의 기대 매출은 회사 전년 매출의 1/5정도가 될 것으로 보고 있습니다. 혹시 지금까지 말씀 드린 사안에 대해 질문이 있으신가요?"

폴이 제안한 신상품은 빌딩의 모습을 한 로봇이었다. 빌딩이 로봇으로 변하는 변신로봇이다. 폴은 이 변신로봇이 회사의 시장 점유율을 높여줄 뿐 아니라 매출 증가도 달성할 수 있다고 주장한다. 마케팅 조사가 그것을 보장한다면서. 회의 참석자들은 폴의 발표를 들으며 서로 눈치만 살 핀다. 폴은 매우 의기양양해 있다. 그때 조쉬가 '어이없다'는 표정을 지으 며 조심스럽게 묻는다. "전 이해가 안 되는데요?"라고. 당황한 폴은 어떤 부분이 이해되지 않는지 물어본다. 조쉬의 대답은 간단하다. "빌딩이 로 봇으로 변신하는 거잖아요? 그런 건…… 하나도 신기하지 않아요!"

폴은 한 방 먹은 듯한 표정이다. 하지만 곧 정신을 수습하고 황급히 보 고서를 꺼내 든다. 그리고 조쉬를 위시한 참석자들에게 내용을 다시 한 번 읽어준다. "시장 분석 보고서를 보면 액션피겨(action figure) 시장이 지난 2 년 동안 27%에서 45%로 상승한 것을 알 수 있습니다." 보고서의 내용은 결국 "액션피겨 시장이 성장한 만큼 신상품으로 내세우는 변신로봇도 잘 팔릴 것으로 보인다"였다. 폴이 말을 끝내기 무섭게 조쉬가 또 묻는다.

"세상에는 수백만 개의 변신로봇이 있어요. 근데 빌딩이 로봇으로 변신 하는 거? 그게 뭐가 새롭죠? 정말 재미가 없어요!"

회의 참석자들이 술렁이기 시작한다. 사장은 흥미진진한 표정으로 조 쉬를 주시하고 있다.

"곤충 같은 것으로 변하는 그런 로봇은 어때요? 선사시대에 살던 아주 큰 곤충 말이죠. 거대한 발톱으로 차를 집어 올려 이렇게 '펑' 하고 박살 내구요."

조쉬의 말이 끝나자 회의 참석자 중 누군가가 "선사시대의 곤충이라……" 하며 관심을 표현한다. 또 다른 이는 "재미있군" 하고 흥미로워한다. 폴은 마음이 급해지기 시작했다. 조쉬의 아이디어에 중역들이 관심을 표현했기 때문이다. "여러분, 제 얘기 좀 들어주십시오. 여러분……." 그러나 폴의 말은 사람들의 웅성거림에 묻힌다. "그래요, 이야기를 들어봅시다. 조쉬의 말을……. 조쉬의 아이디어는 정말 대단해요. 로봇이 곤충으로 변하다니……." 조쉬는 사람들의 호의적인 반응에 들떠 천진난만한 아이처럼 아이디어를 쏟아낸다. "이렇게 작은 것부터 큰 것까지 다양한 사이즈로도 만들 수 있구요. 차들을 부술 수도 있어요……." 모든 사람들이 조쉬의 아이디어에 갈채를 보내는 동안 거의 절망에 빠진 폴은 회의장 한쪽에 서서 절대 그런 일은 일어나지 않을 거라며 울부짖는다. 자기 눈앞에서 벌어진 일인데도 절대 이해할 수 없다는 표정이다.

영화 〈빅〉에서 벌어지는 사건은 물론 동화적이다. 현실에서 일어날 수 있는 일이 아니다. 그러나 비슷한 상황이 연출되는 곳이 있다. 기업의 마케팅 회의 현장이다. 대부분의 기업이 "마케팅 조사 결과 우리는 고객의 마음을 잘 알고 있다"면서 큰소리칠 때 종종 일어나는 일이다. 기업 입장에서야 "제대로 된 마케팅 조사를 했다"고 생각하지만 사실은 그렇지 않다. 고객의 마음을 아는 게 아니라 겨우 일반적인 조사만 끝낸 상황이 대부분이다. 이 같은 마케팅 조사 결과를 기반으로 신상품을 개발하거나 새로운 서비스를 런칭하면 결과는 불 보듯 뻔하다. 분명 소비자의 니즈를 신제품에 반영했는데, 정작 소비자의 마음은 움직이지 않는다. 그러면 관련자들은 대개 '금융위기'나 '유례없는 불경기', 혹은 '북(北)의 위협'을 거론하면서 뒷북을 친다. 마케팅 조사 결과가 도움이 안 되는 이유, 소비자의 마음을 잡겠다던 마케팅 예측이 잘못된 '진짜 이유'는 무엇일까?

마케팅 조사의 비극: 염불보다 잿밥

영화 〈빅〉에서 폴이 제시한 마케팅 조사결과를 보자. 그의 마케팅 조사 방법 자체에는 문제가 없다. 다만 새롭고 획기적인 장난감을 원하는 소비자의 마음을 알지 못했을 뿐이다. 변신로봇과 같은 장난감 시장이 확산되는 사실은 확인했지만, 소비자인 아이들의 마음이 어떤지는 알려고 하지 않았다. 소비자 마음을 알려고 시작한 마케팅 조사지만, 장난감 시장을 대상으로 했을 뿐 장난감을 소비하는 아이들의 마음은 알지 못했다. 정작, 신상품을 개발하는 데 정말 필요한 것은 알아내지 못한 것이다. 현실의 마케팅 조사에서는 이와 같은 일이 종종 발생한다.

많은 기업에서 이루어지는 소비자 탐색은 "소비자, 그들은 누구인가?"를 핵심으로 묻는다. 그런데 놀라운 사실이 있다. 이런 질문을 던지면서 정작 그들이 알고자 하는 것은 따로 있다는 점이다. 기업은 소비자의 마음이 아니라 자신들이 생산한 제품이나 서비스에 더 집중한다. 잿밥에만 관심 있는 것이다. 다음의 표는 2005년 국내 화장품 회사에서 이루어진 헤어케어 제품에 대한 소비자 조사 결과이다. 회사에서 새롭게 출시할 헤어케어 제품, 특히 트리트먼트와 에센스의 타깃 집단이 누구인지를 알아보려는 목적으로 실시한 조사였다. 만일 당신이 이 자료를 접하게 된 마케터라면 어떤 해석을 할 것인가? 아마 가장 먼저 소비자 집단이 어떤 사람인지 알아보려 할 것이다.

소비자 대상은 여성이다. 그리고 이들의 연령과 상황을 고려, 대학생, 20대 미혼직장인, 30대 초반 전업주부, 30대 후반 전업주부로 구분했다. 헤어케어 제품에는 트리트먼트, 린스, 에센스, 세럼, 워터, 로션이 있다.

조사 결과, 대학생과 20대 직장인은 거의 매일 에센스를 사용했다. 하지만 전업주부의 경우엔 약간 차이가 났다. 30대 초반 전업주부는 주 4회 정도 에센스를 사용했고, 30대 후반 주부는 세럼과 에센스를 주 2~3회 사용했다. 대학생과 전업주부들은 트린트먼트와 린스를 혼용하지만 20대 미혼직장인은 린스 대신 트리트먼트를 사용한다. 이런 결과를 보고 마케터들은 "트리트먼트 사용 빈도가 높으므로 앞으로 시장이 커질 것이다"는 결론을 내린다.

| 2005년 트리트먼트 시장조사 |

구분	트리트먼트/린스 사용	에센스/기타 사용	추가 제품
대학생	트리트먼트와 린스 혼용 (다수)트리트먼트만 사용 (소수)매일 린스+주 2~3회 트리트먼트	거의 매일 에센스 일부 세럼, 워터, 로션	
20대 미혼직장인	린스 대신 트리트먼트 사용 (다수)트리트먼트만 거의 매일 사용 (소수)린스와 번갈아 사용	거의 매일 에센스 일부 워터, 로션	월 1회 정도 헤어샵 주 1회 정도 앰플(집)
30대 초반 전업주부	트리트먼트와 린스 혼용 (다수)매일 린스+주 3~4회 트리트먼트	주 4회 정도 에센스 일부 워터	
30대 후반 전업주부	트리트먼트와 린스 혼용 (다수)매일 린스+주 3~4회 트리트먼트	주 2~3회 세럼, 에센스 일부 워터, 로션	월 1회 정도 헤어샵 주 1회 정도 팩(집)

조사결과
트리트먼트 사용빈도가 높아 시장성 클 것으로 기대.
헤어케어 제품(트리트먼트, 에센스)의 핵심 타깃(core target)은 20대 미혼 여성임을 시사.

벌써 7년 전의 연구 결과다. 그래서 이런 엉뚱한 해석이 가능했을지도 모른다. 물론 현재라고 해서 사정이 많이 달라진 건 아니다. 여전히 많은 기업에서 이런 일들을 '마케팅 조사'라는 이름 아래 실행한다. 겉으로는 헤어케어 제품의 고객이 누구인지 파악하면서 신제품의 시장성을 알아보자는 것이다. 그러나 정작 자신들의 고객이 어떤 소비행태를 보이는지, 이 행동들이 과연 어떤 마음에서 나오는 것인지를 탐색하지는 못했다. 그저 막연히 소비자를 성별이나 연령 또는 직업과 같은 인구, 사회분포적인 구분으로 나누었을 따름이다. 통념에 기반한 마케팅 조사, 소비자 마음에 대한 진부한 연구라고 할 수밖에. 하지만 소비자의 마음은 성별, 연령 또는 직업과 같은 기준으로 구분할 수 없다. 그만큼 간단하지도 분명하지도 않다. 이 같은 인구사회적인 기준은 정치·사회적인 이슈와 관련될 때는 나름의 의미를 지니지만, 실은 그것뿐이다. 소비자 개인의 욕구나 욕망 또는 마음을 구분할 때에는 절대 의미를 획득하기 어렵다.

핵심 소비자는 누구인가?

대부분의 마케팅 연구는 성별, 연령 또는 지역과 같은 인구통계학적 특성을 기준으로 소비자 집단을 구분한다. 우리에게 친숙한 구분이다. 그러나 이런 구분은 특정 제품이나 서비스에 관심을 두는 소비자가 누구인지, 그들의 마음이 어떻게 다른지 알아내는 데 유용하지 않다. 예를 들어 '서울 강남 지역에 사는 20대 여성' 또는 '수도권에 거주하는 30대 직장인' 집단이 있다고 치자. 언뜻 보기엔 성격이 분명한 집단 같다. 하지만 한 번 더 생각해보면, 이런 구분이 매우 막연하다는 것을 알 수 있다. 그 안에 구체적인 사람의 모습이 드러나지 않는다. 따라서 알 수 있는 게 거의 없다. 한 집단 안에도 여러 부류가 있을 수 있지 않은가? 같은 강남지역 여성이라도 부모의 배경, 본인의 직업 등에 따라 사고와 행동 패턴이 다를 수 있다. 수도권 거주 남성 집단의 경우도 마찬가지다.

각 집단에 속하는 구체적인 '아무개'의 모습을 하나씩 보자. 서울 강남 지역에 사는 20대 여성의 경우. "서울 대치동에 사는 윤세미 씨. 대학을 졸업한 뒤 미국 유학을 준비 중이다. 목표는 로스쿨. 공부할 게 워낙 많다 보니 마음 고생도 심하다. 그녀는 스트레스를 쇼핑으로 해소한다." 이번에는 수도권에 거주하는 30대 직장인의 신상이다. "경기도 과천에 사는 직장인 최창민 씨. 금융업에 종사한다. 직장생활 8년 차. 연봉도 제법 오르고, 마땅한 직위도 가지고 있다. 최 씨는 꼭 필요한 것만 산다. 절대 충동 구매하는 법도 없다." 이런 설명을 듣고 보니 서울 강남 지역에 사는 20대 여성 혹은 수도권에 거주하는 30대 직장인의 모습이 머릿속에 그려진다. 일상의 패턴도 짐작이 간다. 반사적으로 "이런 사람만 있는 게 아니다"는 생각도 든다. 그러면서 이들에게 어떤 식으로 다가서야 할지, 무엇을 물어봐야 할지, 경우의 수를 얼마나 두어야 할지 슬슬 감을 잡게 된다. 막연한 정보만 받은 상태와 전적으로 다르다.

물론 다른 시도도 있다. 성별이나 연령, 지역처럼 인구통계학적 특성을 기준으로 하지 않고, 소비자 개개인의 특성이나 반응을 유사한 것끼리 묶어서 집단으로 구분한 시도들이다. 대표적인 것으로 '다변량분석', 특히 '판별분석'이나 '군집분석' 또는 '요인분석'과 같은 통계기법을 활용한 소비자 집단 구분을 들 수 있다. 그 중에서 군집분석은 설문지나 기타 관찰 방법을 통해 수집한 다양한 변인에 근거, 응답의 유사성을 기준으로

| 군집분석표를 활용한 소비자 세분화 |

슈퍼맘(Quality buyer) 29%
- 20대 후반~30대 후반, 기혼, 맞벌이
- 생활수준 중중(300~350만 원)
- 연간 2.9개 구두 구입, 총 6.7개 보유
- 조화중시, 패션지출비 월 13만 원
- 보세)할인점/아울렛/백화점(행사매장)

평범한 중산층 15%
- 20대 후반~30대 후반, 기혼, 전업주부
- 생활수준 중상(300~450만 원)
- 연간 3개 구두구입, 총 7개 보유
- 품질지향, 패션지출비 월 14만 원
- 주로 백화점 이용(정상구매보다 행사매장 활용)

커리어우먼(Pre-marriage) 22%
- 20대 중후반, 미혼, 직장인
- 생활수준 중하(250만 원)
- 연간 3.3개 구두구입
- 브랜드선호, 패션지출비 월 17만 원
- 백화점~인터넷까지 다양한 채널 이용

자린고비 살림꾼 14%
- 20대 중후반~30대 후반, 기혼
- 파트타임, 전업주부, 생활수준 중하
- 연간 3개 구두구입, 총 5.9개 보유
- 가격민감, 패션지출비 월 13만 원
- 보세/할인점/아울렛/인터넷)백화점(행사매장)

프린세스형 주부 18%
- 30대~40대 초반, 기혼, 전업주부
- 생활수준 중상(300~450만 원)
- 연간 3.5개 구두구입
- 유행추종, 패션지출비 월 17만 원
- 백화점)할인점/아울렛/가두점

베테랑 주부 3%
- 40대 이상의 중년, 기혼, 전업주부
- 생활수준 상중(450만 원)
- 연간 3개 구두구입, 총 7개 보유
- 명품지향, 패션지출비 월 15만 원
- 백화점 주로 이용

구분한다. 이렇게 구분된 서로 다른 집단을 우리는 '군집'이라고 부른다. 군집분석 결과표를 보면 이런 통계기법이 소비자들을 어떻게 서로 구분해주는지 잘 알 수 있다.

위의 마케팅 조사는 국내의 대표적인 구두회사에서 이루어진 것이다.

군집분석표를 활용한 조사로써 자사 제품을 이용하는 소비자 집단이 어떤 사람들인지 알기 위해 실시되었다. 즉, 현재 기업이 주력하고 있는 고객 집단은 어떤 성향인지, 신상품을 개발하기 위해 타깃팅을 할 소비자 집단은 누구인지 알기 위해 이루어진 마케팅 조사였다. 결과를 보자. 이 회사의 소비자 집단은 모두 여섯 개로 구분된다. '슈퍼맘'이라고 이름 붙여진 소비자 집단이 29%, '커리어우먼' 집단이 22%, '베테랑 주부' 집단이 3%의 군집을 이룬다. 우리는 과연 이 결과만 가지고 회사의 주력 고객 집단이 누구인지, 그들의 성향이 어떤지 알 수 있을까? 또 신상품을 개발하기 위해 타깃으로 삼아야 할 집단이 누구인지 알 수 있을까?

일반적인 마케터라면 슈퍼맘이 현재 이 회사의 주력 고객 집단이라고 생각할 것이다. 점유 비율이 가장 높기 때문이다. 이들은 "20대 후반에서 30대 후반의 기혼 맞벌이 여성으로, 생활수준은 월 소득 300~350만 원 정도이다. 연간 2.9개의 구두를 구입하며, 현재 보유 구두는 총 6.7개이다. 패션의 조화를 중시하고, 자신의 패션을 위해 지출하는 비용은 월 13만 원이다. 할인점이나 아울렛, 백화점 행사보다는 '보세'를 선호한다." 자, 그렇다면 이 구두회사는 비전이 있을까? 더 많이 신제품을 개발하고, 사업을 확장하고, 전국에 매장을 늘려도 좋다는 희망적 예측이 가능한가? 결코 그렇지 않다. 기업의 핵심 소비자가 이런 특성을 가지고 있다면 이 구두회사는 현재 비교적 어려운 상황에 처해 있을 것이다. 슈퍼맘 집단이 구입하는 구두가 타 집단에 비해 적을 뿐 아니라 그들이 선호하는 구매 장소 역시 이 브랜드가 많이 입점하는 유명 백화점이 아닌 '보세타운'인 탓이다. 군집분석에 의한 마케팅 조사는 최소한 이런 유용성을 보증한다. 현재 진행되는 마케팅이 어떤 어려움을 겪고 있는지 나름대로 단서들을 찾아낼 수도 있다. 그렇다면 이 기업이 신상품을 개발할 때 가장 초점을 맞춰야 하는 집단은 누구일까?

대부분의 마케터는 전체에서 차지하는 비율이 가장 높은 집단을 타깃 집단으로 고려한다. 시장 점유율이 높은 소비자 집단을 선택하면 향후 판매 가능성이 높을 것이라고 기대하기 때문이다. 그렇다면 타깃 집단은 어디가 될까? 슈퍼맘은 현재의 주고객 집단이다. 어쩌면 이들을 겨냥해서 신상품을 개발하거나 디자인 전략을 짜야 할지도 모른다. 하지만 문제가 있다. 현재 고객의 잠재적인 소비성향이 그리 높지 않다는 점이다. 신상품이 나오더라도 적극적으로 구매할 가능성이 별로 높지 않다. 그렇다면 구매력과 구매수준이 가장 높은 '프린세스형 주부'를 타깃 집단으로 삼아야 하지 않을까? 회사의 판매를 높이려면 이 같은 전략적인 판단이 필요하다. 프린세스형 주부 집단은 비교적 소득수준이 높고, 연간 구매하는 구두의 갯수도 다른 집단에 비해 높기 때문이다.

결론을 말해보자. 그 회사는 이 같은 전략적 판단을 내릴 수가 없었다. 무엇보다 자신의 타깃이 프린세스형 주부가 되어야 한다는 걸 수긍하지 못했다. 마케터는 물론 제품 디자이너와 경영진 모두 이 사실을 수긍할 수 없었다. 당시 그 회사에 근무하는 디자이너들은 신상품이 20대 중후반의 커리어우먼을 공략해야 한다고 믿고 있었다. 젊고 세련된 구두여야 한다고 생각했다. 경영진의 생각도 비슷했다. 자사 제품이 국내 브랜드의 한계를 벗어나 이태리 명품 브랜드의 디자인과 유사해야 한다고 믿고 있었다. 결국 회사는 신상품으로 커리어우먼을 위한 '명품 브랜드 이미지의 고급스러운 구두'를 출시했다. 업계의 평도 좋았고, 전문가들의 이목도 끌었다. 하지만 시장에서는 실패했다. 커리어우먼들은 아예 제대로 된 명품 브랜드를 찾았지 그 회사의 구두를 찾지 않았기 때문이다.

역사와 전통을 자랑하는 이 구두회사의 신제품에 그토록 썰렁한 반응이 돌아온 것은 무슨 까닭일까? 사전 조사도 했고, 마케팅 분석도 했고, 디자인과 생산 과정에도 최선을 다했다. 광고까지 최고급으로 제작했다. 그런데 왜 이런 일이 벌어진 것일까? 물론 그 회사는 마케팅 조사를 통해 소비자의 성향을 미리 알아보았다. 하지만 그 결과를 가지고 자신들이 알고 싶었던 문제에 대한 정확한 답을 내거나 마케팅 전략을 세우지는 못했다. 군집분석이나 판별분석과 같은 통계기법은 각기 다른 소비자 집단이 보여주는 다양하고 구체적인 소비행동들을 어느 정도 확인해준다. 하지만 여기에 가장 중요한 것이 빠졌다. 소비집단의 마음이나 실제로 의사를 결정하는 사람들의 마음이 "무엇을 믿고 싶어하는지" 알아내지 못한 것이다. 고객의 마음과 생산자·판매자의 마음이 서로 다른 상황일 때, 의사결정에 핵심적인 역할을 하는 것은 누구일까? 우리는 대개 소비자의 마음을 따를 것이라고 생각한다. 하지만 사실은 전혀 다르다. 기업은 생산자나 판매자의 마음, 그들이 '믿고 싶어하는 마음'을 따라간다. 엉뚱한 결과가 빚어지는 건 당연하다. 정확한 근거 없이, 그저 막연히 "믿고 싶은 마음만 타깃으로 삼아" 소비자를 해석한 결과다.

방황하는 마케팅 조사: 무엇을 연구할까?

'휴대전화의 경쟁 상대는 음료수다?'라는 제목 아래 소개된 기사를 보자. 제일기획 커뮤니케이션 연구소의 연구결과는 영화 〈빅〉에서 소개된 상황과 비슷하다. 폴의 변신로봇 마케팅 조사 상황과 말이다. 고객의 마음이 어떤 것인지 알기 위해 마케팅 조사를 벌였지만 정작 그 결과엔 고객의 마음이 없다. 마케터의 막연한 기대, "그럴 거야"만 남아 있다.

제일기획 커뮤니케이션 연구소는 국내 8개 업종, 40여 개 브랜드를 대상으로 '일상 점유(Life Share, 각기 다른 브랜드 제품들이 일상생활에서 시간을 차지하는 정도)'를 분석한 결과, 소비자가 잠시 일상에서 벗어나 휴식을 취하고 있을 때 휴대전화를 사용하는 비율(일상 점유율)이 22.2%로 가장 높았고 영상기기(14.7%)와 음료(11.7%) 순으로 많이 이용했다고 14일 밝혔다. 이에 비해 친구·동료·이웃과의 교제할 때에는 휴대전화의 일상점유율은 26.5%인 반면 외식업체(9.9%)와 주류(9.2%), 음료(7.9%) 등이 차지하는 비율은 상대적으로 크게 떨어졌다.

이런 관점에서 휴대전화 업체가 소비자들의 휴식 시간을 공략하기 위해선 다른 휴대전화 업체와 경쟁하기보다 영상 및 음료 업종과 공조하거나 경쟁해야 하는 게 바람직하다고 제일기획 측은 밝혔다. 제일기획은 또 "일상 점유의 상승은 브랜드 충성도(Mind Share)와 시장점유율(Market Share) 상승으로 이어지고 있는 것으로 나타났다"며 "기존의 시장 점유율, 브랜드 충성도보다 소비자의 생활을 차지하는 비중을 계량화하는 일상 점유를 통해 변화된 시장환경을 전망하고 효율적인 마케팅 전략을 마련해야 한다"고 덧붙였다.[2]

제일기획 연구소에서 이런 언론 자료를 배포한 데엔 이유가 따로 있다. 그들은 소비행동을 탐색하는 새로운 조사방법을 개발했다는 사실을 알리고 싶었을 것이다. 그래서 브랜드 충성도와 시장점유율 상승을 '일상점유'라는 색다른 방식으로 측정할 수 있다고 주장한다. 그러나 이것 역시 영화 〈빅〉에서 폴이 빌딩 변신로봇으로 어린이의 마음을 잡으려고 한 경우처럼, 소비자 개인의 소비행동이 어떤 것인지, 소비자의 마음이 무엇인지 제대로 읽지 못했다는 것을 보여줄 뿐이다.

이 연구에 등장한 일상점유 개념은 사람들의 주요 관심사를 표현한 '누구의 뇌구조'를 패러디한 것과 다를 바 없다. 흔히 드라마 주인공이 관심있어 하는 것들이 뇌구조로 표현된다. 마케터의 뇌구조 역시 일상점유를 기준으로 표현할 수 있다. 아마 자사 제품과 경쟁 제품들이 머리를 차지하고 있을 것이다.

뇌구조는 다양한 관심사들을 중요도에 따라 구분한 것이다. 아니, 그

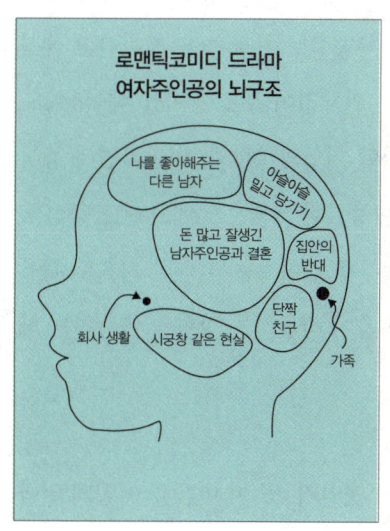
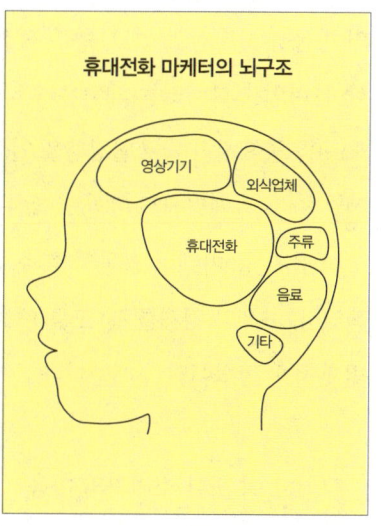

| 드라마 주인공의 뇌구조와 휴대전화 마케터의 뇌구조.

럴 거라고 막연히 믿는 일반인들의 생각을 반영한 것이다. "인간의 기억, 마음은 한정되어 있다. 그러므로 마음속에서 차지하는 비중이 가장 높은 것이 행동으로 이어질 가능성이 높다"고 믿는 '마인드 쉐어(Mind Share)' 개념을 적용한 것이다. 관심의 대상에 따라 마음이 다르게 움직인다는 것을 매우 코믹하게 표현한다. 그러나 인간의 마음이 작동하는 방식을 보여주는 건 아니다. 인간의 마음 그 자체가 아닌 '물건에 사로 잡힌' 인간의 마음에 대한 마케터의 상상일 따름이다. 마치 드라마 주인공의 뇌 구조를 무조건 결혼생활 중심으로 그려내는 것과 같다.

물건을 중심으로 사고하는 마케터의 마음이 가장 잘 나타나는 것이 바로 '브랜드 인지도 조사'이다. "컴퓨터 하면 떠오르는 브랜드는?" 하는 식으로 특정 물건이나 대상에 대한 사람의 마음, 즉 마인드 쉐어를 알아보는 것이다. 이때 제일 먼저 머리 속에 떠오르는 (연상되는) 브랜드가 사람들의 마음을 가장 많이 점유한 것이라고 본다. 이런 브랜드가 현재 고객의 마음을 사로잡고 있고, 향후 성장 가능성도 가장 높을 것이라고 예상한다. 마인드 쉐어라는 개념은 수익과 관계없이 무조건 마켓 쉐어(Market Share)를 중요시하며 출혈경쟁을 일삼던 기업의 행태를 비판하면서 등장했다. 이후 마케팅에서 마인드 쉐어는 중요한 개념으로서 브랜드 충성도, 고객 유지 등 마케팅 활동의 효과 여부를 알아보는 전략적 지표로 활용되었다. 마음의 정체를 잘 모를 때 마음이 작동하는 방향을 예측하는 제법 유용한 방법이었기 때문이다.

그러나 이 또한 소비자의 마음이 무엇인지, 또 이 마음을 어떻게 알아낼 수 있을지 잘 모르는 상태에서 벌어진 일이다. 이 상황은 마인드 쉐어

개념을 응용하여 '일상점유'라는 용어를 사용한 제일기획 조사결과에 뚜렷하게 나타난다. 제일기획의 연구는 다양한 브랜드들이 소비자의 마음속에 어떤 위치를 차지하고 있는지 알아보려는 의도에서, 각기 다른 브랜드의 일상점유를 조사한 것이다. 조사결과를 토대로 제일기획은 "휴대전화 업체가 소비자들의 휴식 시간을 공략하기 위해선 다른 휴대전화 업체와 경쟁하기보다 영상 및 음료 업종과 공조하거나 경쟁하는 게 바람직하다"고 제안한다. 누구의 뇌 구조와 같은 그런 주장을 하게 된 것이다. 하지만 이런 주장은 소비자의 마음이나 소비행동을 이해하지 못한 상태에서 막연한 경쟁 상대를 찾은 결과물이다.

막연한 '경쟁 상대 찾기'의 대표적인 사례가 있다. 바로 '나이키'의 마케팅 사례다. 나이키는 매출이 떨어지자 먼저 그 이유를 찾았다. 그 과정에서 아이들이 컴퓨터 게임에 빠져 밖에 나가는 일이 줄어들었고, 덩달아 운동화 매출도 급감했다는 사실을 알게 된다. 그래서 "나이키의 경쟁자는 닌텐도다"라고 선언한 뒤, 컴퓨터 게임에 빠진 아이들을 아웃도어 활동으로 끌어들이기 위해 고군분투한다.

제일기획의 연구 결과와 나이키의 전략은 비슷하다. 그러나 제일기획과 나이키가 동일하게 간과한 사실이 있다. 즉 어떤 한 사람이 "나이키를 신고 밖에서 뛰어 놀까, 아니면 집에서 닌텐도를 할까?" 하고 고민하거나 친구를 만날 때 "휴대전화를 쓸까, 영화를 보러 갈까?" 하고 갈등하지 않는다는 점이다. 나이키를 신고 밖에서 놀 아이는 뛰어놀 것이고, 닌텐도를 가지고 게임하려는 아이는 누가 뭐래도 집에서 게임을 할 것이다. 어떤 사람은 친구를 만나서도 휴대전화에 집착하지만 또 누군가는 영화를 보거나, 이야기를 하면서 음료수를 같이 마실 것이다. 그가 누구인가에 따라서, 중요하게 여기는 게 무엇인가에 따라서 활동이 달라진다.

일상에서 벌어지는 개인의 다양한 행동은 취향이나 습관을 반영한다. 한 개인의 내면에서 여러 가지 행동이 '동시에, 서로 경쟁적'으로 일어나는 것은 아니다. 특히 휴식을 취하고 있을 때와 다른 사람과 교제할 때와 같은 특정한 순간들은 서로 경쟁적이지 않다. 휴대전화를 사용하는 활동과 '다른 활동'이 얼마나 많은지 측정해서 그 결과를 휴대전화의 경쟁 상대로 대체한 것뿐이다. 소비자들이 각기 다르게 행동할 수 있다는 사실을 마치 서로 다른 행동들이 적대적으로 경쟁하는 것처럼 '잘못 해석'한 것이다. 유사한 마케팅 사례는 알고 있지만, 정작 자신들이 탐색해야 할 소비자의 심리를 제대로 보지 못한 대표적인 사례이다.

마케팅 회사 사람의 심리를 추측해 보자. 아마 자신들의 새 측정 지표인 일상점유를 팔고 싶었을 것이다. 하지만 팔고 싶은 마음만 강했을 뿐, 소비자들이 일상에서 휴대폰을 이용하는 심리와 행동에 대해서는 무관심했다. 소비자를 보지 않고, 자신들이 팔아야 하는 물건에만 집중했다. 정작 소비자의 심리는 읽지 못한 것이다. 대다수의 마케팅 조사 회사가 소비자 심리를 알지 못한 상황에서 막연히 특정 마케팅 사례를 추종할 때 종종 벌어지는 일이다.

| 아이들에게 게임기 대신 운동화를![3]

👤 완벽한 하나는 없다

소비자의 마음을 잡는 조사, 아니 소비자의 마음이 어떻게 현실의 소비행동과 연결되는지 알려준 사람이 있다. 바로 하워드 모스코비츠(Howard Moskowitz)라는 심리학자다. 그는 학자라기보다 소비자 마음을 파악하는 데 심리학을 가장 잘 적용한 연구자이자 비즈니스 컨설턴트였다. 하버드 대학에서 심리학 박사학위를 받은 그는 대학교수로 일하는 대신 뉴욕 화이트 플레인즈 지역에 작은 컨설팅 회사를 세웠다. 그리고 이곳이 그의 평생 직장이 되었다. 그때가 1970년대 초반이다.

그의 초창기 고객 중 하나가 '펩시'다. 펩시는 하워드를 찾아와 이렇게 물었다. "아스파탐이라는 새로운 물질이 있는데 이걸로 다이어트 펩시를 만들까 합니다. 아스파탐을 얼마나 넣어야 할지 고민 중인데요, 어떻게 하면 최적의 비율을 찾을 수 있을까요?" 굉장히 직설적인 질문이었다. 아스파탐은 단맛을 내는 감미료. 펩시는 이어서 아예 대놓고 묻는다. "실은 8~12% 사이에서 고민하고 있습니다. 8% 이하는 싱겁고, 12% 이상은 너무 달거든요. 8~12% 사이의 적정한 당도는 얼마일까요?"

심리학 연구에 익숙한 사람에게는 이런 과제가 단순해 보인다. 아스파탐의 함량을 8%부터 8.1, 8.2, 8.3…12% 등급으로 세분화하여 수천 명이 맛보게 한 다음 그들의 선호도를 조사하면 되기 때문이다. 그들은 대중이 선호하는 비율이 "가장 낮은 것에서부터 가장 높은 것에 이르기까지 종형곡선(Bell Curve)으로 나올 것"이라고 기대한다. 그리고 거기서 가장 인기 있는 함량을 고르면 그만이다. 아주 간단한 연구 아닌가? 제대로 심리학 훈련을 받은 사람이라면, 아니 마케팅 조사에 대해 조금이라도 지식이 있는 사람이라면 다 그렇게 생각한다.

하워드도 처음에는 이 일이 쉬운 작업이라고 생각했다. 하워드는 곧바로 실험을 진행했다. 그리고 도출된 결과를 수집하여 그래프로 그렸다. 하지만 결과는 예상과 딴판이었다. 선호도가 종형곡선으로 나오지 않은 것이다. 뿐만 아니었다. 도출된 결과에서 전혀 일관성을 찾을 수 없었다. 모든 게 뒤죽박죽이었다. 관계자들도 데이터를 보고 경악했다. 결국 실험팀은 적정한 콜라 맛을 알아내는 게 불가능하다고 결론 지었다. 그리고 실험을 진행하는 도중에 오류가 발생할 수 있다고 판단, 직업적 경험으로 미루어 중간인 10%를 선택하는 게 적당하다고 생각했다. 조사를 의뢰한 내부 연구팀은 그렇게 결정을 내렸다.

하지만 자신의 연구에 나름의 지적 기준을 갖고 있던 하워드는 도저히 그대로 넘어갈 수 없었다. 잊어버리고 지나치기에는 마음이 너무 괴로웠다. 왜 그런 결과가 나왔는지 도무지 알 수 없었기 때문이다. 그 문제는 이후 수년 동안 하워드를 괴롭힌다.

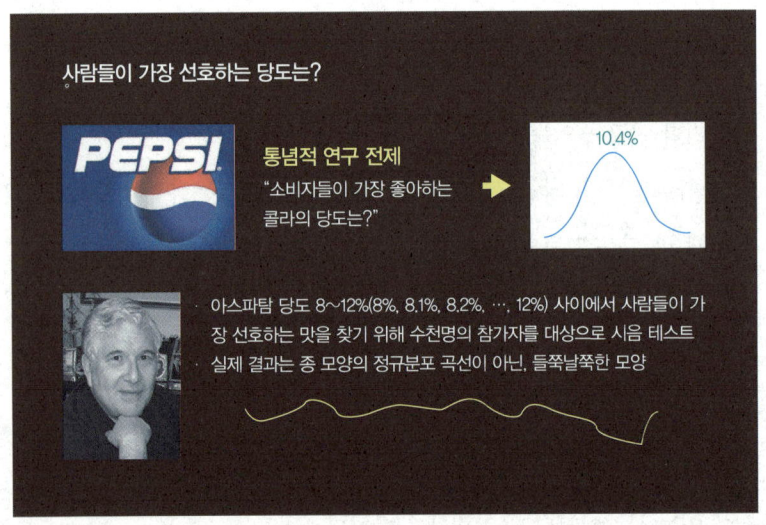

| 하워드 모스코비츠의 펩시 콜라 당도 조사.[4]

어느 날이다. 하워드는 화이트 플레인즈의 한 식당에 앉아 '네스카페'로부터 의뢰 받은 일을 생각하고 있었다. 그때 문득 해답이 떠올랐다. 다이어트 펩시 실험의 문제는 바로 잘못된 질문에 있었다. 그들은 '하나'의 완벽한 펩시를 찾으려고 했다. 하지만 정말 찾아야 할 것은 '여러 개'의 완벽한 펩시였다. 이것은 실로 엄청난 발견이었다. 하워드는 즉시 문을 박차고 나왔다. 그리고 전국의 식품 연구 학회장들을 찾아 다니면서 만나는 사람들에게 이렇게 주장했다. "당신들은 하나의 완벽한 다이어트 펩시를 찾으려고 했습니다. 그건 틀렸습니다. 사람의 입맛에 맞는 완벽한 펩시는 여러 개일 수도 있어요!"

사람들은 멍한 얼굴로 되물었다. "뭐라는 겁니까? 드디어 미친 건가요?" 하지만 하워드는 굴복하지 않았다. 자기 생각을 증명해 보일 수 있는 일거리를 구하려고 백방으로 수소문했다. 하지만 그를 고용하려는 사람은 없었다. 하워드는 여기서 좌절하지 않고 자신이 발견한 바를 끝없이 주장하고 다녔다. 그리고 마침내 기회가 왔다. '블래식 피클'이란 회사에서 연락이 온 것이다. "모스코비츠 박사님, 우리는 완벽한 피클을 만들고 싶습니다." 하워드는 그에게 이렇게 대답한다. "완벽한 피클은 하나가 아닙니다. 여러 개예요. 지금 생산되고 있는 피클의 맛을 개선하는 것만으로는 부족합니다. 여러 개의 완벽한 피클 맛이 있어요. 지금 있는 피클 맛을 개선하기보다 차라리 새로운 '톡 쏘는 맛 피클'을 만들어야 해요." 이렇게 해서 나온 것이 톡 쏘는 맛이 강한 피클이다.

소비자의 입맛은 몇 개일까?

"소비자의 입맛에 맞는 것은 하나의 완벽한 맛이 아니라 다양한 형태의 완벽한 맛이다"라는 그의 생각은 톡 쏘는 맛 피클로 입증되었다. 하지만 그것으로 충분하지 않았다. 때마침 좋은 기회가 한 번 더 생겼다. '캠벨 수프' 관계자들이 하워드를 찾아온 것이다. 당시 캠벨 사는 '라구(Ragu)'에 대항할 '프레고(Prego)'를 생산하고 있었다. 라구는 70~80년대를 주름잡은 스파게티 소스 브랜드다. 품질로만 따지자면 프레고가 라구보다 좋았다. 사용한 토마토 반죽도 훨씬 좋고, 양념을 혼합한 비율도 뛰어나서 파스타와 더 잘 어울렸다. 라구와 프레고가 겨뤘던 접시 테스트는 70년대를 풍미한 유명한 일화다. 스파게티가 담긴 그릇에 소스를 붓자 라구는 그릇 바닥에 고였지만 프레고는 스파게티 위에 남아 있었다. '점성'이 좋았기 때문이다. 이처럼 점성과 품질이 훨씬 뛰어난데도 프레고가 고전을 면치 못했던 이유는 무엇일까?

하워드는 일단 제품 목록을 쭉 훑었다. 프레고 브랜드에는 "죽은 토마토의 사회"라고 말할 만큼 제품이 다양했다. 그러나 문제는 그것들이 뚜렷이 구별되지 않았다는 데 있다. 하워드는 뚜렷하게 맛을 구분할 수 있

| 스파게티 소스에 대한 사람들의 욕망을 반영한 프레고와 라구.

는 신제품이 어떤 것인지 찾아보자고 제안했다. 우선 캠벨 수프 요리사들과 함께 45개 종류의 스파게티 소스를 만들었다. 모든 방법을 동원하여 다양한 소스를 창조했다. 단맛, 마늘 맛, 톡 쏘는 맛은 기본, 신맛의 정도, 토마토 함유량, 그리고 덩어리진 정도에 따라서 다시 맛을 나누었다. 상상할 수 있는 모든 스파게티 소스를 만든 것이다. 하워드를 위시한 실험팀은 그렇게 만든 소스 45개를 전부 들고 길을 나섰다. 뉴욕으로, 시카고로, 잭슨빌로, 그리고 로스앤젤레스로 갔다. 그들은 한 트럭 분의 사람들을 커다란 강당에 모은 후, 두 시간 동안 열 종류의 파스타 요리를 맛보게 했다. 각각 다른 소스를 사용하여 만든 파스타 요리였다. 그러고 나서 음식을 맛본 후 선호도에 따라 0~100까지 점수를 매기게 했다.

실험은 여러 달에 걸쳐 이루어졌다. 그 결과 실험팀은 미국인들의 스파게티 소스 선호도에 대한 데이터를 산더미 같이 축적할 수 있었다. 물론 이 데이터를 분석하면서 가장 인기 있는 스파게티 소스를 바로 찾아낸 건 아니다. 하워드 역시 그런 것이 있다고 꿈도 꾸지 않았다. 대신 그는 데이터를 세부적인 특징에 따라 분류했고, 사람들이 선호했던 자료들을 몇 개 그룹으로 나누었다. 그 결과 미국인의 입맛은 모두 세 그룹으로 나누어진다는 사실이 드러났다. 단조로운 맛을 좋아하는 그룹, 강한 양념 맛을 좋아하는 그룹, 그리고 과육 덩어리가 많은 상태를 좋아하는 그룹이다. 그 중에서 가장 의미가 있는 그룹은 세 번째였다. 1980년대 초만 해도 슈퍼마켓에는 덩어리가 많이 든 스파게티 소스가 없었기 때문이다. 프레고는 결과를 보고 경악했다. "덩어리가 많이 든 스파게티 소스를 원하는 인구가 미국인의 3분의 1인데, 이제껏 그걸 만든 데가 없었다니!"

프레고는 그때부터 완전히 새로운 스파게티 소스를 만들기 시작했다. 덩어리가 많이 들어간 제품 라인을 출시한 것이다. 그리고 이 제품들은 순식간에 미국 전역의 스파게티 소스 시장을 평정했다. 그 후 10년간, 프레고의 덩어리 소스는 60억 달러를 벌어들였다. 나중에는 라구에서도 하워드를 고용했다. 하워드는 프레고에서 했던 것과 똑같은 작업을 수행했다. 대형 슈퍼마켓에 가보면 얼마나 많은 라구 제품이 출시되었는지 확인할 수 있다. 과연 몇 개나 될까? 모두 서른여섯 개, 총 여섯 개의 그룹으로 나뉜다. 치즈 맛, 가벼운 맛, 감칠 맛, 기름진 맛, 전통적인 맛, 게다가 덩어리가 많은 제품까지! 하워드가 이루어낸 연구 결과를 보고 업계 사람들은 하나같이 이렇게 외쳤다. "맙소사! 우리가 틀렸어! 우리가 잘못 알고 있었던 거야!" 하워드는 이렇게 대꾸했다. "사람들은 자신이 정말로 원하는 바를 '항상 정확하게' 설명할 수 없습니다! 이제껏 그걸 간과했던 거죠."

이 일은 심리학적인 연구가 어떻게 현실의 문제를 해결할 수 있는지 보여준 획기적인 사례다. 누군가는 이것을 두고 "식품업계가 소비자를 행복하게 만드는 방법을 근본적으로 바꾼 사건"이라고 평가하지만 핵심은 따로 있다. 즉 사람의 마음을 측정한다는 건 일반적인 경제학이나 심리학에서 접근하는 것과 완전히 다른 가정 아래 진행되어야 한다는 사실이다. 사람들의 반응이나 마음은 종형곡선(정상분포)처럼 단순한 형태로 그래프 위에 분포해 있지 않는다. 그러므로 사람들의 마음을 정확히 파악하려면 기존의 방법 외의 다른 독특한 연구 방법을 적용해야 한다. 당시 심리학계나 마케팅 업계의 통념에 도전한 하워드의 연구는 '콜럼버스의 달걀'에 비길 만하다.

👤 인간의 마음은 다양하고, 사람의 입맛은 민주적이다

하워드의 소비자 연구가 업계의 관심을 끌기 시작한 것은 80년대 초반이다. 당시 식품업계는 머스터드, 정확히 말하면 '그레이푸폰(Grey Poupon)'의 신화에 홀려 있었다. 기존의 머스터드는 프랑스 풍과 네덜란드 풍으로 나뉘었다. 모두 황색으로 황색 겨자씨, 심황, 파프리카를 섞은 것이다. 전형적인 머스터드다. 그때 프랑스 '디종' 풍의 그레이푸폰이 등장한다. 코를 톡 쏘는, 휘발성 높은 갈색 겨자씨에 화이트 와인을 섞어 훨씬 더 미묘한 향기를 풍기는 제품이다. 제조사인 휴블레인은 이 머스터드를 멋진 에나멜 상표를 붙인 작은 유리병에 담아서 프랑스 풍으로 만들었다. 실제 생산은 캘리포니아에 있는 옥스나드라는 도시에서 이루어졌다.

디종은 머스터드를 8온스 병에 담고, 1달러 50센트를 받는 대신 프랑스식으로 4달러를 받기로 했다. 일반 머스터드보다 두 배 이상 비싸게 값을 책정한 것이다. 그리고 광고에 그레이푸폰을 먹고 있는 롤스로이스 주인을 앞세웠다. 다른 롤스로이스들이 멈추자 그는 이렇게 묻는다. "당신도 그레이푸폰을 먹나요?" 이런 과정을 거쳐 그레이푸폰은 '뜨기' 시작한다. 그리고 얼마 가지 않아 머스터드 업계를 장악한다! 식품업계에서는 이것을 마케팅의 승리라고 생각했다. 그리고 다음과 같은 결론을 내렸다. "사람들은 현재 사용하면서 만족을 느끼는 제품을 떠나 좀 더 비싸고, 열망할 만한 가치가 있는 제품을 찾고 싶어 한다. 머스터드 위계 상에서 더 높은 곳에 있는 제품을 구매하려고 노력한다. 더 좋은 머스터드! 더 비싼 머스터드! 좀 더 세련되고, 교양 있어 보이고, 더 의미 있는 머스터드를!"

| 당신도 그레이푸폰을 드시나요?[5]

하워드는 식품업계의 해석을 이렇게 일갈한다. "모두 틀렸다!" 그리고 그는 "머스터드나 스파게티 소스 세계에 위계질서 따위란 없다. 모든 제품은 수평선 상에 늘어서 있다. 좋은 머스터드도 없고 나쁜 머스터드도 없다. 완전한 머스터드도 불완전한 머스터드도 없다. 다만 서로 다른 입맛이 존재할 뿐이다. 그레이푸폰이 뜬 것은 단지 지금과 다른, 입맛에 맞는 머스터드가 나타났기 때문이다. 인간의 입맛은 지극히 개인적이고 민주적이다. 다양한 사람들의 입맛에 맞춘 여러 종류의 머스터드가 있을 뿐이다"고 결론짓는다.

하워드 모스코비츠의 연구는 사람의 마음이 위계질서로 구분되는 것이 아니라 서로 다를 뿐이라는 사실을 알려준다. 마음을 파악하는 데는 '수평적 구분(horizontal segmentation)'이 필요하다는 주장이다. 식품업계가 더 좋아 보이는, 더 나은 그레이푸폰과 같은 입맛이 있다고 막연히 생각하는 믿음에 대해 하워드는 당당히 맞섰다. 사람들의 입맛에 가장 잘 맞는 '이상적인 무엇'을 찾는 것이 잘못되었다는 것이다. 이 같은 하워드의 주장은 사람들이 아주 오랫동안 믿어왔던 것을 거부하는 일이었다. 왜냐하면 동서고금, 대부분의 사회에서 인간은 늘 최고의 무엇, 이상적인 것을 지향하고, 오랫동안 가장 이상적인 그 무엇의 존재를 추구해왔기 때문이다. 하워드는 현실에서 만나는 소비자의 진짜 마음을 알려면 이상적인 것을 추구하는 성향에서 자유로워져야 한다고 역설한다.

이상적인 무엇, 최고의 무엇을 찾는 심리는 한국인 대다수에게 익숙한 행동방식이다. 한국 사회는 최고를 좋아한다. 누구나 남들이 최고로 좋다는 것을 선택하려고 한다. 사회 전반에 걸쳐 그런 경향이 강하다. 학교도 회사도, 남들이 가장 좋다는 곳에 들어가려고 한다. 결혼할 때도 그렇다. 가장 멋진 스펙을 가진 배우자를 만나는 것이 행복을 보장받는 길이라 생각한다. 마케팅의 경우에도 마찬가지다. 최고의 무엇에 해당하는 정답과 같은 어떤 기법이나 전략을 찾으려 한다. 이런 경향이 강한 사회에서 하워드처럼 다양한 소비자 집단을 상상하고, 그들의 다양한 마음을 파악하기란 매우 낯설고 또 어려운 일이다. 소비자가 어떤 사람인지 알려고 하기보다 '소비자가 원하는 최고의 무엇'을 찾는 데 혈안이 되어 있으니까!

4장

당신의 마음은 방금 스캔되었습니다

🚶 라면시장을 울린 꼬꼬면

직장에 다니는 이진선 씨는 토요일이 가장 즐겁다. 주5일제 수업 시행으로 주말을 딸과 함께 온전히 보내게 된 덕분이다. 토요일 아침. 모녀는 늦잠에서 깨어나 간단히 브런치를 먹고, 자동차로 20분 거리에 있는 대형마트로 장을 보러 간다. 다음 일주일 동안 사용할 식료품과 공산품을 사기 위해서다. 그날도 진선 씨는 딸과 함께 마트에 갔다. 제철 과일과 채소, 달걀 한 판, 두부 두 모, 그리고 2kg들이 12곡을 한 봉지 집어 카트에 넣고 인스턴트 식품 코너로 향했다. 라면을 몇 가지 고를 심산에서다. 부부가 다 야근이 있는 날이면 딸아이는 종종 혼자서 라면을 끓여 먹는다. 라면은 말 그대로 이 씨네 비상식량이다. 이것저것 둘러보던 그녀가 '꼬꼬면'을 집는다. 〈남자의 자격〉 열혈팬인 남편과 딸애가 "우리는 꼬꼬면!"만 고집하기 때문이다. 하지만 이 씨 자신은 꼬꼬면에 큰 매력을 못 느낀다. 라면은 유행이 아니라 '얼큰한 본래 라면 맛'을 따라야 한다고 생

| '우리는 화이트', 2011년 라면시장에 지각 변동을 일으킨 신제품 라면들.

각한다. 이 씨는 딸아이가 왜 하필 맛도 밋밋한 꼬꼬면을 좋아하는지 궁금하다. 진선 씨의 생각처럼 사람들 입맛이 달라진 걸까? 라면 맛이 제각각인 진짜 이유는 뭘까? 신상 라면은 어떻게 탄생하는 걸까?

지난 4월 13일. KBS 예능프로 〈남자의 자격-라면의 달인〉에서 개그맨 이경규가 꼬꼬면으로 준우승을 받는 모습이 방송됐다. 그가 심사위원으로 참여했던 방송을 지켜보던 최 팀장(한국야쿠르트 마케팅 팀)의 머릿속에 불현듯 직감이 스쳤다. "아, 저 꼬꼬면은 놓쳐서는 안 되겠다."
당시 라면의 달인 심사위원으로는 최 팀장뿐 아니라 농심, 삼양 등 라면업계 전문가들이 모두 참여했다. 최 팀장은 그중에서도 꼬꼬면의 상품화 가능성을 직감하고 행운을 거머쥔 셈이다.
그가 꼬꼬면을 눈여겨본 이유는 세 가지였다. 첫째, 기존의 라면과 상당히 다른 미각을 자극하는데, 그 맛이 꽤 괜찮았다. 둘째, 라면 연구개발원으로 오랫동안 근무해 온 그의 머릿속에 꼬꼬면 상품화 단계가 저절로 떠올랐다. 그리고 셋째, 브랜드와 콘셉트가 완벽하게 일치한다. 아무런 설명 없이 이름만 들어도 제품의 특성까지 한 번에 파악되는 이름은 흔

치 않았다. '게임 끝'이라는 생각이 들었다.[1]

한국야쿠르트의 담당자가 예능프로에서 경험한 일은 하워드 모스코비츠 박사가 새로운 스파게티 소스를 찾아내려고 연구를 수행했던 과정의 축소판이다. 라면과 관련된 새로운 입맛의 발견, 상품화 단계, 그리고 제작 과정과 관련된 이야깃거리까지 한국야쿠르트의 담당자는 소비자들이 원하는 새로운 입맛을 정확하게 확인한 후 그것을 제품화 하는 데 성공했다.

삼성경제연구소가 발표한 '2011년 10대 히트 상품'에 선정될 정도로 꼬꼬면은 커다란 성공을 거두었다. 그리고 농심―신라면으로 대표되는―이 지배하는 국내 라면시장에 일대 지각 변동을 일으켰다. 재미있는 것은 성공 이후의 반응이다. 라면업계 관계자나 미디어는 꼬꼬면 마케팅의 성공을 단순하게 해석했다. '빨간 라면 vs. 하얀 라면'의 대결, 즉 '라면 국물=빨간색'이라는 통념을 뒤집어서 성공했다고 본 것이다. 당시 "국내 라면시장의 70% 정도를 차지하는 '신라면' 국물이 빨간색인데 비해, 한국야쿠르트의 꼬꼬면은 흰 국물로 차별화되었다"면서 역발상 마케팅의 성공이라고 박수를 보냈다. 하지만 이들의 분석에는 한계가 있다. 왜 성공했는지 묻는 과정에서 소비자의 마음을 도외시한 채 물건 자체의 속성에만 초점을 맞춘 탓이다. 라면 본래의 맛을 주장하는 이진선 씨가 꼬꼬면을 흰 국물 라면으로 파악하고 그것을 좋아하는 딸아이의 마음을 이해하지 못하는 것과 같은 맥락이다.

꼬꼬면이 성공한 게 정말 흰 국물의 힘 덕분일까? 꼬꼬면 말고는 하얀 국물 라면이 없을까? 그렇지 않다. '나가사끼 짬뽕'의 국물도 하얀 색이다. 좀 더 거슬러 올라가자면 1998년에 농심이 내놓은 '사리곰탕면'도 흰 국물 라면이다. 당시 농심은 아침 식사 대용이라는 콘셉트로 뽀얀 국물 라면을 출시했다. 10여 년 뒤에는 '후루룩국수'와 '뚝배기설렁탕'을 선보였다. 사리곰탕면, 후루룩국수, 뚝배기설렁탕. 이 모두가 하얀 국물 라면인데도 시장에서는 큰 성공을 거두지 못했다. 이유는 하나. "상황이 달랐기 때문"이다. 즉 10년 전만 해도 한국인들은 자신의 입맛을 따르기보다 대세를 좇았다. 당시 라면시장의 대세는 "라면 국물은 그래도 얼큰한 게 제격이지!"였다. 아니, 다들 "라면 맛은 하나"라고만 생각했다.

다시 10년이 지났다. 그리고 2011년, 꼬꼬면이 세상에 나왔다. 이번에는 10년 전처럼 단순한 '신상'의 개념이 아니었다. 대중의 입맛에 뚜렷한 변화가 있다는 사실, 사람들이 적극적으로 새로운 입맛을 추구한다는 사실, 그리고 무엇보다 자기 입맛에 맞는 것을 찾는다는 사실을 만천하에 공표한 '사건'이었다. 한마디로 '라면을 바라보는 대중의 마음'에 변화가 일어났음을 보여준 것이다. 이후 유사한 하얀 국물에 새로운 맛을 가미한 나가사끼 짬뽕, '기스면' 등이 출현했고 시장에서 큰 호응을 얻기 시작한다. 매운 맛의 빨간 국물 라면에 익숙했던 입맛들이 새로운 라면 국물 맛에 빠진 것이다. 하지만 많은 관계자들이 '새로운 입맛'이 등장했다는 사실보다 국물색 자체만을 언급하고 있다. 하얀 국물이라는 물리적 속성이 소비자의 입맛을 사로잡은 비법이라도 되는 양 호들갑을 떨면서! 안타까운 일이 아닐 수 없다. 사실 꼬꼬면이 소비자를 사로잡은 것은 국물이 하얗기 때문이 아니다. 다양한 입맛과 개성을 추구하는 소비자들의 취향과 입맛에 딱 들어맞았기 때문이다. 물론 이 현상 자체를 명명하려다 보니 드러나는 단서에 주목하여 하얀 국물 사건 운운하게 되었지만 말이다. 소비자의 입맛이나 마음이 국물의 색에 있었는지, 대세보다는 다양성과 개성을 추구하는 마음에 있었는지에 대해서 반드시 짚어봐야 하지 않을까?

웰빙식과 보양식 사이

소비자의 입맛 변화를 좇아 성공한 경우가 꼬꼬면이라면, 소비자의 욕구를 제대로 읽지 못해서 심각한 곤란에 처한 사례로 농심의 '신라면 블랙'을 들 수 있다. 농심은 몇 년 동안 소비가 정체된 라면시장에서 새로운 돌파구를 찾으려 했다. 농심은 인지도가 가장 높은 신라면으로 시장점유율을 높이고 있었지만, 더 이상 매출이 오르지 않는 상황이었다. 결국 회사에서는 신라면의 프리미엄 라인 제품을 출시하기로 결정했다. 이렇게 해서 나온 신상품이 신라면 블랙이다. 이 라면은 기존 라면보다 두 배 이상 비싼 값으로 출시되었다. 기존과 같은 제품을 가격만 올렸다는 비난을 피하려고 회사는 개발 초기부터 노력을 기울였다. 광고 내용도 획기적으로 달랐다.

신제품 신라면 블랙이 곰탕 한 그릇을 먹은 듯한 영양분을 제공한다고 광고한 것이다. 일반 신라면의 열량은 450$kcal$이지만, 블랙의 열량은 무려 600$kcal$가 넘는다. 기업이 여전히 '라면에 대한 통념'에서 벗어나지 못했음을 보여주는 대목이다. 즉 라면이 영양 면에서 불균형하다는 소비자의 통념, 라면은 저렴한 대용식이라는 통념들이다. 그런 생각들을 바꾸려다 보니 칼로리를 강조하게 된 것이다. 하지만 요즘 과연, 칼로리가 높은 것을 선호하는 사람이 있을까? 너도나도 '슬림한 몸매'를 강조하고, "못생긴 건 용서해도 뚱뚱한 건 용서 못해!"를 외치는 세상에서? 아주 단순한 일이지만, 기업은 막연한 통념에 기댄 나머지 식문화 트렌드에 위배되는

> ### 국민건강을 위해
> ### 우골보양식사를 개발하였습니다
>
> - 탄수화물, 지방, 단백질의 가장 완벽한 영양 밸런스는 60:27:13입니다
>   신라면 BLACK은 탄수화물, 지방, 단백질의 비율이 62:28:10으로 완전식품에 가까운 식품입니다
> - 우골은 양질의 콜라겐과 단백질, 칼슘이 풍부한 한국인의 보양식입니다
>   신라면 BLACK은 우골을 듬뿍 함유하고 있어 원기회복에 좋은 건강보양식입니다
> - 마늘과 우거지는 우골과 가장 잘 어울립니다
>   신라면 BLACK은 마늘을 풍부하게 넣어 우골의 영양 흡수율을 높였습니다
>   또한 우거지, 단배추 등의 야채를 듬뿍 넣어 현대인에게 부족하기 쉬운 영양소를 채웠습니다

| 칼로리를 강조한 신라면 블랙의 지면광고 내용.

제품을 출시했다. 모순적 상황을 발생시킨 것이다. 신라면 블랙을 "우골보양식, 영양식사"라고 표현한 메시지를 보면 이해하기 쉬울 것이다.

신제품으로 출시된 신라면 블랙의 핵심 콘셉트는 '우골로 만든 보양식사'였다. 라면을 보양식이 아니라고 생각하는 "통념에 반기를 들기 위해" 준비한 신제품 개념이다. 이 정도가 라면 회사가 가진 소비자 이해 수준이다. 그들은 이렇게 생각했을 것이다. "라면을 즐기는 소비자, 라면을 자주 먹는 소비자가 있다. 이들이 가장 걱정하는 것은? 아마도 ① 라면을 많이 먹으면 영양이 불균형해진다. ② 인스턴트 식품이므로 몸에 해롭다. ③ 영양상 결핍이 생길 수 있다. ④ 저렴한 대용식이라는 이미지가 강하다." 관계자들은 이 같은 단점만 보완하면 소비자에게 "충분히 먹힐 것"이라고 생각한 모양이다. 그래서 '보양식사용'이라고 강조한다. 광고 문안도 "건강 걱정 때문에 라면을 즐기지 못하는 소비자를 위해서 만들었

다"고 쓴다. 라면을 잘 먹지 않는 (새롭게 공략할 대상의) 사람들을 위해 신제품을 개발하면서 포커스를 '소비자의 건강, 영양 균형'에 맞춘 것이다. 그들의 생각은 과연 옳은 것일까?

현재 한국 사회의 라면 소비율은 꾸준한 감소 추세에 있다. 웰빙 무드 때문이라고 한다. 라면을 건강 식품에 대비되는 '나쁜 음식'으로 보는 인식이다. 과거에는 "라면을 먹었다"고 하면 "넌 매일 라면만 먹어서 어떡하니? 식사를 제대로 해야지"라고 충고하곤 했다. 매우 염려스러운 눈으로 바라보면서! 지난 시절의 라면은 그렇듯 서민들의 배고픔을 달래주는 한 끼 대용식의 상징이었다. 신라면 블랙을 기획한 농심 마케터는 아마도 먹을 것이 부족해 라면으로 식사를 대신했던 60~70년대 소비자의 마음을 고려한 것 같다. 그래서 영양분이 부족할 테니 영양 듬뿍, 칼로리는 풍부하게 만들면 성공할 거라고 생각했을 것이고, 마침내 보양식 라면인 신라면 블랙을 개발했을 것이다. 웰빙과 건강이 화두가 된 오늘날에도 라면 개발자의 머릿속에는 여전히 '라면=가난', '라면=고학', '라면=소년소녀가장, 독거노인', '라면=일용직 노동자'가 남아 있었던 것은 아닐까? 통념에 빠진 사고가 초래한 웃지 못할 결과물이다.

신라면 블랙을 개발한 회사는 아마도 웰빙과 건강 코드를 라면에 입혀 새로운 가치를 창출하고 싶었을 것이다. 부족한 영양을 염려하는 신라면 블랙을 만든 이유도 그것이다. 하지만 불행히도 21세기 풍요로운 대한민국에 사는 소비자들은 배고픔을 두려워하는 게 아니라 칼로리를 두려워한다. 요즘의 라면 소비자는 식사 대용품을 찾는 사람들이 아니라 간식을 먹듯 가벼운 마음으로 색다른 맛을 찾는 사람들이다. 영양가 높은 한

끼 식사가 아니라 '입을 즐겁게 해줄 맛'을 찾는 것이다. 물론 라면 회사가 실시한 마케팅 조사 자료엔 건강을 염려하는 소비자도 있었을 것이다. 그들을 타깃 소비자층이라고 단정하고, 영양이 보강된 라면이 필요하다고 결론을 지었을 수도 있다. 하지만 이들은 대중의 마음을 잡는 데 확실히 실패했다. 소비자의 마음을 정확하게 짚어내기보다 막연하게 "이럴 것이다"라고 생각한 것에 기대어 '프리미엄 라면'을 개발했을 것이다. 소비자의 마음을 도외시한 추측과 통념에 기초한 신제품의 탄생 배경이다.

하워드의 연구는 일반 마케팅 조사와 어떻게 다른가?

신라면 블랙을 개발한 기업에서도 분명 소비자의 마음을 알기 위한 마케팅 조사를 수행했을 것이다. 그런데 무엇이 잘못된 것일까? 그 동안 마케팅 분야에서는 인간의 마음을 알기 위해 무조건 '질문'부터 했다. 이를테면 "당신은 무엇을 원하는가?", "무엇이 당신을 행복하게 만드는가?" 등이다. 질문자에게 편의적인 이런 조사는 '설문지' 방법이나 '표적집단 인터뷰(FGI: focus group interview)'를 통해 이루어진다. 질문을 받는 대상의 마음과는 관계없는 일반적인 여론조사 방법을 마케팅 조사에 그대로 적용한 것들이다.

하워드 모스코비츠가 소비자의 입맛을 찾아내는 심리학적 연구를 하기 전, 라구와 프레고 사가 여러 해 동안 써먹은 방식도 바로 이런 것이었다. 그들은 소비자 그룹에게 "어떤 스파게티 소스를 원하나요? 여러분이 바라는 것을 알려주세요." 하고 요청했다. 하지만 그들은 20~30년 동안 진행된 질문 조사에서 "스파게티 소스에 덩어리가 많았으면 좋겠다"

는 대답을 한 번도 듣지 못했다. (나중에 하워드의 연구에서 밝혀진 것처럼) 사실 소비자 세 명 중 한 명은 이것을 절실히 원하고 있었는데도 말이다. 하워드는 스파게티 연구 사례를 인용하면서 이렇게 말하곤 했다. "사람들은 자기가 무엇을 원하는지 잘 알지 못한다. 그리고 마음은 혀가 무엇을 원하는지 모른다"고. 그렇다면 설문지나 FGI 방법이 잘못되었다는 뜻인가? 물론 조사방법도 문제지만, 더 큰 문제는 소비자의 마음을 알고자 하는 노력과 관련된 우리의 일반적인 가정(전제)들이다. 하워드는 하나의 완벽한 스파게티 소스를 찾아낸 것이 아니었다. 그는 '여러 개의 완벽한 스파게티 소스'를 찾고자 했다. 그 사례를 다시 살펴보자.

스파게티 소스의 원조는 이탈리아다. 원래 이탈리아의 스파게티 소스는 아주 묽다. 만일 누군가 1970년대에 유행한 정통 스파게티 소스 이야기를 한다면 그는 분명 이탈리아산 스파게티 소스를 언급할 것이다. 다른 형태의 스파게티 소스는 '정통'에서 벗어난 것이다. 최초의 라구 제품도 마찬가지다. 라구 역시 처음엔 덩어리라곤 찾아볼 수 없는 제품을 생산했다. 당시에는 누구나 가장 정통에 가까운 스파게티 소스를 제공해야 사람들이 만족하고 행복해질 것이라고 믿었다. 그리고 이것은 '완벽하고 이상적'인 그 무엇을 찾아야 한다는 믿음이 만들어낸 결과물이었다. 완벽하고 이상적인 그 무엇을 찾는 마음은 곧 누구에게나 적용되는 '보편성'을 존중하는 마음이다.

전형적인 마케팅 조사—일반적인 심리학 연구도 마찬가지다—에서는 보편성을 가정한다. 사실 보편성이라는 개념은 19~20세기에 걸쳐 모든 분야를 휩쓴 개념이다. 심리학자, 경제학자, 의학자들뿐 아니라 대다수의 과학자들 역시 인류의 행동을 다스릴 수 있는 규칙을 찾는 데 혈안이 되었다. 하지만 상황은 바뀌었다. 인간의 행동을 탐구하는 과학자들은 더 이상 보편성의 전제에 매달리지 않는다. 지난 10~15년간 과학계에서 일어난 일종의 지각변동이다. 과거 물리학이 '뉴턴의 고전 물리학' 패러다임에서 '슈뢰딩거의 양자역학' 패러다임으로 변화한 것과 유사한 대변혁이다. 보편성 논쟁을 마치고, '다양성'에 대한 이해를 넓혀가려는 움직임이 바로 그것이다.

과학 분야 중에서도 특히 유전학 분야가 대표적이다. 유전학은 그 어떤 분야보다 인간의 다양성을 고려할 수 있도록 문을 활짝 열어젖혔다. 암에 대한 이해와 치료방법의 변화가 대표적인 사례다. 과거 의학계에서는 암이 어떻게 발생하는지, 이것들이 어떻게 전이되며 작동하는지 자세히 알고자 했다. 하지만 지금은 어떤 사람의 암이 다른 사람의 암과 '어떻게 다른지'를 연구한다. 동일한 위암 환자라고 하더라도 사람에 따라 발생상태가 다르고, 그가 처한 상황에 따라 전이형태도 완전히 달라지기 때문이다. 물론 동일한 암이라도 환자의 발생상태나 처한 상황에 따라 치료법이 달라진다. 의사들도 "누구에게", "어떤 상황에서 암이 발병했느냐"에 따라 암의 진행이나 결과에 차이가 있다는 것을 인식하기 시작했다.

하워드 모스코비츠의 실험이 가져온 충격은 이런 맥락에서 매우 의미심장하다. 그것은 단순히 다양한 스파게티 소스나 머스터드를 경험하는 일이 아니었다. 누가 무엇을 어떻게 좋아하는지, 사람들이 어떤 다양성을 즐기는지, 개성과 취향이 얼마나 변화무쌍한지를 알아보는 새로운 계기를 제공했기 때문이다. 다시 말해 보편성과 일반성의 법칙을 찾고 여기에 목매달던 사람들이 비로소 차별성과 개별성을 인식하기 시작했다는 뜻이다. 더 나아가 하워드 같은 사람은 다양성을 믿기 시작했다. 따라서 마케팅 조사처럼 소비자의 마음을 알아야 하는 영역에서도 '보편성과 일반성의 법칙'을 찾기보다 '다양성과 차별성, 개별성'을 인식하고 찾아내는 데 집중하게 된다.

🕴 소비자는 다양하고, 욕구는 변덕스럽다

서울 목동에 사는 20대 후반의 박성희 씨. 그녀는 잘나가는 영어 학원의 '1타 강사'다. 일반 직장인들과 다르게 늦은 오후에 업무를 시작해서 새벽녘에 일을 끝낸다. 그녀는 오늘도 (남들에 비해) 느지막이 일어나 간단히 요기한 후 운동을 나선다. 그녀는 요즘 다시 '걷기'에 빠져 있다. 처음 강사 생활을 시작했을 때, 성희 씨는 걷기 마니아였다. 신발장을 열면 보이는 게 모두 걷기용 운동화였을 정도다. 저렴한 것부터 최고급 브랜드 제품까지, 가격도 색도 기능도 천차만별인 운동화로 신발장 안은 늘 빽빽했다. 운동복도 물론 구색을 맞췄다. 그랬던 그녀가 한동안 외도를 감행한 적이 있다. 한창 '마라톤 열풍'이 불었을 때다. 새 연인을 만난 것처럼 달리기에 빠진 그녀는 걷기용 운동화들을 신발장 위 칸으로 몰아 넣었다. 그리고 손이 잘 닿는 자리마다 러닝화와 마라톤화로 채우기 시작했다. 달리기 용품이 걷기 용품만큼 늘어났을 무렵 성희 씨는 다시 걷기 세계로 돌아왔다. 그녀는 신발장을 열 때마다 잠깐씩 고민에 빠진다. 더 이상 '달리지' 못하는 러닝화와 마라톤화가 눈에 밟혀서다. 때로 "걷기와 달리기를 번갈아 할까?" 생각도 한다. 달리다 보면 걷고 싶어지고, 걷다 보면 달리고 싶어진다는 성희 씨. 누군가는 "걷는 거나 달리는 거나 뭐 그렇게 다르냐?", "아무 거나 신고 입고, 걷다가 달렸다가 그러면 되는 거 아냐?"라고 말할 것이다. 하지만 성희 씨의 마음은 그렇지 않다.

아마도 박성희 씨는 조만간 다시 달릴 것이다. 어쩌면 김자인 선수의 멋진 모습에 매혹 당해 아예 '스포츠 클라이밍'으로 운동 종목을 바꿀지도 모른다. 만일 당신 주위에 이런 사람이 있다면 "변덕스럽다"고 말할 것인가, "호기심이 왕성하다"고 말할 것인가? 성희 씨의 예에서 보듯 인간의 마음은 시시각각 변한다. 때로 자신의 욕망조차 정확히 인식하지 못할 만큼 비이성적이기도 하다. '보편적'이라고 말할 수 없는 개성만점의 소유자다. 가장 민주적이고 변화무쌍한 취향을 가진 복잡한 존재, 그것이 바로 인간이다. 덕분에 심리학자들이 오랜 연구와 다양한 실험을 거쳐 얻어낸 인간에 대한 수많은 정보들은 종종 무용지물이 되곤 한다. 100퍼센트 정확하지 않을뿐더러 상황에 따라, 이슈에 따라, 심지어 같은 사람이라도 기분에 따라 '그때 그때 달라지는' 탓이다. 심리학이라는 과학이 엄밀하지 못해서가 아니다. 모든 사람이 다르고, 같은 사람이라도 상황에 따라 다른 마음과 행동을 보이기 때문이다.

다시 하워드의 이야기를 들어본다. 하워드는 사람들이 음식의 보편성을 찾아 헤맨 것은 단순히 업무상의 실수가 아니라고 말한다. 우리가 "자신의 욕구를 홀대했기 때문"이라는 것이다. 커피를 연구한다고 치자. 연구에 참가한 사람들에게 "여기 모든 사람을 행복하게 할 수 있는 커피 브랜드를 딱 하나 고르십시오" 하고 주문한 다음 결과물에 대해 참가자들이 0~100점 사이의 점수를 주도록 한다. 아마 평균 60점 정도의 점수가 나올 것이다. 만일 우리가 자신의 욕구에 대해 조금이라도 더 관심을 기울인다면 연구 상황을 다음과 같이 바꾸어야 할 것이다. 연구에 참가하는 사람들이 모두 비슷할 거라고 속단하지 말고, 유사한 욕구를 가진 사람들을 세네 개 그룹으로 나눈다. 그런 다음 각 그룹에게 커피를 평가하도록 하자. 이런 방식으로 실험을 진행한다면 틀림없이 특정 커피를 맛보고 행복해 하는 평균 점수가 집단별로 달라질 것이다. 60점인 집단부터 75~78점까지의 집단으로 나뉠지도 모른다. 특정 커피에 대해 집단 별로 60~78점까지 차이가 난다는 것은 각 집단이 경험하는 커피에 대한 만족감이 매우 다르다는 것을 입증한다.

인간의 반응을 유도하는 오브제가 무엇이든 사람들은 다르게 반응한다. 하워드 모스코비츠가 우리에게 선물한 가장 아름다운 업적은 바로 이런 사실을 다양한 '식품'으로 보여준 데 있다. 그는 사람의 입맛을 통해 인간이 서로 얼마나 다른지, 인간의 욕구가 얼마나 각양각색인지 보여주었다. 우리가 소비하는 다양한 브랜드의 식품들은 이런 다양한 욕망을 충족하는 방법에 지나지 않는다. 2002년 노벨 경제학상 수상자인 대니얼카너먼 교수는 이것을 "인간은 합리적인 존재가 아니라 비합리적인 성향을 가졌기 때문"이라 지적한다. 그는 "인간은 합리적으로 의사를 결정하는 게 아니라 손실을 회피하려고 한다. 지금까지 비합리적인 의사결정을 해온 것이 인간의 일반적인 경제행위다. (중략) 동일한 상황이라 할지라도 어떤 방식으로 사용자에게 전달하느냐에 따라 사용자의 반응이 달라진다"고 말한다.

비합리적인 성향의 인간이 만들어 내는 삶의 결과가 바로 '다양성'이다. 다양성은 생명을 가진 생명체의 특성이기도 하다. 생명체가 진화의 과정에서 변화하는 환경에 적응하고 생존하기 위해 선택하는 일차적인 적응 방식이기도 하다. "다양성에 대한 이해"란 달리 표현하면 "변화하는 세상에서 우리가 적응하기 위한 필수 지식"이며, "세상이 바뀌는 것을 알 수 있게 하는 지침"도 된다. 변화하는 환경 속에서 생존하기 원하는 기업이라면, 어제보다 내일 좀 더 나아지기를 꿈꾸는 기업이라면, 반드시, 자신의 고객이 얼마나 다양한지 먼저 깨달아야 한다. 소비자들이 가진 각기 다른 욕구를 알아야 한다. 이것이 바로 소비자의 마음을 정확히 알기 위해 차용하는 소비자 세분화이며, 이로써 우리는 "다양한 욕구를 가진 소비자 집단을 정확하게 이해"할 수 있다.

소비자의 마음에 집중하라

하워드의 스파게티 소스 연구, 농심 신라면 블랙, 팔도 꼬꼬면의 공통점은 무엇일까? 이 사례들은 하나같이 "기업이 소비자의 마음을 알기 위해 얼마나 노력하는지, 소비자의 마음을 아는 것이 기업의 성공을 위해 얼마나 중요한지" 보여준다. 소비자의 마음을 잘 아는 기업은 성공할 것이고, 더 많은 소비자를 행복하게 만들 것이다. 프레고의 스파게티 소스는 수많은 미국인을 열광하게 만들었고, 팔도 꼬꼬면은 주부들의 장바구니를 점령했다. 새로운 소스 맛과 라면 맛을 바라던 많은 소비자들을 만족시킨 덕분이다. 하지만 기업이 소비자를 제대로 알지 못하고 마케터의 막연한 추측에 기대면 십중팔구 실패하게 마련이다. 보양식을 강조한 신라면 블랙이 그랬다. 역으로 생각해도 마찬가지다. 기업이 제품이나 서비스를 제대로 팔 수 없다면, 그것은 소비자가 무엇을 원하는지 정확히 모르는 탓이다.

소비자를 이해하려면 먼저 소비자의 욕구가 다양하다는 것을 뼛속

깊이 인정해야 한다. 『블링크 Blink(2005)』의 저자 말콤 글래드웰(Malcom Gladwell)은 TED 강연(1984년 기술Technology, 엔터테인먼트Entertainment, 디자인Design 분야에서 '공유할 만한 가치가 있는 생각'을 나눈다는 자선 개념으로 출발한 강의. 스티븐 호킹, J. K. 롤링 등의 명사들이 알기 쉽고 재미있게 대중의 관심사를 18분짜리 강의로 풀어낸 것으로 유명하다)에서 "기업은 소비자의 욕구가 다양하다는 점을 간과하기 때문에 소비자에 대해 늘 무지한 상태"라고 지적한다. 다음은 기업에서 일하는 사람들의 소비자 마음에 대한 통념들이다.

통념 하나 | 기업은 소비자의 마음을 이해하고 있다고 믿는다. 실제로 기업은 소비자를 이해하기 위해 나름대로 애쓴다. 그러나, 거의 모든 경우에 기업이 알고 있는 소비자의 마음이란 기업 자신이 막연히 상상하거나, 또는 기업 자신의 입장만이 반영된 소비자의 마음이다. 기업은 철저한 조사를 바탕으로 소비자에게 어필하는 제품을 만들었다고 믿고, 만에 하나라도 제품이 팔리지 않으면 그 이유가 소비자를 이해하지 못해서가 아니라 광고나 홍보 등 마케팅이 제대로 이루어지지 않은 탓이라고 핑계를 댄다. 혹은 시장 상황이 변했기 때문이라고 주장한다. 하지만 이것은 소비자가 진정 무엇을 원하는가에 대해 무지한 채 기업 자신의 욕망으로 소비자의 욕망을 재단했기 때문에 발생하는 일이다.

앞에서 언급했던 〈공주와 달〉 이야기를 떠올려보자. 달을 따 달라는 공주의 마음을 읽은 것은 왕이나 왕비, 박사나 의사, 충성스러운 신하들이 아니었다. 자신이 아닌 공주의 관점에서 달을 이해한 광대뿐이었다.

통념 둘 | 기업은 모든 사람의 욕망을 충족시키지는 못하더라도 최대 다

수에게 최대 만족을 줄 수 있다고 생각한다. 어느 시대든 어느 장소든 히트 상품이 나온 것은 많은 사람을 만족시켰기 때문이라고 믿는다. 따라서 최대한 많은 사람을 만족시킬 수 있는 상품을 개발하기 위해 전력투구한다. 하지만 '히트'라는 것은 단지 결과일 뿐이다. 사람들이 그 과정과 순서를 전도시켜 생각할 뿐이다. 이것이 바로 현재 많은 기업에서 수행하고 있는 소비자 조사의 맹점이다.

사람의 욕망이나 취향은 다양하다. 그러므로 시장에서의 성공 가능성은 늘 열려 있다고 보는 게 옳다. 현재 많은 사람들이 '어딘가에' 혹은 '특정한 그 무엇에' 몰려 있다고 해서 그것이 곧 어떤 제품의 시장 안착이나 성공 가능성을 보장해주지는 않는다.

통념 셋 | 기업이나 마케팅 전문가들은 소비자들이 무엇을 원하는지 정확히 안다고는 생각하지 않지만, 습관적으로 그리고 자동적으로 설문조사나 인터뷰를 한다. 이런 행동 패턴은 조사의 목적을 명확하게 알지 못하면서 그저 막연히 "열심히 조사하면 뭔가 중요한 이야기가 나올 거야" 하는 기대감 때문에 발생한다. 때로 "소비자들은 자신이 무엇을 원하는지 정확히 알고 있어. 그러니 내게도 알려줄 거야"라고 추측하면서 설문조사나 인터뷰를 통해 소비자의 마음을 파악하려고 한다. "완전히 믿지는 않지만, 때로 믿고 싶은 도끼에 결국 발등 찍히는" 상황이 된다.

마케팅 조사, 또는 설문지나 FGI에 회의를 느끼면서도 마땅한 대안이 없어 기존의 방법을 답습하는 마케터들이 많다. 이들이 딜레마에 빠지는 건 당연하다. 오래전 일이다. 과자 회사에서 조사 업무를 맡고 있는 사람을 만난 적이 있다. 그 사람도 소비자 조사에 대해서 부정적인 생각을 가지고 있었다. 그는 자기 회사의 경우, 시제품을 만들어 10대 청소년들에게 먹어보라고 한 뒤 구매의향을 물어보고, 구매의향 점수가 가장 높은 제품을 정식으로 출시한다고 했다. 실제 소비자들과 만나고, 그들의 선택을 지켜보고, 그 결과를 취합하는 방법을 애용한다는 것이다.

위의 사례에서 알 수 있듯이, 소비자의 마음을 알아내는 데는 기존의 설문조사나 FGI 외에 다른 방식이 필요하다. 하지만 현실은 그렇지 않다. 소비자 자신도 자기가 무엇을 원하는지 정확히 알 수 없는 상황이므로 마케팅 조사란 결국 "기업의 의도대로 설계된 설문지에서 정답을 찾는 게임"이 되어버린다. 소비자들도 기업의 입장에서 응답하기 쉽다. 결국 기업도 소비자도 '진짜 욕망하는 것'을 발견하기 어렵게 된다. 그러므로 소비자의 진짜 속마음을 읽어내려면 기존의 단순한 설문이나 인터뷰에 의존하지 않는 "새로운 마음읽기" 방식을 연구해야 한다.

좋은 질문이 정확한 답을 유도한다

새벽 한 시 반경, 술 취한 젊은이 하나가 가로등 아래서 배회하고 있다. 두리번거리면서 이따금 손으로 바닥을 더듬는다. 그는 지금 지갑을 찾고 있는 중이다. 아무리 보고 또 봐도 지갑은 없다. 그는 "가로등 불빛이 희미해서 그런가 보다"고 생각한다. 그래서 "곧 날이 밝을 거야. 그러면 찾을 수 있어" 하면서 가로등에 기대고 앉아 잠이 든다. 술에 취하긴 했어도 애인이 취업 기념으로 사준 고가 브랜드의 지갑을 포기할 수 없었기 때문이다. 새벽녘, 여명에 눈을 번쩍 뜬 그가 주위를 살핀다. 앉아서 살

| 가로등 아래 지갑 찾기
"어라, 여기가 아닌가?"

피고, 일어서서 본다. 하지만 지갑은 없다. 사실 그는 어젯밤 저쪽 어두운 골목 초입에서 지갑을 잃어버렸다. 어두운 골목에서 잃어버려놓고 "잘 보이는 데서 찾아야지" 하고 가로등 아래를 뒤진들 지갑이 보일까? 기업과 마케팅의 문제도 마찬가지다. 기업은 소비자의 마음을 알기 위해 마케팅 연구를 하고, 조사를 한다고 주장하지만 그들은 정작 본인들이 이야기하는 마케팅의 본질이 무엇인지 모르고 있다. 그런 상태에서 소비자의 마음을 소외시킨 잘못된 마케팅을 시작한다.

소비자가 원하는 것을 찾아내서 번듯한 제품으로 만들려는 마케터들의 의지는 가상하다. 그러나 아쉽게도 기업은 소비자의 진짜 욕망이 무엇인지 잘 모른다. 설문지, FGI, 심층 인터뷰(Depth Interview), 현장 조사(Field Research) 등 다양한 마케팅 조사를 동원해도 소용없다. 이유는 간단하다. 그것들이 모두 소비자 조사의 설계 단계부터 조사 결과에 대한 해석까지 기업과 마케터 자신이 듣고 싶은 것만 듣고, 보고 싶은 것만 보게 만들어졌기 때문이다. 그들은 이렇게 얻은 자료들을 기반으로 막연히 "이럴 것이다, 저럴 것이다" 하면서 소비자의 마음을 재단한다. 하지만 아무리 결과를 취합하고 분석해도 쓸모 없기는 마찬가지다. 피조사자들의 대답이 본래 의도와 너무나 멀리 떨어져 있는 탓이다. 마치 가로등 불빛 아래서 지갑을 찾는 술 취한 젊은이의 행동과 다를 바 없다.

상황이 이런데도 전형적인 마케팅 조사를 계속하는 이유, 아무짝에도 쓸모 없는 '정답처럼 보이는' 이야기만 강조하는 이유, 통념에 불과한 이야기를 무한 반복하는 이유는 무엇인가? 핵심은 '질문 던지기'에 있다. 소비 집단을 분류하면서 "직면한 현상을 어떻게 이해했는가? 왜 그런 행동을 했는가?" 묻지 않았기 때문이다. 정확하게 질문하지 않고 원하는 답과 결과를 만들어내려 했기 때문이다. "정확한 질문이 정확한 답을 끌어낸다"는 진리는 마케팅 조사에서도 유효하다. 인용문을 하나 읽어보자.

"만약 질문이 없다면 답은 어디에 있겠는가?"

위의 인용구는 거트루드 스타인(Gertrude Stein)이 한 말로, 마케팅 지식을 발전시키는 데 질문의 역할이 얼마나 중요한지 보여주고 있다. 질문은 해답을 낳는다. 질문은 우리가 뜻하지 않게 얻은 정보를 해석하는 데 큰 도움이 될 뿐만 아니라, 더 심층적인 의미를 발굴하는 중요한 수단이다. 그에 못지않게 질문의 순서도 중요해서 어떤 정보나 지식을 획득할 수 있는지 여부를 결정한다. 이렇게 마케팅 관리자의 질문전략은 소비자들에 대해 얻게 될 궁극적 지식에 중대한 영향을 미친다. 전략이 달라지면 획득할 수 있는 통찰력도 달라진다.

그러나 대부분의 경영자들은 질문과 시작보다는 해답과 결론에 더 집중하는 모습을 보인다. 경영자들이 마음시장을 재편하기 위해서는 질문과 해답, 두 가지를 모두 중요하게 취급해야 한다. 그들은 또한 질문과 응답이 상호의존적임을 알아야 한다. 왜냐하면 질문의 형태 그 자체가 어떤

해답을 얻을지를 결정하기 때문이다.[2]

모든 연구활동은 해결하고자 하는 문제가 무엇인지를 분명히 밝히는 것에서 시작한다. 연구방법이란 단지 정의된 연구문제에 대해 답을 쉽게 찾아주는 다양한 방법일 뿐이다. 연구의 목적(이유)이 분명하지 않은 상태에서, 또는 연구문제가 명확하지 않은 상태에서는 아무리 기발한 연구방법을 사용한다고 해도 별로 의미가 없다. '연구를 위한 연구'가 될 가능성만 높아지기 때문이다. 심리학의 연구방법 중 가장 대표적인 것이 '실험연구법'이다. 이것은 연구문제가 분명하거나, '조작적 정의(operational definition, 연구자가 측정하고자 하는 어떤 개념에 대해 측정 가능한 상태로 정의를 내리는 것. 예를 들어 '브랜드 로열티'라는 추상적 개념에 대해 조작적 정의를 내린다고 가정해보자. 연구자는 브랜드 로열티를 해당 브랜드를 재구매할 의향을 의미하는 것으로, 1년에 4회 이상 구매하면 7점, 3회 구매하면 6점 등으로 조작적으로 정의할 수 있다)'가 가능할 때, 그리고 측정하고자 하는 현상(요인) 이외 다른 조건들을 통제할 수 있을 때 유용한 방법이다. 하지만 연구문제가 분명하지 않거나, 현실의 복잡한 상황에서 일어나는 인간 행동을 연구할 때는 큰 도움이 되지 않는다. 조작적 정의 자체가 불명확하기 때문이다. 타당하지 않은 조작적 정의는 그 자체로 억지스러운 결론을 도출한다. 연구결과의 타당성에 의문이 제기될 뿐 아니라, 해결하고자 하는 문제와 관련된 답도 되지 않는다. 조작적 정의에 의한 실험법으로 마음을 탐색하려 하기보다, 각기 다른 사람들의 마음이 어떤 상태에 있는지를 파악해야 한다. 어떤 믿음이나 생각을 갖고 있는가 먼저 확인해야 한다.

일상의 생활에서 일어나는 사람들의 마음을 탐색하거나 연구문제가 분명하지 않은 초기 단계의 연구에서는 실험연구보다 '질적 연구방법'

을 택하는 게 효과적이다. 더 현실적이고, 타당한 연구결과를 얻을 수 있다. 질적 연구방법은 어떤 현상에 영향을 주는 요인을 미리 상정하지 않는다. 실험연구가 현상에 영향을 주는 요인을 최대한 단순화시켜 설명한다면, 질적 연구는 현실의 복잡성을 인정하면서 최대한 현상 자체를 이해하려고 한다. 연구자는 질적인 접근방법을 통해 "이 연구를 왜 하는가? 연구결과는 생활 속의 문제를 해결하는 데 어떤 도움이 되는가?" 등과 같은 연구 자체의 타당성과 실용성을 분명히 하게 된다. 이미 알고 있는 사실에 대한 검증을 필요로 한다면 실험연구가 적절하다. 하지만 신제품을 개발하거나, 새로운 마케팅 전략을 구사해야 하거나, 신시장을 개척해야 한다면 질적 연구가 더 요긴할 것이다. 현실적인 문제 해결에 있어서 타당성과 실용성이 담보될 수 없다면, 아무리 기발하고 엄밀한 실험연구방법이라도 연구를 위한 연구가 될 가능성이 높은 탓이다.

〈허드서커 대리인〉의 홀라후프 소비현상을 떠올려보자. 여기서 어떤 가설을 세울 수 있을까? 어떤 패턴을 발견할 수 있을까? 가설을 세우고 질문을 던짐으로써 우리는 비로소 문제를 공유한다. 스스로 어떤 현상을 연구하고 탐색하게 된다. 패턴을 발견하고 통찰력을 얻게 된다. 〈허드서커 대리인〉의 경우도 마찬가지다. 노력해서 홀라후프를 개발했지만 반응은 썰렁했다. 마케팅의 4P도 먹혀 들지 않았다. 포기하려는 찰나, '귀여운 금발의 소년'이 나타나 홀라후프를 돌린다. 아이들이 많이 오가는 큰길에서! 순식간에 붐이 일어난다. 천덕꾸러기였던 홀라후프가 잇 아이템으로 등극한 것이다. 자, 여기서 우리는 어떤 질문을 던질 수 있을까? 가장 먼저 "홀라후프(특정한 제품)를 어린아이들(제품에 가장 잘 부합하는 소비자 집단)에게 어필하려면 어떻게(마케팅 전략) 해야 하나?"를 물어야 할 것이다. 단순한 소비현상을 묻는 게 아니라 생산자나 마케터의 입장에서 이를 어떻게 활용할 수 있는지 먼저 묻고 대답을 요구해야 한다는 뜻이다.

🧍 하워드 모스코비츠의 규칙개발실험

하워드 모스코비츠가 온갖 식품업계 사람들을 쫓아다니면서 "누구의 입맛에나 맞는 퍼펙트한 스파게티 소스는 없다"고 말했을 때 마케터들은 "무슨 말도 안 되는 소리를 하는 거냐?"고 반박했다. 처음에 펩시콜라 사가 그에게 "가장 적절한 당도를 찾아내 주시오"라고 의뢰했던 상황을 떠올려보자. 당시 하워드는 많은 사람들이 좋아하는 최적의 당도가 있고, 따라서 대중이 선호하는 당도의 분포를 그린 곡선은 분명 중간이 볼록한 모양, 즉 정상분포 곡선을 그릴 것이라고 생각했다. 정상분포 곡선에서 가장 극단을 차지하는 맛은 사람들이 선호하지 않는 것이고, 중간에 있는 맛이 가장 퍼펙트한 당도를 가진 것이라고 생각했다. 그래서 가장 많이 반응할 것이라 믿었다. 과연 예측대로 나타났을까? 결과는 뜻밖이었

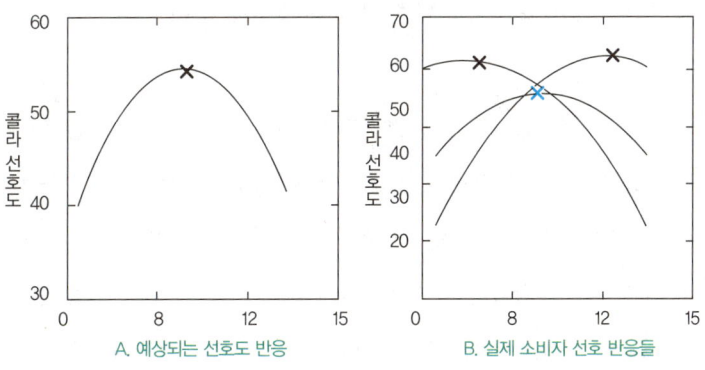

| 콜라 당도 선호도 조사 곡선 |

A. 예상되는 선호도 반응

B. 실제 소비자 선호 반응들

다. 선호곡선은 들쑥날쑥 한 모양이었다. (기대했던) 중간이 볼록하게 솟은 '종형 커브 곡선'은 나타나지 않았다. 특정 당도를 좋아하는 하나의 집단이 아니라 여러 집단, 예를 들자면, 8%를 좋아하는 집단, 10%를 좋아하는 집단, 12%를 좋아하는 집단 등이 뒤섞여 있다는 것을 보여주었다. 퍼펙트한 하나의 당도가 아니라 퍼펙트한 여러 개의 당도가 있었던 것이다.

마케터들에게 타깃 집단에 따른 다양한 마케팅 전략을 구사하라고 강조하는 것은 더 이상 놀라운 일이 아니다. 하지만 얼마 전—하나의 퍼펙트한 스파게티 소스를 만들면 모든 사람들이 그것을 찾을 것이라고 생각했던 시절—까지만 해도 이 생각은 완전히 발상이 다른 개념이었다. 그 당시만 해도 마케터들은 퍼펙트한 소비자 집단과 타깃 집단이 반드시 존재한다고 믿었기 때문이다. 하나의 브랜드(제품)나 서비스, 그리고 한 가지의 마케팅 프로그램은 결코 모든 소비자를 만족시킬 수 없다. 각기 다른 욕구를 가진 다양한 소비자 집단이 있고, 따라서 타깃 집단도 하나가 아니라 여러 개가 될 수 있기 때문이다. 그러므로 여러 개의 타깃 집단에 각각 어떤 마케팅을 어떻게 적용할 것인지, 각각의 타깃 집단을 한꺼번에 공략할 것인지 아니면 순차적으로 적용할 것인지에 대해 늘 문제를 제기해야 한다. 이것이 바로 소비자 연구, 마케팅 연구의 핵심이다.

하워드도 처음에는 걱정이 많았다. 사람들의 새로운 기호를 파악해서 신제품을 만들 때, 그것을 어떻게 어필할 수 있을지를 두고 무척 고민했다. 그래서 개발해낸 연구법이 바로 '규칙개발실험(Rule developing experiment)'이다. 하워드는 신제품을 개발하는 데 이 방법을 적용했다. 먼저, 신제품의 핵심 재료를 섞어 수십 가지 시제품을 만든다. 시제품들을

| 하워드의 규칙개발실험 |

연구 문제를 명확히 한다.
▼
재료를 섞어 다양한 시제품을 만든다.
▼
시제품을 소비자가 직접 써보게 하여 반응을 확인한다.
▼
소비자 반응에서 일정한 패턴을 찾는다.
▼
특성이 유사한 사람들끼리 묶는다.
▼
묶은 집단별로 가장 인기 있는 제품을 개발한다.

소비자가 직접 써보게 한다. 그리고 나서 시제품에 대한 소비자 반응을 통해 일정한 패턴을 찾아낸다. 이런 방법으로 조사하게 되면 조사인원은 대상 제품의 수에 따라 수십에서 수백 명 정도가 필요하다. 만일 시제품이 열 개라면 한 제품마다 열 명씩만 시험해도 금방 백 명이 된다. 이런 실험은 다양한 시제품에 참가한 사람들로부터 "달콤하다", "시다", "시원하다", "매콤하다" 등등 각기 다른 맛의 결과를 찾아내게 해준다. 맛을 찾은 다음에는 사람들의 반응을 분류한다. 그리고 최종적으로 맛의 감별 특성이 '유사한 사람끼리' 묶는다. 다양한 시제품에 대한 사람들의 반응에서 나타난 일정한 패턴을 찾은 것이다.

대개의 마케팅 조사나 심리 실험에 사용되는 자료분석도 결국은 시제품에 대한 사람들의 반응을 분류해서 묶은 것이다. 달콤한 것은 달콤한 제품끼리, 신맛이 강한 제품은 또 그것끼리, 부드러운 맛이 특징인 것은 부드러운 것끼리 묶는 식이다. 그런데 하워드의 방법은 좀 달랐다. 그는 맛이 아니라 '시제품에 반응하는 특성'이 유사한 사람들끼리 묶었다. 또 그렇게 묶은 집단별로 그들에게 가장 인기 있는 제품을 개발했다. A, B, C, D라는 집단이 있다고 하자. 이들 집단의 취향은 분명 다를 것이다. 따라서 이들에게 인기 있는 제품도 다를 것이다. 하워드는 이처럼 각 집단마다 가장 인기 있는 제품이 무엇인지 찾아내었고, 이것을 상품으로 개발했다. 규칙개발실험이 전형적인 심리학 연구와 다른 점은 바로 이것이다.

물론 "다양한 시제품을 만들고, 그것에 대한 사람들의 반응을 살피는 것"까지는 기존 심리학 연구와 같다. 하지만 여기엔 커다란 차이가 있다. 하워드는 서로 다른 시제품에 대해 사람들이 보인 '반응의 차이'만을 본 게 아니다. 그가 정말 알고 싶었던 것은 "서로 유사한 반응을 나타내는 사람들이 어떤 사람들인가?"하는 점이었다. 그는 어떤 제품을 만들어내든 사람에 초점을 두었다. '사람을 먼저 생각'한 것이다.

🚶 마음 MRI로 소비자를 세분화하라

하워드가 수행한 신제품 개발 과정을 보자. 그는 먼저 피실험자 군에서 유사한 특성을 가려냈다. 그리고 유사한 특성을 가진 사람들을 찾아 집단으로 구분했다. 그렇게 해서 분류하고 묶어낸 집단별로 그들에게 가장 인기 있는 제품을 만들었다. 하워드는 이처럼 소비자 세분화를 통해 신제품을 개발했다. 그는 유사한 특성이 있는 사람을 어떻게 발견했을까? 그의 집단 구분 기준은 무엇이었을까? 하워드는 일단 유사한 맛이 아니라 '맛의 감별 특성이 유사한 사람들'끼리 묶었다. 피실험자들의 생각이나 믿음 또는 태도가 비슷한 사람끼리 묶었다는 뜻이다. 생각이나 믿음, 태도가 비슷한 것을 우리는 "마음이 비슷하다"고 말한다. 하워드는 바로 이 점에 주목했다. 마음이 비슷한 사람끼리 묶을 수 있다면, 그들 집단은 "심리적으로 유사한 성향"을 보일 거라는 판단이었다.

잠시 쉬어가는 뜻에서 아래의 그림을 보자. 오리일까, 토끼일까? 언뜻 보기엔 하나의 그림 같지만 보는 사람에 따라 두 가지 해석이 가능하다. 얼굴에 주목하면 '풀밭에 엎드린 토끼'가 보이고, 시선을 살짝 비틀어 왼쪽 구석에서 위쪽으로 바라보면 '물에 떠 있는 오리'가 보인다. 이 그림은 동일한 사물이라도 개인사나 경험에 따라 다르게 보인다는 것을 보여줄 때 흔히 이용된다. 사람마다 보는 것이 다르고, 보고자 하는 내용 또한 다른 탓이다. 눈 앞에서 함께 보고 있는 이 그림이 사람들에게 각각 다른 그림으로 비춰지는 것, 각기 다르게 보는 것, 이것이 바로 심리 현상이다. 심리학자는 이처럼 "사람들이 동일한 현상을 얼마나 다르게 이해하고 느끼는지" 탐색한다. 소비심리를 연구하는 것도 비슷한 맥락이다. 〈토끼오리 그림〉을 보고 그것이 무엇인지 파악하는 것과 같기 때문이다. "어떤 특정한 순간에, 어떤 특정한 것이, 어떤 특정한 사람에게, 어떻게 특별한 방식으로 부각되는가?"를 이해하는 것이 바로 소비자 심리학이다.

| 토끼와 오리의 모양을 동시에 확인할 수 있는 그림.

심리연구 방법 가운데 하나인 '마음 MRI' 기법은 믿음이나 태도, 생각 같은 심리적인 부분이 유사한 성향의 사람들을 하나로 묶는 방법이다. 또 실제로 그들이 어떤 측면에서 유사한 믿음이나 태도, 생각을 가지고 있는지 확인하는 방법이기도 하다. MRI가 눈으로 볼 수 없는 신체의 특성을 스캔해주듯 인간의 속마음과 감춰진 성향을 스캔한다고 해서 '마음 MRI'라고 부른다. 이 방법은 범죄수사대에서 사용하는 프로파일 작업(2장 91쪽에서 설명했듯이 프로파일 작업은 범인과 관련된 다양한 정보와 단서들을 조합해서 범인의 행동특성과 성향을 확인하는 것이다)과 비슷하다.

그렇다면 특정 소비자 집단의 마음 MRI는 어떻게 찍을 수 있을까? 아래의 뇌 활동 사진은 음식에 대해 서로 다른 반응을 보이는 두 사람의 마음을 보여준다. 정상적인 생활을 하는 여성(좌)과 폭식증(Bulimia nervosa)을 가진 여성(우)의 경우이다. 한눈에 보아도, 음식을 앞에 두고 활성화된 뇌 영역에 차이가 난다는 것을 알 수 있다. 이슈는 같지만 반응은 전혀 다르다. 사람의 마음이 그만큼 다르다는 뜻이다. 그러나 이 사진 한 장으로 피실험자의 마음을 온전히 파악할 수는 없다. 특정 뇌 부위가 활성화된다는 것은 알 수 있지만, 그 반응이 "무엇을 의미하는지"는 알 수 없다. 이

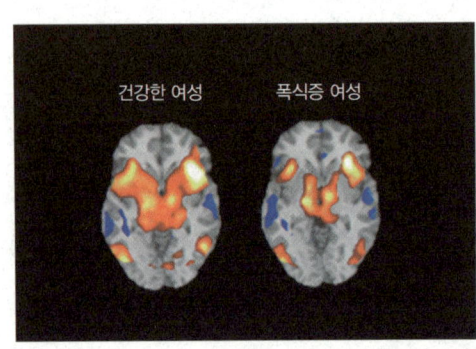

| 음식에 반응하는 건강한 여성(좌)과 폭식증을 가진 여성의 뇌(우)MRI 사진. 폭식증 환자의 경우, 음식에 대한 뇌의 활성화 정도가 약하다. 이것은 음식섭취 행동을 조절하는 뇌의 활동이 약하게 일어나고 있다는 뜻이다.[3]

같은 활성화가 무엇을 의미하는지 알아내려면, 무엇보다 눈에 보이는 영역 외의 것, 인간의 마음 깊숙이 자리 잡은 그 무엇, 누군가의 행동을 결정하게 만드는 것이 무엇인지 알아야 한다. 즉 마음의 내용이 무엇인지, 그것이 어떤 인식의 틀 속에서 어떤 의미를 가지고 있는지를 알아야 한다는 뜻이다. 마음 MRI 찍기는 바로 이것을 찾아내는 연구방법이다.

마음 MRI 찍기는 사람들이 어떤 대상이나 이슈를 각기 다르게 받아들인다는 가정 아래, 그것들이 서로 얼마나 다른지, 또 얼마나 다양한지 확인하는 방법이다. 각기 다른 사람들의 마음은 서로 다른 이미지로 표현된다. 특정 대상이나 이슈에 대해 각각 다르게 받아들인 이미지가 "구체적으로 무엇인가"를 확인한 다음 그것을 마음의 지도로 그려낸다. 마음 MRI 찍기는 모두 여섯 단계로 이루어진다. 이때 가장 중요한 것은 1단계이다.

1단계는 "탐색해야 할 문제가 무엇인지" 또는 "왜 특정 이슈나 사건을 탐색하려고 하는지"를 명확히 하는 단계다. 2단계에서는 탐색 대상이 되는 문제를 중심으로 여기에 관련된 다양한 현상이나 사건들을 나타내는 단서를 찾아낸다. 이런 단서들을 '주목단서'라고 한다. 주목단서들은 대개 탐색 문제와 관련된 다양하고 특정한 단어나 문장 또는 사진 등으로 표현된다. 하워드의 규칙개발실험에 사용되었던 여러 가지 시제품과 유사한 역할을 한다고 보면 된다(마음 MRI 찍기에서는 시제품 대신 다양한 주목단서를 활용한다).

3단계는 주목단서를 활용하여 사람들의 마음을 MRI 찍듯이 스캔한다. 각기 다른 사람들의 마음을 스캔하는 절차에서는 개인의 '주관적인 반응'을 객관적으로 표현할 수 있도록 하는 게 가장 중요하다. 자료를 통계적으로 분석하는 방법인 요인분석이나 군집분석 또는 개인차 분석 등의 다양한 통계절차를 활용할 수 있다. 4~6단계에서는 주목단서를 통해 스캔된 사람들의 마음을 서로 유사한 사람끼리 묶는다. 그리고 사람들이 비슷하게 생각하는 단서들을 중심으로 구분한다. 이 단계는 하워드의 연구방법에서 "서로 유사한 반응을 보이는 사람들이 어떤 사람들인지 알려고 했던 것"과 동일하다. 주목단서를 활용하여 유사한 반응을 보이는 사람들이 누구인지 확인하고, 이들이 공통적으로 보이는 심리적 특성이 무엇인지를 추리한다.

마음 MRI 찍기는 한마디로 각기 다른 사람들의 마음을 주목단서를 통해 스캔하는 과정이다. 반응 패턴이 유사한 사람들끼리 묶고, 이들의 특성을 드러내는 주목단서들을 통해 마음을 확인하는 것이다. 그러면 각기 다른 특성을 가진 집단의 마음이 무엇인지 확인할 수 있게 된다. 스캔 작업을 통해 서로 다른 마음을 가진 집단이 있다는 것을 알게 되면 좋은 점

| 마음 MRI 찍기 절차 |

1단계	문제확인	알고자 하는 문제를 명확히 확인한다.
2단계	주목단서 확인	문제와 관련된 다양한 현상(단서)을 찾아낸다.
3단계	반응수집	사람들의 주관적 반응을 확인한다.
4단계	유형구분	반응에서 일정한 패턴을 찾고 의미를 해석한다.
5단계	패턴발견	반응 패턴이 유사한 사람들끼리 묶고, 반응 패턴의 의미와 연결한다.

이 있다. 바로 "특정한 마케팅 전략이 모두에게 동일한 효과를 나타내지 않는다"는 것을 알 수 있다는 점이다. 그리고 이어서 '각기 다른 집단에게 효과적인 전략'을 탐구하게 된다. 소비자 중심의 마케팅, 소비자의 마음을 고려한 마케팅은 이때 비로소 가능해진다.

각기 다른 마음을 알아내는 법

어느 대형 백화점의 소비자 상담실. 문을 열고 들어가니 리셉션 데스크가 나온다. 용모 단정한 젊은 여성이 대기표를 건넨다. 티켓을 받고 다시 유리문을 열면 대기실. 줄잡아 열 명 안팎의 여성과 서너 명의 남성들이 앉아서 eBook을 읽거나 홀로그램 영상을 즐기고 있다. 30여 분 시간이 흐르고 드디어 당신의 차례가 온다. 당신은 전광판에 뜬 번호가 붙은 룸으로 간다. S-1호실이다. 입구에 비치된 기계에 티켓을 넣고, 준비된 의자에 앉는다. 앞에는 전신거울처럼 생긴 기계가 있고, 오른쪽에는 '인포메이션 입력기'가 있다. 의자 왼쪽에는 간단한 음료를 뽑아 마실 수 있는 벤딩 머신이 있다. 당신은 냉커피 캔을 뽑아 한 모금 마신다. 오토바이 헬멧처럼 생긴 모자를 쓰고, 인포메이션 입력기에 당신의 정보를 입력한 다음, 의자 앞에 놓인 전신거울의 스위치를 켠다. 잠시, 감미로운 멜로디가 들리는가 싶더니, 입력기에서 B5크기의 종이 한 장이 나온다. "고객님은 지금 자신의 허릿살을 감춰주고, 실제보다 키를 약간 커 보이게 해줄 초가을 파티룩을 찾고 계시군요. 2층 럭셔리관 중앙 홀 클레오파트라의 블랙 시스루드레스 CR8902를 추천합니다. MD 김소라 씨가 고객님을 기다리고 있습니다."

SF소설 이야기가 아니다. 근미래에서 펼쳐질 일상의 한 장면이다. 구구

절절 설명하거나 판매원들의 유혹에 시달리지 않고 당신에게 딱 맞는 옷을 살 수 있는 '섬데이(someday)'의 스케치다. 이걸 살까, 저걸 입어볼까 고민할 필요도 없다. 당신의 속마음을 정확히 파악해서 대안을 제시하는 착한 기계. 속마음뿐 아니라 욕망까지 완전히 스캔하는 기계라니! 아마—지금부터 자세히 알아볼—마음 MRI 찍기가 개인화되고 기계화된 미래 버전이라고 상상하면 될 것이다. 숫자나 통계에 의한 '일반적이고 보편적인 현상'을 탐색하는 대신 '사람의 마음'을 탐색하는 기계의 진화된 버전 말이다. 심리학에서 말하는 마음 MRI 찍기도 이와 다를 바 없다. 기존의 마케팅 조사 또는 심리 연구방법을 버리고, 동시에 사람의 마음이 "성별이나 연령 또는 지역과 같은 사회인구학적인 기준에 따라 차이를 보인다"는 가정도 버리고, 오직 "사람의 마음은 다르다"에 의지하는 이론이다. 마음에서 차이가 나면 탐색하는 이슈나 문제에 대한 관심, 혹은 생각도 당연히 달라진다. 그러므로 연구를 수행하는 사람에게나 실험에 참가한 피실험자들에게나 중요한 것은 단 한 가지밖에 남지 않는다. 바로 '스캔된 마음'이다.

MRI 찍는 것처럼 마음을 찍는 법

MRI를 찍는 것처럼 사람의 마음이 어떤 모습인지를 보는 것이 가능할까? 이런 질문을 하는 사람은 이것이 어렵다는 생각부터 할지도 모른다. 하지만 심리학이 100년 역사를 가지면서 사람의 마음을 과학적으로 파악하는 것이 어느 정도 가능하게 되었다. 가장 일반적으로 잘 알려지고 또 오랫동안 마음을 알기 위해 사용된 방법이 '설문지법'이다. 19세기 후반, 분트가 심리학 실험실을 처음 차렸을 때, 사용한 방법이다. 이 방법은, 알고 싶은 내용을 연구자가 미리 정해놓고, 응답자의 마음을 확인하는 방법이다. 마음을 알아본다는 측면에서 분명 유용하지만, 연구자가 보고 싶은 마음만을 볼 위험성이 있다.

사람들의 마음을 성별이나 연령 집단으로 구분하거나, 막연한 응답 반응을 통해 임의적으로 구분하기 때문이다. 예를 들어, 선택이 분명할 때, 즉 "1번 후보를 찍을 것이냐 2번 후보를 찍을 것이냐"처럼 선택지가 분명한 상황에서는 설문지 형식의 조사가 용이할 수 있다. 그러나 선택지가 무엇이 되어야 하는지 모를 때, 즉 문제가 무엇인지 명확하지 않을 때에는 설문 자체가 무의미할 수 있다. 설문지를 만드는 사람들이 임의로 문제를 설정하여 조사하는 것으로는 응답자의 마음을 정확하게 알아낼 수가 없다.

소비자 조사에서 사람의 마음을 알아보는 것은 설문지법에서 조금 더 다양한 통계방법을 활용하는 수준 이상으로 발전하지는 못했다. 이후, FGI나 인류학적 생활분석법 (ethnographic methodology) 등의 다양한 방식이 활용되었다. 하지만 다양한 개인의 마음을 파악하는 데에는 여전히 한계가 많았다. MRI를 찍는 것처럼 마음을 찍는 방법은 이런 한계를 벗어나려는 또 다른 시도이다. 아니, 일반적이고 평균적인 인간을 가정하는 단순 통계적 방법에서 벗어나, 각 개인의 마음을 있는 그대로 드러내려는 방법이다. 의학에서는 이미 X-ray나 MRI를 통해 눈에 보이지 않는 신체를 그대로 드러내려는 오랜 노력이 있었다. 이런 유사한 연구활동이 바로 마음 MRI 찍기이다.

집단 세분화도 마찬가지다. 설문지법에서는 막연히 성별이나 연령을 기준으로 집단 간의 반응을 비교 구분한다. 이에 비해, 마음 MRI 찍기는 "인간

| 참가자들은 주어진 주목단서(문항, 사진, 소리 등)들을 동의하고 선호하는 순서대로 분류한다.

은 기본적으로 서로 유사하다"는 명제에서 시작한다. 성별이나 연령에 따른 차이도 고려하지만, 더 분명하게 확인하고자 하는 것은 각기 다른 사람들의 특성들이다. 성별이나 연령으로 구분해서 유사하다고 생각했던 인간들이 각자 마음을 드러내게 되면 서로 얼마나 다른지 분명히 확인할 수 있다.

| 마음 MRI 찍기의 방법론적 가정과 분석 절차 |

- 마음 MRI 찍기에서 가장 중요한 것은 연구 참가자들의 인구통계학적인 특성이 아니라, 각 사람이 가진 세부 심리 특성이다. 일반적이고 평균적인 사람의 마음이 아닌, 각기 다른 사람들의 심리 특성, 즉 '개인차'가 무엇인가를 확인하려고 한다는 것이 설문지법과의 가장 큰 차이이다. 이런 심리적 특성을 잘 파악하는 데 반드시 필요한 것이 있다. 바로 각기 다른 사람들의 특성들을 변별할 수 있는 '각기 다른 반응단서'들이다. 특정 연구문제와 관련하여 사람들이 드러낼 수 있는 다양한 반응들을 확인하려면 이를 잘 나타낼 수 있는 다양한 반응단서들이 무엇보다 중요하다. 이 반응단서들을 통해 연구 참가자들은 남과 다른 자신의 심리적 특성을 드러낸다.

| 조사과정 |

응답자 선정	대상(현상)에 대해 얼마나 다양한 인식의 틀이 존재하는가를 알기 위해 특정 변인이나 집단을 가정하지 않은 채로 응답자 추출.
설문문항 구성	사람 수보다는 얼마나 다양한 주관성을 포괄할 수 있는지가 중요하므로, 최대한 다양한 주관성을 찾아낼 수 있는 문항 구성.
추출된 요인 해석	추출데이터를 기반으로, 유사한 반응을 보인 사람들 집단을 확인하고, 각 집단의 특성을 나타내는 개별 문항들의 맥락과 의미 파악.
가설생성 및 탐색	주어진 가정이 아닌, 요인 해석 절차를 거쳐 가설을 생성하고, 가설을 통해 실제 현상에 대한 문제이해 및 해결.

- 마음 MRI 찍기에서 각자의 독특한 심리적 특성을 행동으로 나타나게 하는 절차가 바로 반응수집이다. 연구에 참여하는 사람들의 각기 다른 반응들은 '주목단서' 또는 '반응단서'라고 불리는 다양한 자극들을 활용하여 수집된다. 이 자료를 분석하기 위해서는 'Q 방법론(Q methodology)'이라는 특별한 통계분석기법이 이용된다.

- Q 방법론이라는 통계분석기법은 응답자들이 각기 다른 반응단서들에 대해 응답한 것을 서로 구분한다. 먼저, 반응단서들을 Q 샘플(sample)이라 한다. 마치, 통계자료 수집에서 모집단(population)과 샘플을 구분하듯이, 사람들의 응답을 다양한 자극들에 대해 응답하는 것으로 생각하여, 자극들의 샘플이라는 뜻으로 구분한다. 이와 유사하게, 연구에 참여하는 피험자들을 P 샘플이라 한다. 전체 인구 중에서 연구에 참여한 소수의 사람이기에 그들을 마치 샘플처럼 구분하는 것이다. 이렇게 자극과 응답자 모두를 샘플로 구분하는 방식

은 일반적인 통계분석에서 응답자들만을 샘플로 가정하는 것과 차이가 있다.

- 주목단서로 활용되는 Q 샘플들은 보통 '문항'으로 표현되는 단어나 진술문(text)이다. 하지만 때로 '사진'이나 '소리' 등과 같은 자극들도 활용된다. 주목단서는 연구하려는 주제나 문제에 따라 연구자에 의해 다양하게 준비될 수 있다. Q 방법론은 요인분석이라는 통계분석 알고리듬(algorithm)을 통해 요인분석과 유사하게 분석결과를 제시한다. 연구자의 연구결과는 각기 다른 마음이 어떤 요인분석 결과로 나타나는지로 확인된다. 신체의 질병을 진단하는 의사가 MRI를 찍은 후, 환자의 MRI 사진을 통해 각기 다른 신체부위의 정상 여부와 병의 발병과 그 특성을 구분해 내려고 하는 것과 유사하다. 특정 주제와 관련된 다양한 주목단서들에 대해, 각기 다른 사람들이 어떻게 반응하는지를 알아내려 한다. 이 경우, 각기 다른 주목단서와 사람들이 어떤 요인들로 서로 어떻게 구분되는지를 확인하고, 그것들이 무엇인지 알게 되는 것이 바로 마음 MRI 찍기이다.

- 우리의 신체를 MRI로 찍어 보면, 각 신체 부위가 각기 다른 명암의 이미지로 표현된다. 특정 신체 부위의 명암이 특정 종양이나 질병이 없는 정상적인 사람의 이미지와 비교하여 어떻게 다른지를 확인할 수 있게 한다. 이와 유사하게, 마음 MRI 찍기에서 확인할 수 있는 것도 특정 주제나 문제와 관련된 각기 다른 응답자들의 마음이다. Q 방법론에서는 각기 다른 응답자들의 마음을 서로 다른 요인으로 구분할 수 있게 한다. 탐색하는 주제와 관련되어 서로 비슷한 반응을 하는 사람들을 하나의 요인으로 구분한다. 물론, 이 사람들을 가장 잘 나타내는 '주목단서'들도 각기 다른 가진 요인들로 나뉜다.

- 일반적으로 '요인분석(factor analysis)'이라는 통계기법은 요인(factor)이 사람을 대표하는 것인지, 주목단서를 나타내는지를 구분하지 않는다. 모든 요인은 단지 통계적 '변인'을 대표하는 것으로 간주한다. 어떤 성향의 사람들이 이 변인들에 대해 얼마나 다르게 응답하였는지는 관심을 두지 않는다. 요인분석이 다양하고 복잡한 숫자의 변인들을 좀 더 간단하고 편리한 숫자의 변인으로 단순화하려는 용도로 활용되기 때문이다. 하지만 통계분석 기법의 하나인 요인분석 알고리듬을 응용한 Q 방법론의 결과는 일반 요인분석과 조금 다른 형태의 결과를 얻게 한다. 유사한 면은, 무엇보다 요인분석에서 추출되는 '요인'과 유사한 변인들을 찾을 수 있다. Q 방법론에서는 이것을 '타입(type)'이라고 따로 이름을 붙이지만, 차이는 이름에 있는 것이 아니다. 이들 요인의 성격이 일반 요인분석의 요인과 분명 다르다.

- 일반 요인분석의 요인들은 복잡한 변인들을 단순히 더 간단한 것으로 축소하여 이해할 수 있게 한다. 하지만 Q 요인은 이것과 더불어, 응답한 '사람'들과 '주목단서'들이 서로 얼마나 다른지를 구분해준다. 누가 어떤 주목단서들에 대해 어떻게 서로 다르게 응답하였는지를 알 수 있다. 이런 결과를 얻을 수 있기에, Q 요인들을 잘 해석하면, 각기 다른 집단의 사람들이 서로 어떻게 다른지, 그리고 이들의 심리적 특성이 무엇인지를 더 잘 알 수 있다.

- 서로 비슷한 특성을 보이는 사람들, 그리고 이들을 잘 나타내는 주목단서들이 무엇인가를 확인하게 하는 Q 방법론을 일명, 개인의 마음을 파악하는 '주관성 연구법'이라 한다. 사람들이 가진 믿음, 태도, 감성 또는 생각 등과 같은 다양한 심리적 특성들을 파악하려 할 때 유용한 연구방법이다. 문제가 무엇이든, 각기 다른 사람들의 마음을 더 잘 알 수 있다면 문제를 해결하기는 비교

적 쉽다. 왜냐하면, 인간관계든 사회 갈등 문제든 그 해결의 실마리는 보통 서로 다른 마음을 고려한다면, 쉽게 찾을 수 있기 때문이다. 우리가 직면한 문제에 대한 통찰, 이런 문제들을 해결할 수 있는 전략은 이렇게 찾을 수 있다.

🚶 매력이 전략이다

마음 MRI 기법을 사용한 마케팅 전략은 뭐가 다를까? 마음 MRI 기법을 통해 특정 제품이나 서비스에 대한 마케팅 전략을 세울 수 있을까? 이 질문에 답하기 전에 먼저 확인할 게 있다. "모든 사람을 만족시키는 최고의 제품은 없다"는 것, 그리고 "현재 제품이나 서비스에 부합하는 최적의 소비자 집단은 없다"는 점을 먼저 인식해야 한다는 점이다. 이것은 마케팅에서 흔히 이야기하는 타깃 소비자 집단을 찾아내려는 생각과 서로 모순되는 것처럼 보인다. 아니, 타깃 소비자 집단을 생각하지 않는 것처럼 보인다. 하지만 아예 생각하지 않는 건 아니다. 단지, 타깃 소비자 집단이 처음부터 정해져 있는 것이 아니라, 마음 MRI 기법을 통해 확인될 수 있는 다양한 소비자 집단 중에서 어떤 소비자 집단을 타깃으로 할 것인지 정해야 한다는 뜻이다. 이렇게 말하면 누구나 쉽게 수긍한다. "그래, 다양한 소비자 집단을 확인할 수 있다면, 그 중에서 타깃 소비자 집단을 정하면 될 거야"라고 말이다.

만약 신상품을 개발할 때 아예 처음부터 특정한 성향을 가진 사람들한테만 어필할 수 있는 제품을 만든다면 어떻게 될까? 이런 이야기를 하면 대다수 사람들은 "아니 그렇게 하면 많이 팔리지 않을 텐데?" 하고 걱정한다. 비용 대비 수익을 생각하지 않을 수 없기 때문이다. 무난한 제품이 시장에 출시되었을 때 히트는 치지 못하더라도 크게 위험도 없다라고 생각하는 '묻어가기' 정신이 발휘되는 순간이기도 하다. 애플에서 처음으로 아이폰을 개발했을 때 그들은 과연 누구를 타깃 대상으로 삼았을까? 휴대전화를 사용하는 모든 사람을 대상으로 했을까? 아니다. 그들은 새로운 테크놀로지나 디자인에 관심이 많고, 자기가 뭔가 남다르다는 느낌을 즐기고 싶어하는 사람들을 위해서 아이폰을 개발했다. 그들은 특정한 사람한테 뚜렷하게 의미를 가지는 뭔가를 만들고, 그것을 사용하는 누군가가 멋있게 보이면, 그것이 곧 확산될 거라는 사실을 충분히 짐작하고 있었다. 모든 사람이 따라 하고 싶은 멋진 사람을 창조해내면 나머지 대중은 저절로 그를 따르게 마련이니까!

마음 MRI 찍기 방법은 응답자로 하여금 보다 포괄적인 문항들 중 무엇을 더 중요하게 생각하느냐를 중심으로 선택하고 분류하게 한다. 다채로운 인식의 스펙트럼 속에서 각 사람들의 마음이 어떻게 서로 다른 패턴으로 나타나는지를 확인하는 것이다. 여기에는 패턴의 의미를 파악하는 '통찰'이라 할 수 있는 추론 과정이 있다. 의미 있는 통찰이 되려면 연구자가 던진 질문의 대상과 목적이 분명해야 한다. 연구자는 처음에 가졌던 연구문제, 즉 처음의 질문으로 다시 돌아가서 결과로 나온 패턴들이 처음 질문에 대해서 어떤 답을 줄 수 있는지 고민해야 한다. 전략은 패턴을 통찰할 때 저절로 나온다. 현상과 문제, 그리고 문제에 내재된 패턴을 확인하면 전략은 저절로 나오게 마련이다. 대세에 민감하게 반응하고 대세를 추종하는 성향이 강한 한국 사회에서는 이런 전략이 효과적이다. 특정 소비자 집단에게 매력적인 제품이나 서비스를 만들면 곧 다양한 소비자 집단으로 확산되거나 유행처럼 퍼진다. 그것이 무엇이든 누군가에게, 어떤 특정한 집단에게 먼저 확실하게 의미를 부여하면, 스스로 확산하는 힘(자가 분열하는 것처럼)을 가진다. 분명한 아이덴티티(Identity)를 가진 매력적인 그 어떤 것이 되는 탓이다.

・・・

다음 장부터는 여러 가지 연구를 통해 파악한 사람들의 마음이 구체적인 마케팅 전략을 세울 때 어떻게 적용되는지 살피고자 한다. 이 과제를 수행하기 위해 나는 다양한 소비 영역과 활동 가운데 한국 사회의 다양성을 가장 잘 나타내는 스포츠(야구)활동의 소비, 그리고 휴대전화(통신서비스) 소비행위를 선정했다. 사실 수년 전까지만 해도 프로 스포츠는 '대기업의 홍보 차원에서 벌이는 서비스'로 인식되었다. 하지만 사정은 바뀌었다. 이제 "스포츠 구단 자체가 자생력을 갖춘 기업이 되어야 한다"고 생각한다. 이 같은 인식의 변화 아래 나의 연구팀은 2011년 역대 최소 경기수로 백만 관객을 넘기고 시장을 넓혀가고 있는 한 프로구단의 마케팅 전략을 들여다보았다. 야구장으로 관객을 끌어들이기 위한 마케팅 전략을 통해 스포츠라는 무형의 소비영역에서 과연 소비심리 연구가 얼마나 정교하게 진행되고 있는지, 어디에 활용될 수 있는지를 탐색하는 것이다 (5장).

또 다른 미션은 국내 통신사로부터 부여 받은 것이다. 대한민국의 통신서비스는 품질 면에서 세계 최고를 자랑한다. 하지만 국내 소비자들에게는 "통신요금이 너무 비싸다"는 불만과 지탄을 받고 있는 실정이다. 처음에는 "청구서를 잘 디자인하면 통신서비스에 대한 불평과 혼란을 줄일 수 있을까요?"라는 다소 엉뚱한 질문을 받고 고개를 갸우뚱거리며 연구에 착수했다. 하지만 통신요금과 소비심리의 상관관계를 연구하면서 결과적으로 한국인의 라이프스타일까지 정리할 수 있었다. '야구 경기'와 '이동통신요금'이라는 완전히 다른 소비활동을 통해 나는 소비심리 연구가 우리 자신의 삶을 이해하는 데 도움이 될 뿐 아니라 마케팅 전략을 수립하고 시장에서 활용하는 데 충분히 이용 가능하다는 사실을 알게 되었다(6장). 두 가지 사례연구가 이 책을 읽는 독자들에게도 신선한 경험이 되길 바란다.

5장 특명, SK 와이번스 팬의 마음을 잡아라!
6장 며느리도 모르는 통신요금의 비밀을 밝혀라!

5장

특명, SK 와이번스 팬의 마음을 잡아라!

🧍 야구 관람객을 분석해주세요!

    SK 임원들을 대상으로 신세대의 소비심리에 대해 강의한 후 강의장을 막 빠져 나오는 순간이었다. 누군가 나에게 다가와 인사를 했다. 자신을 SK의 임원이라 소개하면서 혹시 신세대라는 사람들의 소비심리가 운동 경기장에 오는 팬들의 심리를 파악하는 데에도 적용되는지 물었다. 무슨 영문인지 몰라 어리둥절해 하는 사이 그분이 말했다. 사정을 요약하면 아래와 같은 내용이다.

- 'SK 와이번스'라는 야구 구단이 있다.
- 이 구단은 연고지가 인천이다.
- 이전의 '삼미 슈퍼스타즈' 구단이 SK에 인수된 것이다.
- 자신은 SK 와이번스라는 회사에 있는데 어떻게 하면 관객들이 야구 구장에 많이 와서 구경하게 할 수 있을지 이만저만 고민이 아니다.

나는 야구에 대해 별로 아는 게 없다. 관심도 별로 없었다. 오히려 가족끼리, 연인끼리, 동료들끼리 야구장에 몰려가는 사람들을 "참 신기하다"고 생각한 편이다. 덥고 사람 많은 곳에 모여 소리 소리지르고, 응원하고, 그러다가 이따금 옆 사람과 시비도 붙고 하는 모습이 내게는 늘 생소했다. 어떤 때는 "그냥 시원한 거실에 앉아서 TV로 보면 될걸. 저 사람들은 왜 사서 고생하나?"라는 생각도 들었다. 그러면서 "혹시 저 야구장 안에 내가 모르는 뭔가가 있나?" 하는 의심이 일기도 했다. 하지만 이리 보나 저리 보나 나는 야구에 관해 문외한이 틀림없다. 그러니 묵묵히 그의 이야기를 들을 수밖에 없었다. 사실 내게는 SK 와이번스라는 구단 이름도 생소했다. 구단의 연고가 인천이고, 인천 문학구장이 본거지라는 사실도 그때 처음 알았다.

당시 SK 와이번스는 삼미 슈퍼스타즈 때와 달리 좋은 성적을 거두고 있었다. 이미 한국시리즈에서 한 번 우승하고 이제 연속 우승을 기대하는 상황이었다. 연고지 구단이 나름 좋은 성적을 거두자 인천 문학구장에 모이는 관객의 수도 이전에 비해 조금씩 증가했다. 과거와 달리 매 경기마다 약 만 명 정도 관객이 온다는 것이다. 과거에는 5천 명 정도만 관

| SK 와이번스 팬이 그린 메인 엠블럼.

객이 들어도 많이 왔다고 생각했다고 한다. SK가 구단을 인수하고 구단을 새로 정비하면서 성적이 좋아지고, 이와 더불어 다양한 프로모션이 진행되자 관객도 늘고 있다고 전했다. 하지만 구단 측은 3만 명 이상을 수용하는 경기장에 만 명 정도 관람객이 오는 것으로 만족하지 않았다. 구단의 고민은 하나. "어떻게 하면 관객을 더 많이 끌어 모을 수 있는가?"였다. 그들이 내게 준 미션은 아래 질문에 대한 해답을 찾아내라는 것이었다.

- 문학구장으로 더 많은 관람객을 끌어 모을 수 있는 방법은 무엇인가? 사람이 더 많이 모이게 하려면 현재 인천 지역의 야구 관객층을 확장해야 하는데, 어떻게 하면 좋겠는가?
- 현재 문학구장에 오는 야구 관객들은 어떤 소비집단이며, 이들의 심리는 무엇인가? 야구 관객도 소비집단으로 나눌 수 있지 않을까?
- 어떤 소비집단들이 야구 경기에 적극 참여하고 있는가? 현재 구장에 오지는 않지만 잠재적으로 야구장으로 끌어들여야 할 관객층은 누구인가?
- 향후 구단에서 적극적으로 마케팅의 대상으로 삼아야 할 관객은 어떤 소비집단인가?

그는 이런 질문에 대한 답을 달라고 했다. 새로운 야구 관객이 될 수 있는 집단이 누구이며, 이들을 야구장으로 끌어들일 수 있는 방안은 무엇인지 알려달라는 주문이었다. 야구 자체에 대해서는 별로 아는 바가 없었지만, 그의 질문은 충분히 나의 관심을 끌었다. 나 역시 자나깨나 야구 중계만 끼고 사는 안방 야구 마니아들, 틈만 나면 구장으로 달려가는 원조 야구팬들의 정체와 그들의 마음이 궁금했기 때문이다. 그렇다면, "인천 지역에서 야구 관객을 늘린다는 것은 어떤 사람들을 공략해야 한다는 뜻일까? 야구에 전혀 관심이 없는 사람들을 야구장으로 끌어들이는 게 가능할까?"라는 문제를 먼저 해결해야 한다. 나는 소비심리의 틀에서 이 문제를 생각하기 시작했다. 분명 인간 행동의 변화를 일으켜야 하는 일인만큼, 이 문제를 해결한다는 것은 결국 다양한 사람의 마음을 파악하는 것에서 시작할 수 있을 것 같았다. 야구소비와 관련된 각기 다른 소비자 집단을 찾아낼 수 있다면, 이 문제를 쉽게 해결할 수 있을 것 같았다.

소비현상이란 우리의 삶에서 일어나는 하나의 사회현상이다. 이런 사회현상에 참여하는 각기 다른 집단들이 어떤 사람들인지 알 수 있다면, 그 현상과 관련된 다양한 문제를 해결할 수 있는 길이 열릴 것이다. 어쩌면 심리학에서 말하는 통찰(새로운 사태에 직면하여 장면의 의미를 재조직화함으로써 갑작스럽게 문제를 해결함. 또는 그런 과정.[1] 독일의 심리학자인 볼프강 쾰러는 학습이 시행착오에 의하여 일어나는 것이 아니라 이러한 과정에 의하여 일어난다고 보았다)을 얻을 수도 있다. 어떤 사람들이 열성적으로 이 활동에 현재 참여하고 있는가, 현재 큰 관심을 가지지 않는 사람들은 누구인가? 참가하지 않는 사람들을 참여하게 만들려면 어떤 특성을 부각시켜서 그들의 마음을 사로잡아야 하는가? 순식간에 여러 가지 질문들이 내 머릿속에 떠올랐다. 각기 다른 소비자 집단을 확인하는 일이 마치 사회변화를 일으키는 연구방법론처럼 느껴지기 시작했다.

🚶 야구장에 간다, 야구를 본다!

문학구장에 구경하러 오는 관객은 어떤 사람들인가? 문학구장으로 끌어올 수 있는 잠재적인 관객은 누구인가? 이런 질문의 답을 찾으려면 먼저 연구문제를 분명히 설정해야 한다. 문제가 분명해지면 답을 찾기 쉬워진다. 질문이 달라지면 대답이 달라진다는 것과 같은 맥락이다. 일단 답을 알게 되면, "그 다음에 어떤 일을 할 것인가?"를 알아내기가 수월해진다. 마케팅 전략을 세우는 것도 간단해진다. 표현이 거창해서 마케팅 전략이지 그것은 사실 "누구(무엇)에게 우리가 어떤 일을 해줄 수 있으며, 그것이 그들(무엇)에게 어떤 의미를 가지고 있는지 분명히 아는 것"이라는 내용이다. 의도했던 바가 제대로만 이루어진다면 그들의 행동에 변화가 생길 것이다. 그렇지 않다면, 안타깝지만 별 다른 변화가 없을 것이다.

다시 문제를 하나 하나 자세히 살펴보기 시작했다.

- SK 와이번스의 팬은 누구인가?
- 인천 지역 연고팀으로서 인천시민과 어떤 관계를 맺고 있는지?
- 향후 관객을 넓히기 위해 어떤 소비자를 잡아야 하는가?

무엇보다 먼저 이런 질문을 던져보았다. 당시 구단에서 사용하던 마케팅 전략은 '스포테인먼트' 전략이다. 스포츠와 엔터테인먼트를 결합한 것으로 야구장에 와서 스포츠를 오락처럼 즐기면서 경험하자는 개념이다. 단순히 야구 경기만 경험하는 것이 아니라 가족 관객을 위한 오락활동, 스페셜 이벤트, 명물 먹거리 장터 등 다양한 체험을 제공한다. 야구장이 비단 야구만 보는 곳이 아니라 가족과 다양한 체험을 공유하는 장소임을 부각시키는 전략이다. 구단에서는 이런 마케팅이 관객들에게 어떤 효과가 있는지, 어떤 사람들에게 먹히는 전략인지 알고 싶어했다. 그리고 이것을 더 효과적으로 수행하려면 "어떤 소비자들에게 어떤 새로운 방식으로 어필해야 하는지" 알고 싶어했다. 그리고 결과를 바탕으로 구체적인 마케팅 전략을 세우기 원했다.

문제를 명확히 한 다음 연구팀이 한 작업은 단순했다. 인천 지역에서 야구에 관심이 있거나 야구장을 경험한 사람, 또는 야구 구단에서 일하는 사람 등 다양한 사람들을 대상으로 야구와 문학구장, 그리고 SK 와이번스에 대한 인터뷰를 실시한 것이다. 그리고 이들이 이야기하는 내용을 기초로 야구에 대해 사람들이 가질 수 있는 다양한 의견들을 정리했다. 야구에 대한 경험이나 평가, 야구에 대해 가질 수 있는 생각, 인천 지역 사람들의 SK 와이번스에 대한 생각과 평가, 구단 운영과 프로야구, 특정 선수와 감독에 대한 생각 등 일반적으로 야구에 대해 사람들이 가질 수 있는 다양한 내용들을 수집했다. 그리고 이 내용들을 가장 간략하게 나타낼 수 있는 문항을 만들었다. 서로 유사한 내용을 통합하여 최종적으로 약 90개의 문항을 만들었다. 야구, 인천, SK 와이번스에 대한 거의 모든 표현이 들어간 것이라고 보면 된다. 이 문항들을 활용하여, 인천 지역에 있는 사람들의 마음 속에 담긴 야구에 대한 생각을 마치 MRI를 찍듯이 스캔했다.

마음 MRI 작업 이후, 결과를 가지고 비슷한 마음을 가진 사람들끼리 묶었다. 그 결과 여섯 가지 집단이 확인되었고, 집단별 소비특성, 심리 그리고 야구에 대한 마음도 구체적으로 살펴볼 수 있었다. 이들 여섯 가지 집단은 이른바 '야구와 야구소비성향'에서 구분되는 소비자 집단이다. 나는 여기에 각각 '인천SK팬', '우리 매형', '옆집 아줌씨', '야구 마니아',

'장외 감독', '열 번째 선수'와 같은 이름을 붙였다. 각 집단의 특성을 가장 잘 나타내주는 이름을 붙인 것이다.

인천 지역의 야구팬들은 어떤 사람들인가? 이들은 과연 어떤 마음으로 야구장을 찾고 '야구문화'를 소비하는가? 여섯 가지 분명한 야구소비집단이 있다는 사실을 확인하자, 문학구장에 더 많은 관객을 오게 할 마케팅 문제에 대한 답은 저절로 나왔다. 구단이 마케팅 대상으로 삼아야 할 관객의 마음이 무엇이며, 이들의 마음이 어떻게 움직이는지를 아는 것만으로 마케팅 전략은 자연스럽게 부각되었다. 다양한 야구소비집단들의 특성들을 분명히 파악하고 이해하는 소비자 연구방법론의 놀라운 통찰적 효과를 다시 체험할 수 있는 좋은 기회였다.

SK 와이번스의 팬, 그들이 궁금하다

인천 SK 팬

인천SK팬은 어떤 소비자 집단인가? 이들은 SK 와이번스의 팬이며 인천에 사는 사람들이다. 하지만 아직은 SK가 잘하니까 인천의 연고팀으로 인정해주는 정도다. 야구장에 와서 현재 SK 와이번스에서 하는 마케팅 및 프로모션의 영향을 많이 받는다. 이들의 로열티를 높이려면 노력이 필요하다. 어느 정도 야구 자체를 즐기고 중시하는 팬들이지만, 야구를 문화라고 할 만큼 푹 빠져 있는 상황은 아니다. 소비성향도 다분히 목적지향적이고 합리적이다. 손수 티켓을 구매하지 않고, 야구용품이나 기념품을 사는 데 별로 돈을 쓰지 않는다. 초대권이나 할인권이 생기면 그

| SK 와이번스를 응원하는 팬들.[2]

때서야 야구장에 방문하는 정도다. 구단이 어떤 마케팅 전략을 구사하느냐에 따라 가장 민감하게 반응할 사람들이다. 인천 지역에 살지만 인천에 대한 뚜렷한 정체성을 형성하고 있는 수준은 아니다.

야구 마니아

야구 마니아는 정말로 야구를 좋아하는 사람들이다. 하지만 이들에게 야구란 '경기를 기록하고 기록지를 보관하는' 그런 활동이다. 정작 야구장에는 이따금 간다. 실제로 경기를 관람하는 것보다 인터넷으로 보거나 컴퓨터에 담긴 다양한 경기 기록을 즐기기 좋아한다. 이들에게 야구란 데이터와의 싸움이다. 그래서 특정 팀을 응원하거나 열정적으로 참여하지 않는다. 야구 경기를 관람할 때 기록을 중요시하고, 선수의 기록이나 경기를 분석하면서 흥미를 갖는다. 마니아적인 특성을 보이지만, 그리 많은 숫자는 아니다. 대개 자신을 아마추어 야구 해설가 정도로 생각하는 사람들이다. 하지만 아쉽게도 야구장의 관객 수 증가에 크게 영향을 미치는 집단은 아니다. 단지 인터넷 등에서 얻고 분석한 정보를 통해 구단이나 선수에 대해 거의 전문가처럼 평가하면서 인터넷 상에서 야구 여론 몰이를 할 뿐이다. SK 와이번스보다 야구 자체를 중요시하는 사람들이다.

처음 이 연구를 시작할 때 구단 관계자들은 내게 이렇게 부탁했다. "야구 마니아를 늘리면 지금보다 좀 더 많은 사람들을 야구장으로 끌어들일 수 있지 않을까요? 어떻게 하면 마니아 숫자를 늘릴 수 있을지 연구해주세요." 하지만 야구와 관련된 소비자 심리를 조사하면서 나는 깜짝 놀랐다. 야구를 아주 좋아하는 마니아들은 야구장을 열성적으로 찾아가는 관객이 아니었다. 물론 야구에 관심을 보이는 사람들이 인천SK팬과 야구 마니아들인 것은 틀림없다. 하지만 이들이 야구를 좋아하는 방식과 수준은 기대와 달랐다. 야구장에 '직접' 찾아갈 가능성은 인천SK팬이 훨씬 더 높았다.

시즌	상대팀	타율	타석	안타	타점	홈런	볼넷	삼진
15시즌-전체	VS우	0.200	335	67	34	16	13	85
	VS좌	0.204	98	20	12	6	7	19
	합계	0.201	433	87	46	22	20	104
15시즌-국내	VS우	0.184	315	58	35	18	7	79
	VS좌	0.167	90	15	6	5	5	34
	합계	0.180	405	03	41	23	12	113
15시즌-후기	VS우	0.255	353	90	48	24	11	90
	VS좌	0.169	65	11	3	2	5	21
	합계	0.242	418	101	51	26	16	111
16시즌-전체	VS우	0.186	339	63	38	23	17	98
	VS좌	0.175	103	18	14	8	2	33
	합계	0.183	442	81	52	31	19	131
통산기록	VS우	0.207	1342	278	155	81	48	352
	VS좌	0.180	356	64	35	21	19	107
	합계	0.201	1698	342	190	102	67	459

| 개인블로거가 올린 야구 게임 기록 분석표.[3]

	인천SK팬, 야구 마니아	
	인천SK팬	야구 마니아
모토(야구)	SK가 잘하니깐 인천팀으로……	야구는 데이터 싸움이다
주요특성	· 인천 연고 프로야구 구단 팬 · SK 와이번스를 인천 정체성으로 여김 · 감성적 · 초대권 등에 민감한 반응 · 야구 자체가 중요. 야구문화 즐기는 수준은 아직 아님	· 야구 자체에 꽂힌 사람 · 팀이 SK이건 아니건 상관없음 · 야구에 대한 감정적 애착보다 데이터를 더 중요시, 논리적 관점 · 야구는 기록, 엘리트 스포츠 · 자신이 생각하는 야구관 뚜렷함 · '벽'(야구에 대한 집착, 타인 차단)
집단구분 기준	관심의 초점이 SK 와이번스인가? or 야구 그 자체인가?	
이들에게 야구 or 경기장?	· 인천 연고 구장 · SK 와이번스	· 야구는 특별하지만 팀이나 경기장 자체는 중요하지 않음
소비성향	· 목적지향적이고 경제적 소비 · 야구와 관련된 소비가 제한적	· 야구광이나 경기장에서 소비 안 함 · 야구도 주로 TV나 인터넷으로 시청
키워드	마케팅팬(마케팅적 노력 필요)	야구고수, 야구폐인, 야구 전력 분석가, 아마추어 해설가

우리 매형

우리 매형이라는 이름의 야구팬들은 가족과 소풍을 가는 기분으로 야구장에 온다. 이들에게 야구장은 유원지나 가족 야유회 장소와 다름없다. 야구 경기를 구경하는 것도 중요하지만 야구장에 가서 즐기는 다른 행동들, 예를 들어 치킨이나 핫도그를 사 먹는 등 다양한 체험을 하는 것도 중요하다. 실제로 이들 가운데는 야구 경기가 진행 중인데도 관객석에서 나와 아이들과 총 쏘기를 하거나 공 받기를 하며 노는 사람이 많다. 이들에게 야구의 승패는 별로 문제가 되지 않는다. '야구장'이라는 곳에 가서

| 우리 매형으로 분류되는 야구팬들은 가족과 즐거운 시간을 보내기 위해 야구장을 찾는다.

가족과 함께 즐거운 시간을 보내는 것이 더 중요한 탓이다. 가정적인 느낌을 중시하면서 야구장 방문 자체에 의미를 부여하는 부류라고 하겠다. 이들이 중요시하는 것은 야구장에서 누리는 즐거움, 다양한 이벤트, 그리고 편의시설이다. 그래서 야구장에 가는 것을 놀이공원 가는 것과 동일한 맥락으로 받아들인다. 어쨌거나 가족과 즐기는 곳으로! SK 와이번스 팬이라기보다 야구장을 놀이시설로 여기는 사람이라고 보면 되겠다.

장외 감독

장외 감독이라는 이름의 관객은 누구일까? 이름이 알려주는 정보만 가지고도 우리는 그들의 정체를 얼핏 짐작할 수 있다. 그렇다. 이들은 거의 대부분, 본인이 감독이라는 마음가짐으로 야구장을 찾는다. 야구장에서 경기에 대한 온갖 평가를 다 할 뿐 아니라, 시즌이 끝나도 인터넷이나 전화 등을 통해 구단의 선수 운영이나 트레이드 등에 의견을 적극적으로

| '안타 쾅쾅쾅', 감독의 마음으로 응원하는 팬들.[4]

표현하는 진정한 야구 마니아들이다. 이들은 무엇보다 경기의 성패를 중요시한다. 감독과 같은 마인드로 야구를 관람하고, 팀에 속한 선수들에게 관심이 높다. 야구를 관람하면서 자신이 야구 감독이면 어떤 전략을 쓸 것인지 늘 생각한다. 자신이 야구장에 가는 것은 아주 중요하게 생각하고 굉장한 의미를 부여하지만 다른 사람들이 야구장에 오면 "야구도 잘 모르면서 쓸데없이 여긴 왜 오는지 몰라!" 하면서 핀잔을 준다. 즐기기 위해 야구장을 찾아간다는 측면에서는 우리 매형과 유사하지만 그 숫자는 훨씬 적다.

옆집 아줌씨

옆집 아줌씨라 이름 붙인 소비자들은 야구장에 가는 것을 콘서트에 가는 것 정도로 생각하는 사람들이다. '아줌씨'라는 단어는 아주머니와 아저씨의 합성어다. 이들은 혼자 야구장에 가지 않고 다른 사람들, 소위 계

| 우리 매형, 장외 감독 |

	우리 매형	장외 감독
모토(야구)	승패보다 즐거움을!	무조건 이겨야 한다
주요특성	· 야구에 집착하기보다는 즐거움 추구 · 삶의 여유와 즐거움을 중요시 여김 · 가정적인 남자 이미지 · 주로 가족이나 친구들과 관람 · 승패에 집착하지 않음 · 경기장 편의시설이 중요 · 주로 공휴일이나 주말에 이용 · SK 와이번스 팬이라기보다 고객	· 승패를 중요시함(성적 감상주의) · 거의 감독과 같은 마인드(투사, 동일시) · 보는 야구가 아닌 참여하는 야구 · 특정 선수가 구단의 성적보다 우선순위 · 과정보다 결과가 중요 · 마케팅의 영향을 받지 않음 · 팀이 어떤 선수를 보유하고 있는지 관심 · 30대 후반에서 40대
집단구분 기준	관람의 목적이 즐거움인가? or 경기의 승패인가?	
이들에게 야구 or 경기장?	· 놀이공원 · 추억을 만들 수 있는 공간	· 나는 이렇게 열심인데 왜 야구장에서 사람들은 놀기만 할까?
소비성향	· 구장에서 다양한 소비를 함 · 특별한 이벤트 등에 적극 참여	· 주로 소비를 하지 않음(관심없음) · 자신이 좋아하는 선수 유니폼 정도

꾼이라고 할 만한 사람들과 같이 '구경가는 기분'으로 간다. 팀을 이루어 앉아 있다가 야구장에서 '파도 타기' 하는 것을 뿌듯하게 느끼고, 야구장 체험을 통해 일상의 스트레스를 날리려고 한다. 다른 사람들의 행동에 동조하는 성향이 높다. 하지만 평소 이들의 삶은 그리 역동적이거나 활기차지 못하다. 심리적으로는 도리어 거의 솔로 상태다. 일상의 삶이 비교적 외롭고 허무하기에 마음에 맞는 사람, 어울릴 수 있는 사람들과 공연장을 찾듯 야구 구경을 간다. 만일 이들에게 야구장에서 노래 자랑 등의 다양한 이벤트를 제공한다면 충분히 관심을 끌 수 있을 것이다. 이들에게 야구는 잊혀진 청춘을 상기시키는 수단이자 이벤트다. 과거에 경제

| 중년 관객은 잊혀진 청춘을 상기하기 위해 야구구장을 찾는다.[5]

적으로나 문화적으로 삶을 즐기지 못했던 세대들이 스스로 야구 관객이 됨으로써 새로운 여가 활동을 찾게 된 것으로 본다.

열 번째 선수

열 번째 선수라고 이름을 붙인 관객들은 말 그대로 '열 번째 선수'이다. 그들은 자신이 구단의 일원이 된 것처럼, 마치 선수의 한 사람인 것처럼, 야구장을 찾고 구단을 응원한다. 구단의 입장에서 보면 가장 적극적이고 영양가 있는 관객들이다. 야구는 아홉 명이 하는 게임이다. 하지만 이들은 자신이 마치 팀의 열 번째 선수인 것처럼 생각하고 행동한다. 관객인 동시에 선수의 마인드로 야구장을 찾는 것이다. "야구에 살고 야구에 죽는" 마인드다. 중요한 야구경기가 있으면 회사도 빼 먹고 학교도 빼 먹는다. 지방경기도 따라 다니고, 구단이 하는 다양한 마케팅 이벤트나 새로운 시도를 적극적으로 지지하고 수용한다. 열 번째 선수들은 자신의 1년

| 야구에 살고 야구에 죽는 열성 팬들.[6]

을 '야구 시즌과 오프시즌'으로 나눈다. 하지만 다른 마니아 층과 마찬가지로 열 번째 선수의 퍼센트도 그리 많은 편이 아니다.

　이처럼 야구를 즐기는 사람들의 성향과 심리적 특성을 분명히 구분하게 되자 가장 먼저 선입견이 사라졌다. 무엇보다 "야구는 젊은 사람들이 좋아하는 운동"이라는 고정관념에서 자유로워진 것이다. 그리고 다양한 야구 소비자 집단에 대한 상상도 가능해졌다. 무엇보다 현재, 야구와 관련하여 다수의 숫자를 차지하는 소비자 집단이 누구이며, 이들 중 '누가' 향후 '어떤' 마케팅 활동을 통해 야구에 보다 더 적극적으로 참여할 것인가에 대한 통찰도 얻게 되었다.

🕴 소비자 심리 마케팅의 승리

　현재 구장 경기에 참여하는 대다수의 인천SK팬은 합리적이고 경제적

| 옆집 아줌씨와 열 번째 선수 |

	옆집 아줌씨	열 번째 선수
모토(야구)	야구는 나와 관계 없지	야구에 죽고 야구에 산다
주요특성	· 야구에 관심 적고 야구 자체에 몰입 없음 · 야구=공연·예술·문화의 하나일 뿐 · 보더라도 공중파 중계 보는 수준 · 40~50대 아줌마·대기업 부장급 아저씨 · 소시민적이고 규범적 · 상투적이고 수동적이며 삶이 덤덤함 · 실제 야구장 한 번도 못 가본 사람 다수, 의미나 계기가 생기면 방문 의향 높음	· 프로야구를 좋아하는 대학생 · 자기의 스케줄을 야구에 맞추는 사람 · 지방 경기도 따라다닐 듯 · 특정 선수에 꽂힌 여성 서포터즈 · 변화에 빠르게 적응하고 수용하는 성향 · 야구를 통한 가족공동체적 마인드
집단구분 기준	프로야구에 친숙한 정도(남의 일 보듯 VS 거의 가족)	
이들에게 야구 or 경기장?	· 공연, 예술 문화의 장소 중 하나일 뿐	· 좋아하는 팀, 선수와 만남의 장 · 야구를 통한 네트워크를 만들 수 있음
소비성향	· 소시민적 소비 · 남들이 좋다고 하면 소비할 가능성	· 마니아적 소비성향 · 선수들의 옷이나 액세서리 등 구입

인 소비자라고 할 수 있다. 이들의 숫자를 늘리려는 노력도 물론 중요하다. 하지만 이들이 야구문화를 만들어낼 수 있는 집단은 아니다. 야구 마니아는 야구에 빠진 사람들이 틀림없다. 그러나 이들은 경기장을 적극적으로 찾지 않는다. 대신 특별한 야구 기념품을 사기 위해서라면 수십, 수백만 원도 기꺼이 쓸 수 있는 사람들이다. 그야말로 '구단에게 의미 있는' 소비자들이다. 그러므로 구단은 무엇보다 이들을 대상으로 새로운 마케팅 전략을 짜야 할 것이다.

앞에서 든 예를 보면, 똑같은 야구 경기라고 해도 소비자 집단에 따라 받아들이는 패턴이 다르다는 것을 알 수 있다. 중요하게 생각하는 것, 경기(장)에 품는 욕구, 그리고 야구장에서의 소비성향도 확연히 다르다. 구체적인 소비집단을 파악했으니 마케팅 전략을 제안할 시점이다. 가장 먼저 고려할 점은 "누가 문학구장을 찾는가?"이다. 겉으로는 열 번째 선수, 장외 감독이 가장 많이 찾아오는 것처럼 보인다. 그 다음으로, 성적이나 할인권 배포와 같은 마케팅 활동에 따라 인천SK팬이 경기장을 찾는다. 스포테인먼트가 강화되면 우리 매형과 옆집 아줌씨가 주요 고객으로 들어올 가능성이 커진다. 이 두 집단은 구단의 노력 여하에 따라 세력 확장과 개발 가능성이 가장 높은 소비자 집단이다.

현재 SK 와이번스 구단이 스포테인먼트라는 개념과 함께 적극적으로 새로운 야구팬을 끌어들이는 전략은 우리 매형과 같은 소비자 집단에 어필한다. 야구장은 가족 놀이공원이고, 이들은 마치 유원지에 놀러 오듯이 야구장에 온다. 그러므로 구단은 이들을 위해 특별한 이벤트를 준비하고, 야구장에는 야구 경기를 관람하는 것 외에 가족끼리 즐길 수 있는 다양한 놀이 활동이 많다는 것을 확실하게 보여주어야 한다. 장외 감독을 위해서는 팀이 좋은 성적을 거두는 게 무엇보다 중요하다. 어차피 이들을 통해 큰 소비가 일어날 일은 없으므로 일단은 구단의 성적을 올리는 일이 중요하다는 뜻이다. 옆집 아줌씨와 같은 사람들이 야구장에 오게 만들려면, 야구장 구경이 남들에게 멋진 나들이로 보이는 게 중요하다. 가장 좋은 방법은 야구장 방문을 새로운 문화 이벤트로 자리 잡게 만드는 것이다. 그렇게만 된다면 뮤지컬 공연에 가는 것 이상의 붐이 형성될 것이다. 열 번째 선수라고 할 수 있는 소비자 집단은 과거나 현재, 그리고 미래에도 계속해서 열성적으로 참여하는 소비자 집단이다. 따라서 구단에서는 이들을 위해 다양한 차원의 소비 아이템들을 개발해야 할 것이다. 또 마니아적 소비 행태를 보인다는 점에 주목해야 한다. 즉 선수들과 하는 이벤트를 가장 중요한 체험으로 여기는 집단인 만큼 그 욕구에 걸맞는 자리를 만들어야 할 것이다. 이들은 잠재적으로 가장 강력한 '구단의 홍보매체'가 될 수 있는 집단이다.

마케팅에서는 일반적으로 충성도나 관심도를 기준으로 소비자 집단을 구분한다. 이에 따르면 야구 소비자 집단도 다음과 같이 구분할 수 있다. 즉 야구단에 보여주는 충성도가 얼마나 깊은지, 야구에 얼마나 관심이 있는가 하는 점을 기준으로 삼는다는 뜻이다. 하지만 막연한 충성도나 관심만 가지고는 충분하지 않다. 충성심과 관심이 구체적인 소비행동으로 이어진다고 확신하기 어려운 탓이다. 그러므로 추상적인 개념에 기초하여 막연하게 소비자 집단을 구분할 게 아니라 먼저 소비자 집단의 특성이나 행동방식에 대해 획을 분명히 그어야 한다. 집단의 고유 속성과 그들의 소비행동이 일어나는 맥락을 정확하게 알 수 있다면 집단에 맞는 마케팅 전략을 세분화할 수 있다. 이를 테면, 인천SK팬에게는 할인권이나 초대권이 먹힐 것이다. 우리 매형 집단에게는 편의시설과 참여형 이벤트가 유효할 것이고, 옆집 아줌씨에게는 공연예술 이벤트 등 야구장에 올 가치가 충분하다는 것을 확실히 보여주어야 한다. 물론 이것들은 구단에서 이미 실행에 옮기고 있던 마케팅 활동들이다. 하지만 그들은 "이러한 이벤트와 전략들이 왜, 어느 집단에 특별히 약효가 있는지"를 정확히 알지 못했다. 그저 "이렇게 하면 좋아하겠지!" 하는 마음으로 마케팅 활동들을 추진했을 것이다.

소비심리에 대한 탐색은 이전에 없었던 새로운 소비행위 창출을 모색하는 것일 수 있다. 그러나 무엇보다 중요한 것은 "현재 일어나고 있는 특정한 소비행동이 현재의 소비자에게 어떤 의미를 가지고 있는지 정확히 아는 것"이다. 왜냐하면 각기 다른 소비자 집단이 특정 소비행동에 대해 가지는 의미가 다르다는 것을 이해할 때, 우리는 비로소 현재 소비행동의 핵심 소비자 집단이 누구인지 알 수 있기 때문이다. 현재 다양한 소비자 집단이 있다는 것을 아는 일은 그러므로 현재 특정 제품이나 서비스에 대한 소비가 향후 어떤 의미를 갖게 될지, 어떤 변화를 거치게 될지 미리 짐작하게 해준다. 또 이에 대한 대략적인 마음의 지도를 그려보게 한다. 물론 미래의 소비행동을 모두 예측할 수는 없다. 어떻게 바뀔지 정확히 알아내기란 힘든 일이다. 하지만 현존하는 다양한 소비자 집단의 특성과 그들이 보여주는 소비행동의 의미를 알게 되면, 미래의 주도적인 소비집단이 누가 될지, 또 그들이 보여줄 소비행동의 의미가 얼마나 크고, 그 영역은 또 얼마나 다양할지 짐작하게 해준다. 어필해야 할 어떤 것이 물건이든 스포츠 경기든 문화 이벤트든, 마케팅 전략을 세우기 전 무엇보다 먼저 소비자 심리를 알아야 한다고 주장하는 이유이다.

6장

며느리도 모르는
통신요금의 비밀을 밝혀라!

🚶 통신요금, 가볍거나 무겁거나!

캐나다 토론토에서 3년 동안 유학생활을 하다 귀국한 한철민 씨. 그는 요즘 이동통신요금 고지서를 받을 때마다 기분이 좋다. 캐나다에 비해 한국의 통신요금은 얼마나 저렴한지! 철민 씨는 지금도 '요금 폭탄'을 맞았던 그때 일을 잊지 못한다. 휴대전화를 개통한 후 멋모르고 (한국에서처럼) 실컷 쓰다가 말 그대로 통신사로부터 원자폭탄 급 폭격을 당한 것이다. 그 후 철민 씨는 휴대전화를 가급적 전화 받기용으로만 사용하고, 부모님이나 친구들에게 전화할 일이 생기면 반드시 집에 돌아가 컴퓨터 전화를 사용하거나 화상통신을 활용했다. 한국에 돌아온 이후로 그는 다시 '원 없이' 휴대전화를 사용하고 있다. 철민 씨는 "역시 한국은 좋은 나라야!"라고 생각한다. 같은 집에 사는 철민 씨의 어머니는 생각이 다르다. 가장 저렴한 기본요금제를 사용하는데도 정해진 통화 수나 문자 수에 못

미치는 사용량 때문에 그녀는 늘 돈이 아깝다. 여차하면 '끊어버리고' 싶지만 "휴대전화 안 쓰면 원시인"이라고 닦달하는 가족들의 성화 때문에 그러지도 못한다. 한철민 씨에게는 '내겐 너무 가벼운 요금제'인 것이 그의 어머니에게는 '이토록 무거운 요금제'로 비친다. 동일한 서비스를 받으면서도 반응이 다른 이유는 무엇일까?

통신서비스는 대한민국 5천만 국민 중에서 최소한 3천만 명 이상이 일상적으로 이용하는 서비스다. 식·음료와 교육비를 제외하고 아마 가구당 지출 비중이 가장 클 것이다. 그렇다면 우리나라 사람들은 현재 자신이 경험하는 이동통신서비스에 대해 어떻게 생각할까? 품질이나 요금에 대해서 만족할까? 대한민국의 이동통신서비스 수준은 세계적이다. 빌딩 지하나 지하철에서도 통화가 이루어질 만큼 통화의 품질이 최고급이다. 가격도 외국과 비교할 때 절대 비싼 편이 아니다. 하지만 대한민국 사람들은 불만이 많다. 통화품질이라는 서비스 자체보다 자신들이 매월 지불해야 할 서비스 이용료, 즉 통신요금을 먼저 생각하는 탓이다. 그래서 "통신요금, 너무 비싸다"는 이야기, "통신회사가 지나친 폭리를 누리고 있다"는 지적이 계속 불거진다. 지하 주차장에서도, 지하철 안에서도 휴대전화가 빵빵 잘 터져야 한다고 믿는 사람들, 최고 수준의 서비스는 "당연하다"고 믿는 사람들이 정작 통신요금을 낼 때는 불평이 많다. 그 심리는 대체 무엇일까?

거의 모든 사람들이 이동전화기를 필수품처럼 사용하면서부터 통신요금은 공통의 관심사가 되었다. 집 전화를 두고도 가족끼리 휴대전화를 사용할 만큼 이동통신 의존도는 나날이 높아지고 있다. 따라서 사람들은 통신요금에 점점 더 민감하게 반응한다. 매달 고지서를 받는 전기, 수도, 가스요금처럼 이동통신요금은 공공요금이 되어버렸다. 하지만 국민은 여전히 타 공과금에 비해 통신요금이 비싸다고 생각한다. 전기, 물, 가스 등은 쓴 만큼 (단위 기본값 × 사용량) 돈을 내면 되지만, 통신요금에는 "내가 한 달에 얼마만큼 쓰겠다"고 예상해서 책정하는 기본요금제라는 게 있다. 정한 만큼 쓰지 않아도 '기본'적인 요금을 내는 제도다. 따라서 휴대전화를 남보다 적게 쓰는 사람들은 불만을 가질 수밖에 없다. 앞에서 예를 든 한철민 씨 어머니 같은 경우다. 하지만 휴대전화가 마치 명함처럼 되어버린 시대에 혼자만 안 쓰겠다고 버티기도 난감한 일이다. 오죽하면 정부에서 기초생활보장 수급자에게 이동통신요금을 지원하게 되었겠는가? 그럼에도 불구하고 많은 사람들이 비싼 요금을 문제 삼아 방통위(방송통신위원회)에 항의한다. 시민단체에서도 통신사의 폭리와 부당하게 비싼 통신요금을 지적하느라 바쁘다. 심지어 언론에서는 "통신사가 과도한 영업 이익을 얻고 있다. 통신요금을 줄여라"라고 지적 한다. 그런데, 이들은 과연 "무엇을 기준으로" 통신요금이 비싸다고 하는 것일까?

🚶 고지서를 받아 든 당신의 진짜 마음

통신회사 고객담당 부서에서 일한다는 사람이 뜬금없이 내게 전화했다. 그는 다짜고짜 "국내 통신요금이 외국에 비해 결코 비싼 게 아닌데, 우리나라 사람들은 왜 통신요금이 비싸다고 아우성인지 모르겠습니다. 그 이유를 좀 알고 싶어요!" 하고 말했다. 나는 밑도 끝도 없는 질문에 당황했다. 그래서 왜 이런 전화를 하게 되었냐고 되물었다. 통신회사 직원의 대답은 간단했다. 그는 "혹시, 황 교수님이라면 이 문제에 대해 나름 뭔가를 찾아줄 것 같아서요"라면서 긴 하소연을 덧붙였다. 간단히 정리하자면 이렇다.

"매달 부가되는 통신요금에 소비자들이 너무 부정적으로 반응한다. 매달 청구서를 받을 때마다 고객센터에 전화를 해서 자신의 통신요금이 이렇게 많이 나올 리 없다고 항의한다. 사실 이렇게 항의하는 대다수 고객들은 청구서에 있는 내용조차 제대로 이해하지 못하는 경우가 많다. 청구서에는 정작 통신요금과 관련 없는 부가서비스 관련 비용이 여러 가지 들어 있다. 이것을 마치 통신회사에서 청구하는 통신요금으로 오해하는 경우가 많다. 이동통신 단말기로 제공하는 서비스가 너무 다양한 데다가, 하필 통신회사의 청구서가 이런 부가서비스 비용까지 함께 청구하기 때문에 사달이 벌어지는 것 같다. 이만저만 고충이 아니다." 그는 불만을 토로한 끝에 이렇게 말했다. "이 문제를 해결할 방법이 없을까요? 어떻게 하면, 고객들이 자신이 사용한 통신서비스 비용을 있는 그대로 받아들이게 할 수 있을까요?"

그가 하소연한 내용은 충분히 이해할 만했다. 하지만 나에게 전화를 한 진짜 이유는 정말 엉뚱한 것이었다. "교수님, 혹시 통신서비스에 대한 청구서를 어떻게 잘 디자인하면, 이런 혼란이나 불평을 줄일 수 있지 않을까요?" 그의 요지인즉, "교수님은 심리학자이니 고객들이 청구서를 이해하는 '인지과정'을 잘 파악하여, 심리적으로 혼란스럽지 않을 디자인을 하도록 조언해줄 수 있지 않을까요? 통신서비스를 받는 고객의 마음을 파악하는 수준을 넘어, 그 마음을 적절하게 반영하는 청구서를 만들도록 도와주실 수 있지 않나요?"였다. 분명 통신서비스 청구서에 반응하는 소비자들의 마음은 다양할 것이다. 그런데 이런 다양한 마음을 파악하여 통신서비스의 세부항목과 비용을 알리는 청구서의 디자인까지 새롭게 할 수 있을까? 다양한 소비자의 마음에 맞도록, 아니 그들 각자가 내용을 더 잘 이해할 수 있도록 '각기 다른 소비자의 마음에 맞는' 청구서를 디자인한다……. 그게 가능할까? 10여 년 넘게 소비자의 마음을 탐색해왔지만 이런 요청은 처음이었다. 나에게도 새로운 도전이었다. "통신 서비스에 대한 소비자의 각기 다른 마음을 탐색하는 일"은 이렇게 시작되었다.

사실 통신요금은 생활비의 상당 부분을 차지한다. 그런데도 많은 사람들이 무엇에 대한 요금이 어떤 방식으로 빠져나가는지 잘 모른다. 그냥 "썼으니까 당연히 나가는 거겠지만……." 하고 생각한다. A라는 사람은 자신이 가입한 '무료통화 900분 요금제'가 너무 야박하다고 불평하는 반면 B는 '500분'짜리를 쓰는데도 매달 100분 정도가 남는다며 아깝다고 말한다. C는 휴대전화 할부금으로 꽤 많은 돈이 매달 빠져나가는데도 판매원의 말만 믿고 그저 막연히 "휴대전화 기기 값은 공짜"라고 생각한다(사실 이것저것 따져보면 결코 공짜가 아닌데도 대부분의 소비자들이 '거의 공짜'라는 기분으로 휴대전화를 교체한다). 그래서 '이달의 통화량, 문자 사용량, 데이터 이용' 같은 항목만 눈 여겨 본다. D는 아무리 경제가 어려워도 누구나 휴대전화를 가져야 한다고 믿는다. 그에게는 휴대전화가 생활필수품이므로 요금제는 가급적 저렴한 것을 이용한다. K는 "휴대전화는 더 이상 전화기가 아니다. 이동하는 멀티미디어 구현 도구다"라고 믿는다. 그래서 약정 기간에 구애 받지 않고 최신형으로 교체한다. 그에게 요금제 따위는 안중에도 없다. 이처럼 한 가지 사안에 대해서도 소비자의 시각과 마음이 이렇듯 제각각인 이유는 무엇일까?

나는 먼저 인터뷰와 다양한 자료조사를 통해 사람들이 통신요금에 대해 가진 일반적인 생각이 무엇인지, 현재 우리 사회에서 통신서비스나 요금에 대한 논란이 어떻게 일어나고 있는지 탐색했다. 요금 청구서에서 통화요금을 청구하는 것, 또 휴대전화로 '소액결제'한 요금에 대해서는 소비자들이 어떻게 인식하고 있는가도 살폈다. 통신요금과 소액결제 같은 비통신 요금을 소비자들이 구분하지 못하거나 이것을 모두 통화요금으로 인식해서 통신요금이 비싸다고 생각한 건 아닐까 하는 우려 때문이다. 물론 여기에는 "왜 통신요금에 내가 사용하지도 않은 기본요금이라는 항목이 청구되느냐?"와 같은 아주 구체적인 내용도 포함된다. 하지만 중요한 것은 통신요금에 대한 고객들의 심리가 무엇인가를 파악하는 것이다. 그러려면 먼저 통신요금에 대한 사람들의 생각을 알아야 한다. 대표적인 생각을 들어보자.

- 이동통신 3사의 음성통화 요금은 SKT, KT, LGT(LG U⁺) 순이다.
- SKT는 왠지 타 통신사에 비해 고급스러운 느낌이다.
- 내가 매달 지불하는 이동통신요금에서 가장 큰 비중이 기본료와 음성통화료이다.
- 청구서를 확인할 때마다 이동통신요금이 비싸다고 느낀다.
- 특정 이동통신사를 오래 사용하더라도 특별히 혜택, 요금 할인 등을 받지 못하는 것 같다.
- 우리나라의 이동통신요금은 제공되는 통신서비스나 품질 등등의 혜택에 비해 비싸다.
- 통신요금 절약을 위해 메신저 무료문자서비스나 스폰, 스콜(특정 업체의 광고를 보면 무료통화서비스가 되는 것을 말한다. 인터넷에서 특정 광고를 클릭하면 영화 한

편 공짜, 할인 혜택 등을 받는 것과 같다. G마켓과 같은 전자 상거래를 이용하게 되면 가장 많이 접하게 되는 것이 이런 스폰, 스콜이다. 거의 광고이면서 미끼 광고라고 보면 된다)을 이용한다.

이런 생각들은 특정 통신회사에 대한 선호도나 통념을 반영하기도 한다. 일단 소비자의 다양한 생각들을 수집한 다음, 이것을 활용하여 통신 서비스를 이용하는 사람들의 마음을 MRI 찍듯이 스캔해보았다. 통신요금제 혹은 서비스 이용과 관련하여 한국인의 마음속에 가장 쉽게 일어나는 생각이 무엇인지 살핀 것이다. 그것이 바로 전체 응답 문항 중에서 가장 많은 사람들로부터 동의를 얻어낸 다음 열 개의 문항들이다. 통신요금에 대한 대중의 일반적인 생각이라 할 수 있다. 다음 문항들은 어떤 사람의 마음을 보여주는지 따라가보자.

- 청구서에 해당되는 요금이 지난 달보다 적게 나오면 기분이 좋다.
- 어떠한 약정 계약 없이 내가 이용한 서비스의 요금만 부과되었으면 좋겠다.
- 휴대전화 구입시 어쩔 수 없이 선택한 서비스들은 약정이 끝나면 바로 해지한다.
- 문자메시지요금은 원가가 얼마 안 된다고 하던데 가격을 낮춰야 한다.
- 요금제 결정시에는 기본료가 얼마인지 꼭 확인한다.
- 내가 매달 지불하는 이동통신요금에서 가장 큰 비중이 기본료와 음성통화료이다.
- 청구서를 확인할 때마다 이동통신요금이 비싸다고 느낀다.
- 특정 이동통신사를 오래 사용하더라도 특별히 혜택, 요금 할인 등을 받지 못하는 것 같다.

- 우리나라의 이동통신요금은 제공되는 통신서비스나 품질 등등의 혜택에 비해 비싸다.
- 요금을 할인해준다면 기존 청구서, 우편이 아닌 이메일이나 문자 청구서로 변경할 의사가 있다.

이 문항들을 보면 "어쩔 수 없잖아요. 필요하니까 하는 거죠"라면서 마치 스스로 통신회사의 볼모가 되어 있는 듯한 분위기를 읽을 수 있다. 비싸지만 어쩔 수 없이 받아들여야 한다는 마음들이다. 이런 생각으로 통신요금 청구서를 대하는 사람들이 고객의 80% 이상이다. 언젠가는 이 볼모 입장에서 빠져나올 수 있지 않을까 기대하면서도 스스로 어떻게 해보려는 생각은 없다. 다들 통신요금을 내는 것 자체를 억울해한다. 하지만 어떻게든 참고 견디면서 정액제 요금을 물어나간다. 요금이 비싼 데에 민감한 한편 매우 열심히 사용한다. 정확하게 "무엇이 왜 비싼가?"에는 별로 관심이 없다. 그저 남들이 비싸다고 하니까 본인도 비싸다고 느끼는 수준이다.

다수의 사람들이 이런 볼모의 심정으로 나름 억울한 마음으로 통신서비스를 이용하고 있다면, 개중에는 통신요금에 대해 불평하기보다 적극적으로 서비스를 이용함으로써 억울함을 상쇄하려는 사람들도 있다. 통신요금에 대한 인식만 놓고 보았을 때 비주류 즉 소수의 사람들이 가진 인식이다. 이들의 대표적인 행동특성은 다음과 같다.

- 데이터나 원하는 다른 부가서비스를 위해 통신사를 변경한 적이 있다.
- 통신요금 할인을 받기 위해 신용카드를 신청하거나 변경한 적이 있다.

- 청구서에 있는 광고를 보고 광고에 기재된 서비스를 신청한 적이 있다.
- 실시간 통신요금을 수시로 확인한다.
- 이동통신요금은 매월 기본적으로 나가는 돈이라 큰 관심이 없다.
- 통화를 많이 하는 편이라 문자메시지나 데이터서비스는 잘 이용하지 않는다.
- 통신요금절약을 위해 메신저 무료문자서비스나 스폰, 스콜을 이용한다.
- 이동통신회사에서 요금계산을 잘못하여 청구하는 경우가 있다.
- 이동통신요금 청구서가 우편이나 문자메시지, 이메일로 날아와도 잘 보지 않는다.
- 멤버십 등의 혜택을 고려하여 통신사를 선택한다.

한 가지 염두에 두어야 할 점은 이 연구가 스마트폰이 나오기 전에 이루어졌다는 사실이다. 따라서 스마트폰 보급이 확산된 이후의 반응과는 나름 거리가 있을 수 있다. 하지만 이런 의식이 바로 통신소비시장에서 비주류에 속하는 소수의 행태이다. 이들은 통신서비스 이용에 비교적 적극적이다. 통신회사가 제공하는 다양한 할인과 마케팅에 적극적으로 반응할 뿐 아니라 할인카드와 경품, 그리고 가능한 보너스 상품에 민감하게 반응한다. 비교적 통신요금에도 민감하다. 이들은 기기를 자주 변경하고, 다른 소비생활에서도 각종 할인카드를 적극 이용한다. 스스로 합리적이고 이성적으로 소비하고 있다고 생각한다. 하지만 이들의 행동 방식은 시간 낭비이자 에너지 낭비처럼 보일 수 있다.

이따금 "귀하는 우리의 VIP회원입니다. 이번 달이 가기 전에 카드를 백만 원 더 사용하면 현금 3만 원을 쏘아드립니다"와 같은 메시지를 받은 적이 있을 것이다. 이런 경우, 정말 3만 원을 얻기 위해 카드를 백만 원

더 사용하는 사람들이 있을까? 분명히 있다. 백화점에서 세일기간에 "얼마 이상 구매하면 상품권 얼마를 드립니다"라는 광고를 늘어 놓으면 분명 구매하는 사람이 있지 않은가? 적어도 고객 중에서 20% 정도는 이런 내용에 반응한다. 위와 같은 마케팅은 모두 이런 부류의 마음을 잡기 위해 고안된 것들이다. 대한민국에 스마트폰이 보급된 지 2년 남짓한 시간이 흘렀다. 벌써, 우리나라 통신소비자들 가운데 네 명 중 한 명이 스마트폰을 사용하는 상황이다. 물론 스마트폰을 사용하는 소비자들의 요금 인식은 피처폰 사용자들과 조금 다를 수 있다. 그러나 기본적인 성향은 크게 달라지지 않았다. 아마 1~2년 안에 스마트폰과 피처폰 사용자를 구분하는 새로운 연구가 나올지도 모른다. 하지만 제대로 된 결과가 나오기 전까지는 여기 소개한 내용에 주목하기 바란다. 이동통신요금과 서비스에 대한 우리나라 소비자들의 일반적인 인식이니까!

🕴 여섯 가지 통신소비자 유형

다음 용어들을 한 번 살펴보자. '억울해형', '실속이용형', '근검절약형', '똑소리형', '팔랑귀형', '모바일쉐비형'. 모두 통신소비자들이 가진 심리 코드를 나타내는 용어들이다. 이런 구분은 현재 자신이 통신서비스를 어떤 식으로 경험하고, 어떻게 인식하고 있으며, 통신서비스에서 무엇을 중요시 하느냐에 따라 나눈 것이다. 한국 사회에서 대표적으로 뚜렷하게 확인할 수 있는 통신소비자의 특성이라 할 수 있다.

이들 유형이 통신소비에서 구체적으로 어떤 차이를 나타내는지 알려면 이들이 가장 뚜렷하게 대답한 내용이 무엇인가를 보면 된다.

| 통신소비자 유형 |

억울해형
통신요금은 너무 비싸!
통신회사는 도둑놈들!

실속이용형
나에게 맞는 서비스를
잘 찾아서 써야지

근검절약형
무조건 안 쓰는 것이
아끼는 길이다

똑소리형
할인상품을 찾아서
써야지

팔랑귀형
요금이 적게 나오는 건
당연해! 어쩌다가 많이
나오는 것은 남 탓, 세
상 탓

모바일쉐비형
휴대전화로 할 수 있는 게
너무 많아! 일단 다운받고
보자

억울해형_아까워도 어쩔 수 없어!

통신서비스 혹은 요금에 대한 억울해형의 마음은 아래와 같은 문항으로 잘 나타난다.

- 우리나라 이동통신요금은 제공되는 서비스에 비해 비싸다.
- 문자메시지 요금은 원가가 얼마 안 된다고 하는데 가격을 낮추어야 한다.
- 청구서를 확인할 때마다 이동통신요금이 비싸다고 느낀다.
- 어떠한 약정계약이 없이 내가 이용한 서비스의 요금만 부과됐으면 좋겠다.
- 이런저런 요금제로 변경해봐도 이동통신요금은 잘 줄어들지 않는다.
- 휴대전화 사용요금은 집전화와 비교할 때 너무 비싸다.
- 매달 지불하는 이동통신요금에서 가장 큰 비중이 기본료와 음성통화료이다.
- 최신 단말기를 저렴하게 바꾸기 위해서는 통신사를 가끔 바꿔야 한다.
- 이동통신요금에 내가 사용한 것과 관계없이 기본료가 있는 것은 부당하다.
- 청구서에서 해당 달 요금이 지난달에 비해 적게 나오면 기분이 좋다.

이런 생각들이 나의 마음을 잘 나타내고 있다고 생각한다면 당신은 억울해형의 마음에 공감하는 것이다. 억울해형의 경우에는 현재의 이동통신서비스에 대해 불만이 크지 않다. 하지만 요금에 대해서 만큼은 억울해한다. 아니 민감하다. 이들에게는 "세상은 이렇게 돌아가야 한다"는 자기 나름대로의 원칙이 있다. 그래서 (다른 것에 비해) 통신요금을 비싸다고 느끼고, (비싼데도 돈을 내야 하므로) 억울하게 생각한다. 어쩔 수 없이 쓰니까 정부에서 적극 나서서 개선해야 한다고 주장한다. 시민단체가 앞장서 통신요금제를 비난하고 부당성을 항의하는 이유도 여기에 있다. 실제로 이들의 통신서비스 이용 형태는 매우 단순하다. 음성이나 문자 외에 다른 서비스는 잘 사용하지 않는다. 요금제를 보자면, 처음 신청한 것을 잘 바꾸지 않는다. 간혹 데이터통화를 잘못 눌러 요금이 청구되면 매우 강력하게 이의를 제기한다. 번호를 바꾸거나 약정 계약 맺는 것 자체를 싫어하며, 소액결제도 잘 하지 않는다. 분명한 이유와 명분이 있어야 소비한다고 믿는 사람들이다.

| 통신요금 인하를 요구하는 시민단체.[1]

똑소리형_좋은 서비스만 있다면 어디든 따라가리

억울해형과 달리 통신요금에 아주 민감하면서도 이것을 자신의 통제와 관리 속에 두려고 하는 소비자 집단이다. 이들이 대표적으로 반응하는 문항은 다음과 같다.

- 통신요금 할인을 받기 위해 신용카드를 신청하거나 변경한 적이 있다.
- 청구서에 있는 광고를 보고 기재된 서비스를 신청한 적이 있다.
- 실시간 통신요금을 수시로 확인한다.
- 데이터나 원하는 다른 부가서비스를 위해 통신사를 변경한 적이 있다.
- 통신요금절약을 위해 메신저 무료문자서비스나 스폰, 스콜을 이용한다.
- 현재 나는 이동통신요금의 세부요금 부과방식을 잘 알고 있다.
- 청구서에 요금이 나가는 자동납부계좌와 인출일 표기를 꼭 확인한다.
- 저렴한 요금제의 선택은 통신회사 홈페이지나 고객센터 추천을 받는 것이 좋다.
- 멤버십 등의 혜택을 고려하여 통신사 등을 선택한다.
- 내가 사용하는 통신요금이 매달 어느 정도 나올지 쉽게 예측 가능하다.

똑소리형인 사람들도 억울해형과 마찬가지로 통신요금에 관심이 많다. 하지만 이들은 자신의 통신요금을 통제하고 관리할 줄 안다. 그렇기에 억울해형처럼 통신요금을 두고 직접적으로 불평을 토로하지 않는다. 가급적, 가족할인 요금제를 선택하고, 통신회사가 제공하는 멤버십이나 부가서비스, 통신과 관련된 정보에 관심을 많이 가진다. 또 이것들을 매우 상세하게 확인한다. 심지어 주변 사람들이 통신요금이 많이 나왔다고 불평하면 통신사 대변인이라도 된 듯 요금납부 상황을 자세히 설명한다.

나름 통신에 대해 잘 알고 있다고 자부한다. 이들은 통신회사가 이벤트를 하거나 대상을 모집하면 기꺼이 응모한다.

알뜰살뜰한 '살림의 여왕', 이따금 방송 매체에 출연해서 "나 이런 사람이에요. 이렇게 살림하면 당신도 여왕이 될 수 있어요!" 하고 자랑하는 사람들은 대개 똑소리형이다. 이들은 가계부를 열심히 쓰고, 영수증 관리를 잘하지만 수입은 그렇게 많지 않다. 아이들 간식과 조미료를 손수 만드는 대한민국 표준 가정일 가능성이 높다. 내가 힘들더라도 가족을 위해 희생하고, 소비는 경제를 활성화시킨다고 생각하며, 자식들이 잘 살 수 있도록 해주는 게 삶의 목표라고 믿는다. 더 좋은 서비스가 있거나 자신의 생활 패턴에 더 유리한 게 나타났다 싶으면 언제든 통신사를 바꿀 용의가 있다. 더 좋은 기기가 나오면 선뜻 바꾸기도 한다. 이들은 영수증 관리를 위해 반드시 청구서를 보관하고, 세부 항목뿐만 아니라 광고, 안내문까지 꼼꼼하게 읽고 확인한다.

당신은 똑소리형에 가까운가, 아니면 억울해형에 가까운가? 통신요금에 대한 자신의 인식이 어느 정도인지 판단할 수 있다면, 자신이 어떤 스타일에 속하는지도 알 수 있을 것이다. 그리고 이를 통해 다른 사람의 스타일도 구분할 수 있을 것이다. "김대리, 뭐 연락할 거 있으면 카톡으로 해!"라는 말을 자주 하는 상사가 있다면 그는 십중팔구 억울해형에 속할 것이다. 만일 남자친구가 "한나야, 오늘 통신사 바꾸면서 ○○멤버십카드 만들었어. 기념으로 ○○가서 밥 먹자"고 말한다면 그는 아마 똑소리형에 속하는 사람일 것이다.

| 통신회사에서 제공하는 할인쿠폰.[2]

실속이용형 _ 내 스타일대로 쓴다

얼핏 보기엔 똑소리형과 비슷하지만 알고 보면 다른 통신소비자 그룹이 있다. 바로 실속이용형이다. 이들의 이용 형태를 보면 모범 소비자에 가깝다. 매우 합리적이고 매우 정상적인 소비자 군이다. 대체 어떤 생각을 하기에 그렇게 보일까?

- 휴대전화 구입 시 어쩔 수 없이 선택한 서비스들은 약정이 끝나면 바로 해지한다.
- 요금제 결정시에는 기본료가 얼마인지 꼭 확인한다.
- 대금을 할인해준다면, 기존 청구서(우편)를 이메일이나 문자 청구서로 변경할 의사가 있다.
- 집에서도 휴대전화로 편하게 통화 하는 편이다.
- 내가 속한 통신회사는 요금제 변경을 신청하면 신속·간편하게 처리한다.

- 어떠한 약정 계약 없이 내가 이용한 서비스요금만 부과되었으면 좋겠다.
- 음성통화보다 문자나 데이터를 많이 사용한다면 부가서비스제를 활용하는 것이 좋다.
- 청구서에서 해당 달 요금이 지난달에 비해 적게 나오면 기분이 좋다.
- 휴대전화로 결제한 항목들도 이동통신요금 청구서에 카드 고지서처럼 명시되어야 한다.
- 현재 나는 이동통신요금의 세부 요금 부과방식을 비교적 잘 알고 있다.

실속이용형은 자신만의 스타일을 중시한다. 나름대로 비교적 젊고 현명하게 생활하는 사람이다. 스스로 이성적이고 합리적인 소비를 한다고 믿는다. 요금에 은근 관심은 있으나 불평까지 하는 수준은 아니다. 무리하게 통신요금을 사용하지 않기 때문이다. 가능하면 합리적인 기준 안에서 판단한다. 스스로 이용하는 요금에서 할인이 많이 되면 매우 뿌듯해 한다. 그러나 실질적으로 총 통화요금을 아끼려고 애쓰지 않는다. 자기가 필요해서 쓰기 때문에 데이터 등의 부가서비스도 그리 비싸다고 생각하지 않는다. 자신이 스스로 통제할 수 있다고 생각하기에 기타서비스도 잘 수용하는 편이다. 단지 불필요한 약정이나 부가서비스를 싫어할 뿐이다. 본인 위주로 통신을 활용하며, 통신회사에서 제공하는 요금제를 잘 믿지 않고 자기 나름의 판단으로 구체적 근거를 찾으려 한다.

실속이용형은 나름대로 모범적인 소비자이고 사회화가 잘된 사람들이다. 이들은 휴대전화를 구입할 때 디자인, 화소, 음질 등을 일일이 따진다. 비교적 최신형을 중시하고, 돈에 구애 받지 않는 라이프스타일을 즐긴다. 주로 신용카드를 이용하고 신용카드 청구서는 총 금액 위주로 본다. 하나하나 따져 보지는 않는다. 대개 아이들이 없거나 아직 어려서 돈이 덜 들어가는 상황에 놓인 사람들이 많다. 비교적 자기 자신을 위해 돈을 쓰는 편이다. 소비활동은 본인이 좋아하는 것 위주로 하고, 남들이 산다고 해서 사기보다 자신의 스타일을 중요시 한다. 이런 유형의 소비자에게는 통신요금이 얼마나 할인될지 그 금액을 정확히 알려주는 게 중요하다. 특히, 본인이 선택한 요금제가 '대박'이라고 느낄 수 있도록 여러 가지 긍정적인 정보를 주는 것이 좋다. 즉 다양한 서비스나 정보의 선택권이 본인에게 있다는 것을 강조해야 한다는 뜻이다. 이들은 대개 통신서비스를 문화라고 생각하는 경향이 강하다. 따라서 통신기술 자체의 우월함보다 소비자로서 향유하는 문화활동의 스펙트럼이 얼마나 넓은지에 더 많이 의미를 둔다.

| LG전자에서 나온 통신요금 절약 특화폰.[3]

팔랑귀형_흔들리면 뭐 어때?

통신회사의 입장에서 실속이용형이 모범생이라면, 팔랑귀형은 불량소비자에 속한다. 이들의 마음에 가장 뚜렷하게 부각되는 문항들은 다음과 같다. 마음 MRI 결과도 분명하게 구분된다.

- 통화를 많이 하는 편이라 문자메시지나 데이터서비스는 잘 이용하지 않는다.
- 데이터서비스나 원하는 다른 부가서비스를 위해 통신사를 변경한 적이 있다.
- 휴대전화로 사진을 보내면 문자메시지 요금 이외에 데이터서비스 요금을 지불해야 한다.
- 표준 요금제(기본 요금제)를 사용하는 것이 통신요금을 가장 잘 줄일 수 있는 방법이다.
- 이동통신요금은 매월 기본적으로 나가는 돈이라 큰 관심이 없다.
- 데이터서비스는 가급적 이용하지 않거나, 아예 메뉴를 잠금 설정한다.
- 이동통신회사에서 요금 계산을 잘못하여 청구하는 경우가 있다.
- 청구서에 있는 안내문이나 광고 내용도 비교적 꼼꼼하게 읽는 편이다.
- 청구서에서 내가 지불할 '총 금액'만 보지 다른 세부 정보는 확인하지 않는다.
- 통신요금을 할인 받기 위해 신용카드를 신청하거나 변경한 적이 있다.

이런 사람들은 남을 잘 믿지 않는다. 나름 피해의식도 많다. 하지만 남의 이야기에 곧잘 흔들린다. 줏대가 없고, 내공도 부족한 탓이다. 결혼을 한다면 가족 간에 갈등을 일으키기 쉬운 스타일이고, 꼼꼼하지도 않다. 눈에 띄는 것 하나를 과잉으로 지각하여 타인을 탓할 소지가 많은 사람이며, 사소한 것으로 분란을 일으키거나 주위사람을 괴롭힐 가능성도 높다. 통신요금뿐 아니라 일상생활에서도 다른 사람을 힘들게 한다. 남자

| 중장년 네 명 중 한 명 "다시 피처폰으로 돌아가고 싶다" |[4]

사용자	스마트폰으로 바꾸게 된 시기 및 계기는?	스마트폰으로 얼마나 다양한 기능을 쓰고 있는지?	스마트폰을 쓰며 불편하게 느끼는 점이 있다면?
A씨 51세/남/회사원	1년 9개월 전, 업종이 IT 분야이기 때문에 회사에서 스마트폰을 업무화하기 위한 수단으로 지급.	이메일 확인 등 업무 기능 위주로 쓰고 있다.	화면이 약간 작은 것 같다.
B씨 52세/남/자영업자	전에 쓰던 폰이 낡았는데 남들이 전부 쓰기에 한번 사 보았다.	카카오톡이라는 메신저를 가끔 하고 그 외에는 전혀 안 쓴다.	스마트폰이 터치폰이다 보니 운용방법을 제대로 아는 데 미숙하고 힘들었다.
C씨 55세/남/공장주임	회사에는 컴퓨터가 없어서 인터넷을 좀 더 쉽게 하고자 1년 전쯤에 샀다.	주로 산악동호회 카페활동을 하는 편이다.	원래부터 인터넷용으로 산 거라 불편함은 없다. 가끔 통화가 갑자기 종료되는 것 말고는.
D씨 48세/여/패스트푸드 체인점장	석 달 전, 스마트폰을 사면 돈 안 들이고 메시지 서비스를 편하게 이용할 수 있다고 해서 샀다.	메시지용으로만 쓰고 부가서비스는 거의 쓰지 않는다	노안으로 화면 보기가 어려워 최대한 멀리 떨어져 화면을 본다.
E씨 50세/여/주부	두 달 전, 쓰던 피처폰이 고장났는데 새로 살 피처폰이 마땅한 게 없어서 궁여지책으로 샀다.	통화, 사진, 문자메시지 기능만 쓰는 것 같다.	인터페이스에 익숙해지기가 어려웠다. 쓰는 것에 비해 요금제가 좀 비싸다고 느낀다.
F씨 56세/남/현장사업가	산 지가 1년 넘었다. 자꾸 공짜로 해줄 테니 바꾸라고 전화가 와서 쓰게 됐다.	통화 기능을 주로 쓰고 그 외에는 날씨를 본다.	쓸데없는 어플리케이션이 너무 많이 깔려 있다. 어떻게 쓰는지 잘 몰라서 안 쓴다.

같은 경우에는 대부분 주위사람들에게 손찌검을 할 위험성이 있다. 누군가는 통신요금에 대한 이야기 한 가지로 그 사람이 어떻게 사느냐, 심지어 결혼생활이 어떻게 흘러 갈 것인가 등을 판단하는 건 속단이라고 우려할지 모른다. 하지만 모든 게 가능하다. 지금 우리가 이야기하는 내용이 바로 인간의 행동과 심리에 대한 패턴을 찾고, 그 특성을 살피는 것이기 때문이다.

팔랑귀형은 요금에 민감하다. 데이터서비스 자체에 공포심 내지 나쁜 기억을 갖고 있다. 실제로 자기도 모르게 이용하거나 의도하지 않은 상태에서 요금 폭탄을 맞았던 경험도 있다. 통신회사의 실제 과금 방식과 자신이 생각하는 것이 많이 다르다고 생각하면서 그것이 잘못되었다고 주장한다. 이것저것 주워 들은 것이 많을 뿐 아니라 성격도 급하다. 그렇기에 성급하게 판단하는 경향이 있다. 대세에 민감하게 반응한다. 카드보다 현금을 사용하며, 남들한테 번듯하게 보여야 한다는 부담감 또는 강박증을 갖는 유형이다.

물론 이런 유형의 사람을 만나기란 쉽지 않을 것이다. 하지만 통신회사의 고객서비스센터에서 일하는 사람들은 비교적 이런 부류에 익숙하다. 그들이 어떤 행동 패턴을 보이는지에 대해서도 잘 아는 편이다. 이런 유형의 사람들은 소비활동을 거의 하지 않는다. 설령 남이 말하는 것에 혹해서 무엇인가를 샀다고 해도 곧 후회한다. 자신의 소비 패턴에 약간의 공포와 아픔을 느낀다. 남들 따라 주식을 샀다가 크게 손해 본 사람일 수도 있다. 자기 생활을 즐기거나 문화활동을 하는 데엔 돈을 잘 쓰지 않는다. 주로 남들에게 번듯하게 보이기 위해 소비하고 돈을 쓴다. 일상에서는 이런 사람들을 구분하는 게 쉬운 일이 아니다. 대개 겉으로 번듯하게 보이기 때문에 '다양한 장면에서 다양한 방식으로 지켜보지 않는 한' 제대로 알기 힘들다.

근검절약형_요금 많이 나온다, 전화 끊어라!

팔랑귀형이 줏대 없는 사람들이라면, 근검절약 자체를 줏대 삼아 통신서비스를 이용하는 사람들이 있다. 바로 근검절약형이다. 이들은 주로 다음과 같은 항목에 뚜렷하게 반응한다.

- 청구서에 해당 달 요금이 지난달에 비해 적게 나오면 기분이 좋다.
- 내가 매달 지불하는 이동통신요금에서 가장 큰 비중이 기본료와 음성통화료이다.
- 청구서를 볼 때는 해당 달 요금을 지난달과의 사용요금과 비교한다.
- 휴대전화 구입 시 어쩔 수 없이 선택한 서비스들은 약정이 끝나면 바로 해지한다.
- 이동통신요금에 내가 사용한 것과 관계없이 기본료가 있는 것은 부당하다.
- 통신사의 이미지나 구체적인 서비스 내용보다 일단 통신요금이 저렴한 곳을 선택한다.
- 어떠한 약정 계약 없이 내가 이용한 서비스요금만 부과되었으면 좋겠다.
- 문자메시지 요금은 원가가 얼마 안 된다고 하는데 가격을 낮추어야 한다.
- 요금제 결정시에는 기본료가 얼마인지 꼭 확인한다.
- 청구서를 확인할 때마다 이동통신요금이 비싸다고 느낀다.

이들은 요금 자체에 대해 관심이 많다. 뿐만 아니라 반드시 "이번 달 요금을 지난달 요금과 비교한다." 통신요금에 대해 기본적으로 불만을 가진 사람들이다. 이들은 늘 통신요금이 지난달에 비해 싸게 나와야 한다고 믿는다. 통신요금이 공짜면 가장 좋겠지만 그렇지 않기에 전기나 수도처럼 아껴 써야 한다고 생각한다. 이 유형의 사람들은 사실 통화도 자주 하지 않고, 통화량도 그리 많지 않다. 실제로 기본 통화량도 항상 남는 스타일이다. 그렇기에 이동통신사가 부과하는 '기본료'를 정말 부당하다고 생각한다. 하지만 요금이 비싸다고 불평하기보다 본인이 덜 쓰려고 노력한다. 또 이동통신이란 유선전화서비스의 연장일 뿐이라고 생각하고, 부가서비스 따위는 중요하지 않다고 본다. 이들은 휴대전화를 통화하는 데 거의 이용하고, 문자메시지 서비스는 이따금 사용한다. 이들에게 소액결제란 매우 낯선 일이다. 따라서 거의 하지 않는다.

근검절약형의 라이프스타일은 '누군가 좋다고 하면 따르는 것'이다. 가족의 문제는 가장이 책임지고 해결해야 한다고 생각한다. 주로 50대 이상의 주부들에게서 나타난다. 절제와 아낌이 뼛속까지 침투해 있는 사람들이다. 전화할 때 "돈 많이 나온다. 끊어라" 하고 재촉하는 분들을 떠올리면 된다. 이 부류의 사람들은 가능한 한 카드를 사용하지 않는다. 통신요금이란 '안 쓰고 아낄 수 있는데 어쩔 수 없이 써야 하는 생필품'이라고 생각한다. 이런 부류의 사람들에게는 결합상품을 만들어서 할인해주는 마케팅 전략이 통한다. 멤버십 카드를 만들어 주고 그것으로 빵집이나 편의점을 이용할 때 할인 받을 수 있다고 광고하면 분명히 끌릴 것이다. 할인에 민감하고 공짜를 좋아하는 성향 탓이다.

| 2012년부터 이동통신재판매(MVNO) 사업 본격화, 기존 통신요금 대비 30% 이상 가격인하.[5]

| 청소년과 성인의 주요 스마트폰 이용 서비스 |

만 12~18세
음악 85.7%
게임, 오락 85.7%

만 19~59세
알람, 시계 89.3%
일정관리 79.6%

(방송통신위원회와 한국인터넷진흥원이 2011년 11월 11일부터 20까지 10일간 만12세에서 59세까지 스마트폰 이용자 4천 명을 대상으로 조사한 '4차 스마트폰 이용실태조사' 결과)

모바일쉐비형 _ 이체 통장은 엄마 걸로 해주세요

근검절약형과 대비되는 소비자들이 바로 모바일쉐비형이다. 어쩌면 근검절약형의 자녀 정도 되는 소비자일 것이다. 물론, 연령이나 성별은 소비자 집단을 구분하는 데 더는 결정적인 기준이 되지 않는다. 특히 다양한 소비형태가 나타나는 통신소비의 경우에 그렇다. 모바일쉐비형이 보이는 대표적인 행동은 다음과 같다.

- 이동통신요금 청구서가 우편이나 문자메시지, 이메일로 날아와도 잘 보지 않는다.
- 데이터서비스나 원하는 다른 부가서비스를 위해 통신사를 변경한 적이 있다.
- 휴대전화를 보통 1~2년 안에 새 기기로 교체한다.
- 통신요금 할인을 받기 위해 신용카드를 신청하거나 변경한 적이 있다.
- 매달 내가 지불하는 통신 요금은 평균 7만 원 이상이다.
- 청구서에 있는 광고를 보고 광고에 기재된 서비스를 신청한 적이 있다.
- 이동통신요금은 매월 기본적으로 나가는 돈이라 큰 관심이 없다.
- 실시간 통신요금을 수시로 확인한다.
- 문자메시지나 데이터 요금이 음성통화보다 오히려 더 많이 나온다.

- 휴대전화를 이용하여 소액결제 서비스나 상품구입 서비스를 자주 이용하는 편이다.

모바일쉐비형은 여러 가지 서비스를 많이 이용한다. 하지만 통신요금과 관련하여 기본적으로 본인이 돈을 지불하지 않을 가능성이 높다. 7만 원 이상이라는 것은 음원을 산다든지 게임 아이템을 구입하는 등의 소액결제를 포함한 내용이기 쉽다. 이들은 요금제보다 부가서비스에 더 관심이 많다. 신규 휴대전화가 나오면 쉽게 기기를 변경한다. 또 문자 이용량이 음성통화량보다 훨씬 많다. 휴대전화를 이용해 싸이월드나 SNS에 사진을 업로드하고, 싸이월드나 페이스북의 방명록 업데이트, 문자서비스를 자주 이용하는 부류이다.

모바일쉐비형에게 휴대전화는 생활의 일부다. 휴대전화로 네이트온 등 온갖 인터넷서비스를 이용한다. 재미있는 TV를 보다가 외출하면 이동하면서 마저 본다. 문자메시지를 음성으로 보내거나 듣는다. 이들은 이른바 통신사 마케팅의 타깃 그룹이다. 이러한 습관이 익숙해지면 자기가 돈을 벌어도 자연스럽게 휴대전화로 소액결제를 하고 홈쇼핑을 할 것으로 보인다. 기본적으로 통신요금이나 서비스에 대한 생각과 핵심가치가 다른 유형이다.

이처럼 각기 다른 소비자 집단을 나누는 데 활용한 기준은 '소비자 본인 의지'의 강약, '이성적 판단'의 유무, 또는 '삶의 의지'의 강약 등이다. 똑소리형은 내가 아껴서 잘 쓰겠다는 의지와 실천이 강하다. 하지만 억울해형은 약한 의지 수준에서 통신요금에 대해 "그저 억울하다"고 불평

| 통신요금 인식과 통신활동유형 |

```
┌─────────────────────────────────────────────────────┐
│   똑소리형            실속이용형           근검절약형      │
│                                                     │
│    ▲ 强              ▲ 强                ▲ 强        │
│   나의 의지          이성적 판단          삶의 의지      │
│    ▼ 弱              ▼ 弱                ▼ 弱        │
│                                                     │
│   억울해형            팔랑귀형          모바일쉐비형     │
└─────────────────────────────────────────────────────┘
```

만 늘어놓을 경향이 높다. 실속이용형은 합리적이고 논리적으로 요금제나 서비스를 선택하고 판단한다. 본인이 통신서비스를 잘 이용한다고 느낀다. 팔랑귀형은 이성보다 감정적으로 대응하며, 본인의 감정이 상하면 콜센터에 전화해서 따지는 경향이 높다. 근검절약형은 삶의 의지가 강하므로 무조건 아껴야 한다고 생각하고, 모바일쉐비형은 요금보다는 새로운 서비스나 콘텐츠를 활용하고 즐기려는 성향이 매우 높다.

👤 당신들의 예단은 틀렸습니다

통신요금에 대한 사람들의 인식을 탐색한 결과 재미있는 사실이 드러났다. 기본적으로 통신소비자들이 통신서비스를 이용하는 심리는 마치 '볼모'로 잡힌 것 같다는 마음이었다. 즉 필요한 것이라 어쩔 수 없이 사용하지만 비용 자체에 대해서는 속이 편하지 않다는 것을 보여주었기 때문이다. 심지어 억울하다고 생각하는 사람도 많았다. 이런 억울한 마음을 어떻게 풀어줄 수 있을까? 이 문제는 사실 청구서 하나로 해결할 수 없다. 하지만 기업 측에서 억울하게 느끼는 소비자의 심정을 십분 이해하고, 요

| 볼모형과 기변형 |

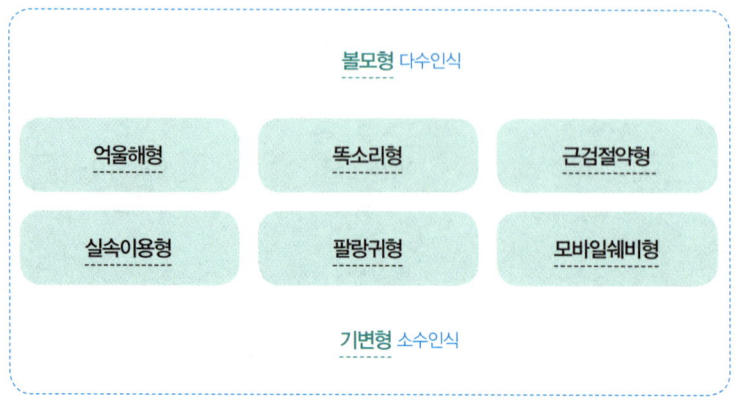

금 문제를 소비자가 어떻게 받아들이게 하느냐를 고민할 때 청구서는 분명 흥미로운 단서가 될 수 있다. 또 한 가지 흥미로운 사실은 이런 마음들이 '세금청구서'를 받았을 때의 마음과는 확실히 구분된다는 점이었다. 세금 문제 역시 편안히 받아들일 사안은 아니지만, 거기엔 "할 수 없지. 내야지 뭐!" 하는 마음이 더 강하게 작용한다. 도리어 통신요금 청구서보다 덜 억울해 한다. 이런 차이는 대체 어디에서 비롯되는 것일까?

통신서비스에 대한 다수의 인식이 '볼모형'이라면, 비교적 소수에 속하는 사람들의 인식을 '기변형(기기변경 지향형)'이라 할 수 있다. 이들은 청구서 자체에 대해 억울해 하는 감정보다 가능한 한 최적의 요금제를 찾거나 요금을 가장 많이 절약할 수 있는 방법을 찾으려고 한다. 뿐만 아니라, 통신사의 다양한 마케팅 포인트를 활용하려고 노력한다. 누구보다 통신요금에 민감하지만 또 한편 적극적으로 자신에게 맞는 요금제를 선택한다. 기변형의 성향이 뚜렷한 소비자들은 통신요금 고지서를 보고도 그리 놀라지 않는다. 자신이 소액결제를 많이 한 탓에 요금이 많이 나왔다고 생각한다. 이들은 통신회사에 지불하는 서비스이용요금과 소액결제의 차이를 분명히 알고 있다. 또 볼모형처럼 수동적으로 행동하지 않고 적극적으로 행동한다. 고지서를 앞에 두고 불평하기보다는 통신회사가 제공하는 할인 서비스를 가능한 한 많이 활용하려고 한다. 특히, 통신서비스와 연계된 마케팅이나 부가 혜택을 빠짐없이 찾아 사용한다. 그래서 단순한 벨소리 하나라고 해도 무료로 다운로드 하게 해주면 매우 뿌듯해 한다. 기변형에 속하는 사람들은 통신사에서 제공하는 서비스만 이용하지 않고, 자신의 필요와 목적을 위해 부대 서비스를 적극적으로 소비한다. 대개 하나의 통신사를 오래 사용하지 않고 본인이 원하는 서비스나 할인 혜택에 따라 통신사를 자주 바꾼다.

사실 일반 소비자가 통신사나 요금제를 바꾸는 가장 큰 이유는 기기를 변경하고 싶은 욕망 때문이다. 하지만 기변형은 새로 출시된 요금제가 마음에 안 들더라도 한번쯤은 사용해보고 바꾼다. 그래서 요금제를 수시로 변경한다. 이들은 자신의 행동에 따라 요금 변화가 충분히 가능하다는 것을 잘 알고 있으며, 늘 다양한 부가서비스와 콘텐츠를 활용하려고 노력한다. 각종 할인카드로 여기저기서 할인받는 것을 즐기는 부류이다. 합리적이고 영리하게 소비한다고 생각하지만 실은 시간과 에너지를 많이 낭비하는 수준이다. 마케팅에 상당히 민감하고 영향을 많이 받으며, 소비가 취미인 부류이다. 귀가 얇아서 주위의 말에 잘 움직이는 사람들로 대개 여성성이 높고, 비교적 충동적이며, 과시하는 것을 좋아한다. 하지만 일반적인 통신회사에서 생각하는 통화요금은 거의 최저 수준이라고 할 수 있는 3만 원 정도밖에 사용하지 않는다.

통신회사 사람들이 염려했던 "통신요금과 비통신요금에 대한 구분을 제대로 하지 못해 통신요금을 막연히 비싸다고 인식한다"는 생각은 통신고객 중 어느 소비자 집단의 마음과도 맞지 않았다. 대다수의 통신서비스 이용자들은 생활에 절대적으로 필요한 것이므로 "억울해도 쓴다"는 마음이었다. 하지만 소수의 이용자들은 적극적으로 통신서비스를 활용하고, 통신 이외의 다양한 서비스와 혜택을 누리려고 노력한다는 것도 알게 되었다. 따라서 통신요금이나 비통신요금에 대한 구분에는 별로 관심이 없었다. 다만, 어느 부류나, "가능한 한 싸게, 최대한으로 서비스를 활용할 수 있는 방법"을 찾는 데 관심이 많았다.

결국 나는 연구를 통해 통신사가 원한 청구서 양식을 찾아냈다. 고지서를 받아 들고 억울하다고 느끼는 사람들의 마음을 조금이나마 완화시켜 줄 수 있는 양식을 찾은 것이다. 물론 통신요금이 갑자기 싸졌다는 인식을 불러일으킬 수는 없었다. 그러나 적어도 억울한 느낌을 덜 받으면서, 또 통신요금을 수도나 전기요금, 또는 세금을 내는 것과 별로 다르지 않게 느끼게끔 만들 수 있었다. '청구서의 항목'과 '디자인'을 조금 바꿔서 말이다! 소비자 심리 연구가 디자인의 기초가 된 재미있는 사례라 하겠다. 역으로 생각해보면, "인간행동이나 심리를 제대로 이해하는 디자인도 가능하다"는 결과를 확인한 경우이기도 하다.

· · · ·

이제까지 1부에서 다룬 여러 가지 이론 중 마음 MRI 이론에 근거한 연구 사례들을 소개했다. 말 그대로 기업으로부터 받은 '특명'을 수행한 것이다. 특히 야구 경기 관람(문화소비)과 이동통신요금(서비스소비)이라는 특별한 소비행동 속에 드러나는 소비자의 심리를 탐색했다. 이 작업을 통해 같은 현상을 두고 다르게 반응하는 다양한 개개인의 마음을 확인할 수 있었다. 3부(7~9장)에서는 '디지털'과 '명품'이라는 주제를 가지고 한국인의 소비심리를 다룰 것이다. 이 두 가지 아이템을 선택한 이유는 디지털과 명품이 개별 소비자의 욕망과 각기 다른 소비자의 마음을 그 무엇보다 잘 드러낸다고 보았기 때문이다. MRI로 신체를 들여다보듯 한국인의 마음을 속속들이 스캔하는 과정을 통해 디지털 사회를 살아가는 우리의 라이프스타일은 무엇인지, 우리는 어떤 유형의 소비자로 살아가고 있는지 이해하게 될 것이다.

7장 디지털 괴짜, 그들이 온다
8장 21세기 디지털 신인류의 라이프스타일
9장 명품소비에 숨어 있는 마케팅 심리

3부

대통령과
루이비통

7장

디지털 괴짜,
그들이 온다

🚶 모네 씨, 당신이 그러고도 화가요?

1874년 4월 25일. 프랑스 파리에서 전시회가 열렸다. 미술 비평가 루이 르로이(Louis Leroy)는 거기 전시된 그림을 보고 마음이 상했다. 뭔가 조롱 당했다는 느낌도 들었다. 클로드 모네(Claude Monet, 1840~1926)의 〈인상, 해돋이 Impression, Sunrise(1872)〉라는 작품 때문이다. 그림은 항구에서 해가 막 떠오르는 순간을 그린 것이었다. 하지만 화법이 영 이상했다. 당시 대세였던 사실주의 화법이 아닌 매우 엉뚱한 화법을 사용한 게아닌가? 대상을 정확하고 정교하게 묘사하기는커녕 변화하는 풍경에 대한 화가 본인의 느낌이라니! 루이 르로이는 《르 샤리바리 Le Charivari》지에 전시회 감상글을 기고하면서 "풍경이 아니라 개인적 인상을 그렸다. 모네 씨, 르누아르 씨, 드가 씨는 아무래도 '인상파'라고 불러야겠다"고 조롱했다. '인상파'라는 이름은 이렇게 나왔고, '조롱' 섞인 비아냥거림을 받은 그림은 훗날 전 세계 사람들이 가장 사랑하는 '명작'이 되었다. 19세기 화단을 경악케 한 놀라운 회화 양식이 등장한 것이다. 코페르니쿠스의 발견에 필적할 만한 사건이었다.

우리가 잘 아는 고흐, 고갱, 모네……. 이들은 모두 인상파 작가들이다. 그 이전까지는 미술의 존재 이유를 대상을 있는 그대로, 사실적으로 그려내는 것으로 보았다. 그러나 인상파는 대상을 사실 그대로 그리지 않고, 화가의 눈에 보이는 대로 즉 빛의 농도에 따라 변화하는 사물의 느낌을 화폭에 담았다. '빛의 화가'라 불리는 모네는 말년에 파리 근교의 지베르니에 정원을 마련한 뒤 매일 같이 연못에 떠 있는 수련을 그린다. 수십 장의 수련 연작은 그렇게 탄생한다. 수련 연작은 동일한 장소에서 그린 그림들이지만, 제가끔 다른 느낌을 준다. 수련이라는 하나의 고정된 실체 혹은 이미지를 담은 게 아니라 시시각각 변하는, 수련을 바라보는 모네의 '마음'을 그림으로 표현했기 때문이다.

당시 "예술 좀 한다"는 사람들은 인상파의 그림에 커다란 충격을 받았

| 빛의 화가 모네와 세상을 놀라게 한 그의 작품들.

다. "내 눈에 보이는 대로 그림을 그린다"는 주관은 곧 '전통의 파괴'를 의미했기 때문이다. 그림이란 있는 그대로를 묘사하는 것이라고 믿어온 사람들에게 있는 그대로가 아닌 눈에 보이는 대로 그린 그림, 화가의 느낌과 생각을 담은 그림은 자칫 하느님의 창조질서를 위배하는 것처럼 간주되기도 했다. 화단을 주름잡던 실력자들은 화가 났고, 갖은 방법으로 인상파를 매도하기 시작했다. 한동안 비난과 야유가 이어졌다. 하지만 이 순간부터 인상파는 회화의 흐름을 완전히 바꾸기 시작한다. 이후 인상파를 거쳐 야수파에 이르기까지 서양 회화는 계속해서 변신한다. 그러다가 '피카소', '칸딘스키' 같은 대가들이 왕성한 활동을 보이던 시점에 이르러서는 "인간의 사고를 그림에 반영한다"는 생각이 더 이상 낯설게 취급되지 않았다. 눈에 보이는 대로 표현하는 것은 사진기술로 대체되었다. 현대 미술의 새로운 장이 열리기 시작한 것이다.

이처럼 특정 시대의 대표적인 가치관, 관습, 사고 등이 바뀌는 것을 토마스 쿤(Thomas Samuel Kuhn, 1922~1996)은 "패러다임 시프트(과학의 발전은 점진적으로 이루어지는 것이 아니라 패러다임의 교체에 의해 혁명적으로 이루어진다. 이 변화를 '과학혁명'이라고 한다)"라 표현했다. 그는 "19세기까지 과학계를 지배하던 고전물리학이 20세기에 들어와서 상대성 이론과 양자 물리학에 그 자리를 내어준 것처럼 패러다임은 끊임없이 변한다"고 말한다. 패러다임의 변화는 과학이나 앞서 설명한 미술계에만 일어나는 현상이 아니다. 세상의 모든 것은 변한다. 당대를 주름잡는 대중의 생각도, 가치관도 마찬가지다. 그런 변화는 바로 '사람들에 의해' 벌어진다. 한 시대를 주름잡던 주류가 시간이 흐르면서 퇴조하고, 비주류로 취급되던 것들이 다시 주류가 되기도 한다.

🚶 주류의 꿈

현재 대한민국에서 사회적으로 명성을 얻고, 또 경제적으로 능력 있다고 평가되는 사람들은 주류일까, 비주류일까? 이 책을 쓰고 있는 교수인 나는 주류에 속할까, 비주류에 속할까? 현재의 사회적인 위치나 경제적인 능력으로 본다면 교수는 당연히 주류에 속할 것이다. 하지만 사회적인 지위나 개인이 가진 부가 한 인간의 성향이나 가치관 혹은 그가 삶에서 지향하는 바를 이해하는 전적인 잣대가 될 수 있을까? 실제로 주류와 비주류를 구분할 때 현재 그 사람이 어떤 위치에 있는가는 별로 중요하지 않다. 가장 중요한 것은 그 사람이 어떤 심리적 속성을 지니고 있느냐, 어떤 특성을 대표하고 있느냐다. 쉽게 공감되지 않는다면 안철수 씨를 떠올려보라. 그는 지금 사회·경제적인 측면에서 볼 때 대한민국에서 가장 잘나가는 사람 가운데 하나다. "대한민국의 빌 게이츠"라고 말해도 손색이 없을 정도다. 그렇다면 안철수 씨는 주류일까, 비주류일까?

나는 먼저 국어사전에서 '주류'라는 단어를 찾아보았다. 사전은 주류를 이렇게 정의한다.

1. 강물 따위의 원줄기가 되는 큰 흐름.
2. 사상이나 학술 따위의 주된 경향이나 갈래. '본류'로 순화.
3. 조직이나 단체 따위의 내부에서 다수파를 이르는 말.

우리가 앞으로 이야기하게 될 주류는 사전적 정의에 의하면 세 번째에 해당한다. 조직이나 단체를 확장한 개념인 사회, 그 가운데서 주로 한국 사회를 배경으로 말이다. 그러니까 주류란 "한국 사회 내부의 다수파"

를 지칭한다고 보면 될 것이다. 다시 안철수 씨의 예로 돌아가자. 대부분의 사람들은 안철수를 주류라고 생각한다. 대한민국 부모들이 자녀들의 롤모델로 삼고 싶어하는 사람 1위, 젊은이들이 따르고 싶은 사람 1위에는 언제나 안철수가 있다. 그만큼 안철수 씨는 우리나라에서 일종의 "성공 브랜드" 취급을 받는다. 그렇다면 당연히 대한민국의 확실한 주류라고 보아야 하는 게 아닐까?

물론 안철수는 사회적 위치나 경제적 능력으로 볼 때 확실히 주류에 속한다. 하지만 그가 대표하고 표방하고자 했던 특성이 무엇인지 알게 된다면 대답이 달라진다. 그의 대표적인 특성은 "남과 다른 삶, 남이 가지 않는 길을 가는 것, 대다수 사람들이 쉽게 엄두를 내지 못하거나 하지 않으려는 것을 실천하는 삶"을 사는 것이다. 그는 한 언론과의 인터뷰에서 이런 말을 했다.

| 안철수 서울대 융합과학기술대학원 원장.[1]

"변화의 순간이 올 때마다 '선택의 본질'이 무엇인가 생각한다. 현재의 일과 미래의 일 사이에서 어느 쪽이 더 의미 있고, 재미있고, 잘할 수 있을지 따져본다. 오랜 시간 고민한다. 의사에서 컴퓨터 프로그래머로, 다시 중소기업 CEO로, 그리고 교수로 직업을 바꿀 때마다 한결같은 방식으로 결심을 굳혔다."[2]

이처럼 그는 남이 가지 않은 길을 가려고 했고 결국 실천에 옮김으로써 성공했다. 사고나 가치 측면에서 볼 때 그는 분명 비주류였다. 한국 사회에서 성공했다는 이유 한 가지만으로 한국인들은 그를 주류라고 믿을 뿐이다. 만약 당신의 아이가 의대를 다니다 그만두고 모바일 앱 제작자가 되겠다고 한다면 당신은 아이의 선택을 존중할 것인가, 아니면 끝까지 뜯어 말릴 것인가? 아이의 뜻을 따르기란 쉽지 않을 것이다.

고 노무현 대통령은 어떨까? 그는 당시 사회의 주류였을까, 비주류였을까? 물어보나마나 비주류였다. 대통령의 위치에 있었는데도, 우리는 그를 비주류라고 부른다. 그것은 고 노무현 대통령이 추구하거나 지향했던 바가 보통 사람들이 '대통령'에게 기대하는 '어떤 것'과 너무도 달랐기 때문이다. 대통령이 한 나라를 대표한다고 보는 정서가 팽배한 우리나라에서 그의 생각이나 행동은 일반적으로 쉽게 수용되지 않았다. 그가 대통령이 된 다음에도 주류의 질서와 생각을 대변하지 않았기 때문이다. 주류에 속하는 사람들이 보일 수 있는 사고방식이나 행동양식보다 비주류 사람들의 특성을 있는 그대로 나타냈다.

이명박 대통령은 어떤가? 이명박 대통령은 주류 집단의 사고와 행동

| 고 노무현 대통령(좌), 이명박 대통령(우).

방식을 잘 보여준다. 자신이 어려운 환경에서 성장하고 또 어렵게 공부를 마쳤다고 하지만 그의 가치와 사고는 철저하게 이 사회 주류 집단의 틀을 따른다. 어려운 환경에 있었을 때조차 그는 주류가 되기를 열망했다. 그러므로 주류인가 비주류인가 하는 문제는 어떤 사람이 단순히 "과거에 가난한 경험을 했느냐 아니냐"에 좌우되지 않는다. 주류의 질서 안에 자신을 맞추는가, 비주류의 특성에 자신을 맞추는가가 중요할 따름이다.

안철수 씨나 고 노무현 대통령 혹은 이명박 대통령 이야기가 너무 멀게 느껴진다면 그야말로 '보통 사람'인 내 친구 이야기를 해보겠다. 그의 아버님은 해외 선교사다. 오랫동안 일본과 캐나다에서 선원들을 대상으로 포교 활동을 하신 분이다. 덕분에 고등학교 동창인 그 친구의 이력은 다채롭다. 출생지는 일본, 초등학교와 고등학교는 한국에서 다녔고, 중학시절과 대학시절은 캐나다에서 보냈다. 대학은 캐나다에서 명문으로 치는 UBC(University of British Columbia)를 졸업했다. 무리해서라도 자녀들을 조기유학 보내는 상황을 감안한다면 부러운 이력일 수도 있다. 하지만 그는 현재 '남들의 짐작'과는 전혀 다른 삶을 살고 있다. 번듯한 대기업이나 해외공관에서 근무하지도 않고, 대학에서 교편을 잡고 있거나 부친을 따라 선교사 활동을 하는 것도 아니다. 그는 지금 전라도 광주에 있는 작은 대안학교에서 영어와 일본어, 그리고 미술을 가르친다(사실 그의 전공은 경제학이다). 그냥 우리 주위에서 흔히 보는 평범한 남자 선생님이다. 다른 점이 있다면 미술을 너무 사랑한 나머지 그 방면에 '도가 텄고', 덕분에 2년에 한 번 광주 시내 갤러리에서 작품 전시회를 연다는 것 정도이다. 나는 이따금 지방 강연 때 그를 만나는데, 늘 신선한 기운에 감염되어 돌아오곤 한다. 그는 자신이 배운 것을 아이들에게 가르칠 수 있는 현재의 직업을 사랑하고, 취미를 넘어 전공이 되다시피한 그림 그리는 일을 사랑한다. 그래서 하루하루가 즐겁고 행복하다. 쥐꼬리만 한 대안학교 교사 월급을 톡톡 털어 그림을 그리는 데 쓰지만 조금도 부족함이 없다고 느낀다. 그의 인생 전체가 "날마다 하고 싶은 것을 하면서 산다"는 자부심으로 충만한 탓이다. 주위 사람들이 종종 혀를 차면서 "그 좋은 스펙 가지고 왜 시골학교 교사를 하나?"고 지청구를 해도 개의치 않는다.

사람들은 그를 비주류로 분류한다. 돈도 명성도 없고, 권력도 없고, 그 흔한 수도권 아파트 한 채 없으니까. 주류 계층의 필수 요소인 '사회적인 명성, 경제적 능력, 안정된 삶' 따위와는 아예 거리가 멀기만 하니까! 그래서 아주 친한 사람들조차 "그 좋은 능력으로 하필이면 왜? 이보게, 나 같으면……" 하고 안타까워 하는 것이다. 이렇게 말하는 그들의 마음 속 이야기는 바로 "내가 자네처럼 영어 일본어를 모국어처럼 사용할 줄 알고, 외국에서 명문 대학을 나왔다면 그 모든 자원을 이용해서 일찌감치 성공했을 거야!"이다. 대다수 한국인이 바라는 주류의 모습이다. 모두들 어떻게든 이런 항목들을 갖추고 주류에 편입되기를 바란다. 주류 질서를 유지하는 '주류의 가치'는 우리나라 사회 구성원 대다수가 바라는 삶의 가치이기도 한 까닭이다. 그런 의미에서 볼 때 대안학교 교사인 내 친구는 "주류의 가치와 사고 방식을 지녔지만, 경제적으로 능력이 없고 사회적으로 별 볼 일 없는" 비주류가 된다. 우리는 여전히 누군가가 "현재, 어떤 사회적 위치에 있느냐"는 것을 실제 그 사람의 '전부'로 파악하기 때문이다.

이런 상황은 물론 아이러니하다. 본인은 정작 "나는 행복하다"고 여기는데, 주변에서는 "뭔가 제대로 안 풀린 게지, 쯧쯧" 하고 동정한다. 현재의 모습, 그리고 결과만을 중시하는 사회 분위기 탓이다. 하지만 현재 삶의 모습이 한 인간의 가치나 사고방식을 보여주는 건 아니다. 이렇듯 어떤 사람의 사고와 행동방식을 보지 않고 그가 현재 사회적으로 얼마나 높은 위치에 있는지, 얼마나 인정을 받는지, 돈을 얼마나 많이 버는지 등으로 주류와 비주류를 구분하는 것은 매우 안타까운 일이다. 주류와 비주류의 의미조차 제대로 구분하지 못하는 판이니, 정작 본인이 주류인지 비주류인지 알기도 힘들 것이다. 그저 막연히 "나는 주류가 되어야지" 하면서 반사된 주류의 삶을 꿈꿀 뿐이다.

🚶 내 맘대로 할까, 대세를 따를까?

자본주의 사회에서의 대세는 '돈'이다. 그래서 우리는 더 열심히 돈을 벌려고 한다. 돈을 많이 벌어서 주류 질서에 편입하고, 그런 다음 주류의 틀을 있는 그대로 받아들이면서 편안하고 풍족한 삶을 누리려고 한다. 그런데 역설적이게도 자본의 논리는 야누스(로마 신화에 나오는 두 얼굴을 가진 신神. 성과 집의 문을 지키며, 전쟁과 평화를 상징한다)의 얼굴을 하고 있다. 하나의 얼굴은 "돈이 돈을 만든다"이고, 다른 하나의 얼굴은 "남과 다른 사고와 행동이 돈을 만든다"이다. 여기서 주목해야 할 게 있다. 결과적으로 원하는 만큼 돈을 벌었다고 해도 그 방식에 분명히 차이가 있다는 점이다. 주류의 방식은 '돈을 가지고 또 다른 돈을 만들어 내는 것'이지만, 비주류의 방식은 '남과 다른 사고와 행동을 통해 없는 돈을 만들어 내는 것'이다. 얼핏 생각하기에도 주류의 방식이 쉬워 보인다. 돈을 휘둘러 성공하는 것과 돈없이 성공하는 것은 하늘과 땅 사이의 거리만큼 간극이 커 보인다.

대세를 추종한다는 것은 은연 중 주류에 속하고 싶어하거나 주류의 철학이나 가치를 수용한다는 뜻이다. 쉽게 풀어보자면, "다수파에 속하고 싶어하고, 남들이 하는 만큼 나도 하고 싶다"는 뜻이다. 많은 사람들은 자신의 현재 상태가 중하층 혹은 하층에 속하더라도 대세를 추구하려고 한다. 주류의 가치를 지향한다. 하지만 이렇게 해서는 자신의 삶을 변화시키기 힘들다. 주류가 되길 바라면 바랄수록 그 사람은 본인이 간절히 원하는 주류가 되기 힘들다. 오히려 기존의 주류 질서에 속한 사람을 위해 열심히 일하는 역할만 하게 된다. 누군가는 "교수님, 주류가 되려면 그들의 가치와 철학을 십분 수용하고, 그렇게 되려고 열심히 노력해야 가능한 거 아닌가요? 열심히 공부해서 좋은 대학에 가고, 열심히 일해서 돈을 많이 벌고, 그래야 주류에 편입되는 거 아니겠어요?" 하고 물을지 모르겠다.

이처럼 선형적인 사고(세상의 이치를 원인과 결과로 파악하고, 모든 것을 인과관계로 이해하는 태도)를 하는 사람들은 "열심히 일하면 성공한다. 열심히 살면 다 된다. 열심히 사는 게 좋은 것이다"고 생각한다. 그래서 상담을 하다 보면 "선생님, 저는 정말 열심히 살았는데 왜 여전히 이렇게 가난할까요? 저는 정말 열심히 사는데 왜 이렇게 사는 게 힘들죠?"라고 한탄하는 사람들이 많다. 물론 그들은 열심히 살았다. 하지만 '열심히 사는 것'과 '당신이 원하는 삶을 이루는 것'과는 아무런 관계가 없다. 내가 이렇게 솔직하게 말하면 사람들은 매우 놀란다. 그러면서 "열심히 사는 것이 왜 원하는 바를 이루는 것과 관계가 없습니까?" 하고 되묻는다. 이제 그 답을 말해보겠다.

쉬운 경우를 예로 들자. 영어를 잘하고 싶은 사람이 있다. 그는 "영어를 잘하고 싶다"는 강한 열망에 사로잡혀 자나깨나 영어공부만 한다. 1등 하는 친구가 다니는 영어학원에 나가고, 공부 잘하는 아이들이 본다는 영어책은 모조리 사서 공부한다. 문법책은 기본으로 여섯 권, 단어장은 열한 권, 독해책은 다섯 권이다. 듣기를 잘하는 친구들에게 노하우를 물어 밤마다 미드를 보고, 스크립트를 읽고, 팝송 가사를 외운다. 그는 거의 모든 시간을 영어공부에 투자한다. 정말이지 '숨만 쉬면서' 영어공부를 한다. 하지만 영어성적은 통 오르지 않는다. 아마 이 학생은 결코 자기가 원하는 영어성적을 얻지 못할 것이다. 열심히 하는 데만 의미를 두었을 뿐 원하는 것을 얻기 위해 목표를 정확히 하고 거기 집중해서 노력하는 구체적인 행동이 이루어지지 않았기 때문이다. 진정으로 원하는 것을 얻으려면 "자기가 원하는 것이 무엇인가"의 측면에서 "열심히 하고 있는가?" 하고 질문을 던져야 한다. 만일 이 학생이 정말로 영어성적을 올리고 싶었다면 진즉 방법을 바꾸어야 했을 것이다. 먼저 자신의 수준이 전체 학생 가운데 어느 정도인지 분명히 파악하고, 그 수준에 딱 맞는 방법을 찾아 공부계획을 세워야 했을 것이다. 수준은 초등학교 6학년인데 토익 점수 930이 나오는 친구의 영어공부법을 무작정 따라했으니 성적이 오를 까닭이 있을까? 기본적인 문법조차 헷갈리는 마당에 대세라 하여 SAT용 책을 죽어라 외운들 무슨 소용이 있겠는가?

주류의 가치를 추종하고 대세를 따라가고 싶어하지만 이루지 못하는 사람이 있는가 하면 완전히 다른 경우도 있다. 즉 비주류의 가치와 삶의 방식을 고집하다가 어느 날 주류로부터 자신의 가치를 인정받아 전혀 다른 측면에서 대세를 점하게 되는 경우이다. 이 경우 그는, 주류와 전혀 다른 비주류의 특성을 뚜렷하게 나타낸다는 이유에서 '새로운 흐름, 변화, 유행'을 만들어내는 '창조적 소수'의 입장에 서게 된다. 전교 1등처럼 영어를 잘하고 싶어하지만 정작 수준은 초등학교 6학년인 학생이 아무리 그를 따라 해도 결코 성적을 올리지 못하는 것과 반대의 경우다.

현재 대전의 모 고등학교 2학년에 재학 중인 윤호진 군. 그는 학교에서 '영어의 신'으로 통한다. 영어 선생님이 이따금 단어를 물어볼 정도로 어휘량이 풍부하고, 외국인 교사와 막힘없이 대화를 나누고, 영화관에 가서는 자막을 보지 않고 대화를 듣다가 아무도 안 웃는 장면에서 종종 웃곤 한다. "저거, 자막 틀렸다!" 하고 옆자리 친구 귀에 소곤대면서. 어떤 사람은 호진 군이 영어권 나라에서 오랫동안 살다가 온 줄 안다. 하지만 호진 군은 대한민국 밖으로 나가본 적이 없다. 다만, 아주 어렸을 적부터 그가 좋아하는 〈아스테릭스〉라는 영어만화와 극장용 애니메이션을 끼고 살았을 뿐이다. 그러다가 차츰 나이가 들면서 손에 들고 있는 게 영어만화에서 영어소설이 되고, 눈과 귀로 즐기는 게 애니메이션에서 미드로 바뀌었을 뿐이다. 호진 군에게 "너는 허구헌날 만화책만 읽고 애니메이션만 보냐?"면서 나무라던 그의 엄마는 아들 자랑에 여념이 없다. 학교 원어민 교사가 호진 군의 유학을 적극 추천하고 나선 탓이다. 요즘 호진 군의 학교에 다니는 학생들은 너나 할 것 없이 영어만화를 한두 권쯤 가방에 넣고 다닌다.

조지 소로스(George Soros)는 세계적으로 유명한 투자가이다. 헝가리 태생인 그는 전쟁통에 헝가리에서 영국으로 탈출, 영국에서 교육을 받는다. 대학에서는 철학을 전공했다. 그리고 나중에 미국으로 건너가 전문적인 투자를 통해 남들보다 돈을 많이 번다. 한때 전 세계적으로 국제적인 '환투기꾼(외국환 시세, 즉 환율에 장차의 변동에 대한 기대심리가 작용하여 금리차 또는 환차익을 목적으로 이루어지는 외국환 매매를 하는 사람)'이라는 이야기까지 들었을 정도다. 표면적인 사실로만 보면 소로스는 분명 주류를 대표하는 인물로 보인다. 세계적으로 유명한 투자가인데다가 갑부이니까. 하지만 소로스가 지닌 사고방식과 철학은 아주 뚜렷하게 비주류의 성향을 보인다. 우리나라의 안철수처럼 비주류적인 가치관을 지니고 성공한 사람이다.

사람들은 흔히 '대세는 우리가 나아가야 할 길'이라고 믿는다. 그러면서도 정작 스스로가, 자기 자신이 어떤 사람인가에 대해서는 결코 질문을 던지지 않는다. 이에 비해서 "내가 원하는 것이 무엇인가, 나는 어떤 삶을 살아야 할 것인가"와 같은 질문을 끊임없이 던지고 여기 대답하기 위해 자신을 갈고 닦고 몰입하는 사람은 한국 사회에서 볼 때 비주류에 속한다. 그들의 생각과 가치관은 비주류의 사고방식에 해당한다. 왜냐하면 대세는 멋진 사람으로 보이는 것, 남이 하는 것, 안정된 어떤 틀에 나의 삶을 맞추어야 하는 것이기 때문이다. 여기, 한 가지 재미있는 사실이 있다. 한국에서 비주류로 보이는 이런 질문이나 고민이 역으로 미국에서는 대세를 이룬다는 점이다.

미국 사회에서는 거의 모든 사람들이 "너는 무슨 생각을 하나?", "너는 무엇을 원하니?", "너는 네가 진정으로 하고 싶은 걸 하면 돼", "네 인생은 네가 책임지는 거야"와 같은 생각을 품고, 그렇게 살아가고, 남에게도

| 헤지펀드계의 대부
조지 소로스.[3]

이런 가치들을 이야기한다. 누구나 이런 생각을 거리낌없이 받아들인다. 한국에서 비주류라고 생각하는 사고방식이 미국에서는 주류를 이루는 것이다. 이른바 '대세'를 이루는 셈이다. 하지만 우리나라는 어떤가? 행여 누군가가 그런 생각을 조금이라도 내비치면 "네가 무얼 안다고 설치니? 너 정말 뻔뻔하구나! 내가 너를 가르치려고 얼마나 공을 들였는데 이 애비 말을 무시해? 인마, 그냥 이 길을 가면 되는 거야. 안정된 길을 찾아야지, 남들이 다 하는 것처럼 그렇게 살아. 남과 다르면 안 되는 거야, 튀면 곤란하다고!" 하면서 종주먹을 들이댄다. 한국의 대세는 이렇다.

이 문제와 관련된 재미있는 실험이 하나 있다. 어린아이가 어려운 문제에 봉착했을 때 미국 엄마와 한국 엄마의 행동에 어떠한 차이가 있는지 알아보는 실험이었다. 실험 결과, 미국 엄마들은 아이가 스스로 문제를 풀 때까지 인내심을 가지고 옆에서 지켜보았다. 그에 반해 한국 엄마들은 가만히 있지 못하고 힌트를 주거나 심지어 아이를 대신해서 문제를 풀었다. 미국 엄마들이 다양한 생각을 당연하게 받아들이면서 아이들이 창의적으로 문제를 해결하도록 독려하는 반면, 한국 엄마들은 대개 '하나의 정답'만을 생각하고, 이것을 강조하는 경향이 강했다. 그래서 이 실험과 같은 장면이 현실에서 종종 벌어지는 것이다.

좀 더 실제적인 예를 들어보자. 한국 사회에서 주류에 속하는 사람 혹은 주류와 유사한 성향의 사람들은 "명문 대학에 가서 좋은 학점으로 졸업하면 인생이 문제 없이 풀릴 것이다"라고 믿는다. 하지만 미국에서는 이런 생각을 비주류의 사고로 친다. 물론 미국에도 명문 대학에 진학하기를 원하는 사람이 많다. 주류 집단에 속한 사람들은 어쩌면 한국보다 훨씬 더 심하게 명문 대학 진학에 목을 매는지도 모른다. 다만 명문 대학과 좋은 학점이라는 가시적이고 제도적인 결과들이 한 개인의 미래를 보장한다고 생각하는 사람이 상대적으로 적을 뿐이다. 미국 사회의 주류는 사람들이 누구나 자신의 삶을 이끌어가고, 개인 개인이 자기 삶을 결정할 수 있다는 사실을 우선시한다. 한국의 주류가 정해진 틀에 사람을 맞추려 하고, 그 사람 나름의 개성이 드러나지 않도록 포장을 강요하고, 대세에 맞춰 살아가게 하는 것과는 전혀 다르다. 이 차이가 바로 "주류의 가치와 사고가 다르면 한 사회를 점하는 대세의 양상이 달라진다"는 사실을 여실히 보여준다.

| EBS 마더쇼크 2부, 〈엄마 뇌 속에 아이가 있다〉의 한 장면.[4]

🚶 트랜드는 돌고, 대세는 바뀐다

한국 사회의 주류가 지닌 기업적 사고는 "남들이 만든 것 중에서 돈이 될 만한 것이 있으면 우리는 그것보다 가능한 한 더 잘 만들거나 값싸게 만들고, 그것을 팔아서 큰 이익을 남긴다"이다. 그래서 삼성전자는 스마트폰이 휴대전화 시장을 석권하는 것을 보고, 또 애플의 아이폰이 성공을 거둔 것을 보고, "그렇다면 우리도 해야지!"라는 생각으로 신제품 개발에 몰두한다. 갤럭시S시리즈는 그렇게 탄생했다. 한국 사회에서 기업을 운영하는 주류 집단의 사고를 가장 잘 반영한 현상이다. 하지만 전 세계적인 기업으로 성장해서 물건을 만들어 판다고 할 때, "꼭 비주류여야 좋은 건가?"에 대해서는 사실 나 자신도 의문이다. 왜냐하면 비주류의 입장에서는 이미 주류 질서가 만들어 놓은 익숙한 것과 결별한 후 전혀 다른 시장—낯설고 새로운 생각과 물건—을 어떻게 개척할 것이며, 대중은 또 그것을 어떻게 받아들일 것인가 고민해야 하는 탓이다. 이 말은 비주류의 사고와 행동방식이 어떻게 성공할 수 있는지, 심지어 대세를 점하게 될 수 있는지 고려해야 한다는 뜻이다.

비주류였던 스티브 잡스의 생각과 비즈니스는 시장이 미국이었기에 성공이 가능했다. 만일 그가 한국 시장에 이런 회사를 만들었다면 백발백중 당장 망했을 것이다. 많은 사람이 대한민국에서도 비주류가 성공하고, 이들이 사회의 대세가 되어 새로운 주류 문화와 질서를 만들어주기를 간절히 고대한다. 하지만 안타깝게도 우리나라에서는 그런 일이 거의 일어나지 않았다. 앞으로도 일어나기 힘들다. 비주류가 성공을 거둔 유일한 사례가 있다면 '게임산업'이나 '안철수 연구소' 정도일 것이다. 하지만 이들에게는 공통점이 있다. 두 기업 다 기존의 산업영역이나 활동으로 생각되지 않았던 것, 혹은 대기업이 참여하기 힘들었던 영역을 개척했다는 점이다. 성공은 이렇게 해서 가능해졌다.

    한국의 주류 인사들은 비주류가 대세를 점하게 되면 불안해진다. 그들은 또 비주류가 대세를 차지하는 것을 원하지 않는다. 주류는 비주류의 속성을 이해하기 힘들기 때문이다. 좀 더 자세히 말하자면, 비주류가 대중을 설득해서 수용되기 시작하면 할수록 주류 집단의 사고 및 논리와 부합되지 않는다는 사실이 극명하게 드러나는 탓이다. 이는 어쩌면 서로 다른 사고와 행동방식을 이해하고 수용해야 하는 문제라고 볼 수도 있다. 하지만 한국 사회의 주류 집단은 안타깝게도 자신과 다른 방식의 사고와 행동에 대해 유연하게 반응하지 못한다. 아니 유연하게 대처하고 싶어도 방법을 잘 모른다. 기본적으로 한국이라는 사회가 다양성에 대한 포용력, 다양한 삶의 방식에 대한 접수능력이 거의 전무한 사회이기 때문이다. 한번 생각해보자. 내로라하는 명문대를 졸업한 젊은 부부가 꿈의 직장을 걷어차고 강원도 산골로 귀촌했다. 그곳에서 두 사람은 '게으른 농사를 짓는 행복한 농부'의 삶을 시작한다. 자급자족을 위한 텃밭 농사를 짓고, 일손이 딸리는 농번기엔 품앗이를 하고, 도시에서 갈고닦은 전문지식을 살려 남편은 마을 기획일을 하고 아내는 아이들을 가르친다. 처음에 마을 사람들은 "여기 뭐 파먹을 게 있다고 내려왔나? 운동권인가? 수상한데?" 하면서 수근댔다. 십수 년이 흐르고, 귀농·귀촌이 트렌드가 되자 이제 마을 사람들은 누구에게나 이들 부부를 자랑스럽게 이야기한다. "이런 젊은이들이 많아졌으면 좋겠어!" 하면서.

    우리가 인정해야 할 점이 하나 있다. 한국 사회에서는 비주류였던 사람들이 대중의 수용으로 대세를 점하게 되면 급속하게 주류화된다는 사실이다. 처음에는 비주류의 성향을 강하게 대표하던 사람들도 차츰 '안정성과 지속성' 등을 운운하면서 상당히 보수적으로 변한다. 우리 사회에서 비주류의 세력이 대세를 점했던 대표적인 예로 노무현 정권을 들 수 있다. 그들은 〈민주당〉이라는 정당에서 나와 〈열린우리당〉으로 새롭게 시작하면서 "백 년 가는 정당이 되도록 하겠습니다"라고 선언했다. 바로 그 순간부터다. 비주류가 주류의 사고와 논리로 무장하기 시작한 것은! 이는 마치 벤처로 시작했던 기업이 어느 정도 규모가 커지면 그 즉시 대기업의 행태를 그대로 받아들이는 것과 다를 바 없다. 그들은 자신이 지니고 있던 비주류 의식, 철학이 무엇이었는지 제대로 기억하지 못한 채 부지불식간에 주류의 가치를 수용한다. 정체성과 핵심 가치를 상실하면서 주류로 변신하고, 결국 스스로 존재 이유를 상실하는 것이다. 그러니 배가 산으로 갈 수밖에. 이 문제는 우리가 "주류와 비주류를 개념화하고, 대세가 어떻게 형성되는가?"라고 질문할 때 반드시 생각해보아야 할 변화의 과정이다.

대세는 말 그대로 많은 사람들이 동의하는 것이다. 따라서 대세의 속성을 논하면서 주류나 비주류냐를 따질 이유는 없다. 주류가 대세를 점할 수도, 비주류가 대세일 수도 있으니까. 예를 들어보자. 3년 전만 해도 스마트폰이 대세가 될 거라고는 예상하지 못했다. 하지만 지금은 스마트폰이 대세다. 그러므로 누가 대세를 만드는가에 대해 우리는 항상 촉각을 곤두세워야 한다. 만일 "한국 사회에서 자기 삶의 방식이나 삶의 가치는 자기가 설정한다"는 사고를 지닌 사람이라면 그는 비주류에 속한다고 할 수 있다. 이것을 보통 "개인주의적 사고"라고 말한다. 이에 비해 주류의 사고는 "열심히 공부하고 준비해서 어디든 오라는 데 가서 열심히 일해야지"이다. 자신을 스스로 집단의 부속품으로 보고 집단의 틀 안에 자신의 삶을 맞추고 집단의 가치를 자신의 가치로 삼겠다는 생각이다. 어찌 보면 집단주의에 가까운 생각이다. 이런 측면에서 보면, 한국은 '집단주의와 개인주의'의 속성이 '주류와 비주류'의 사고방식으로 나타나는 사회라는 것을 알 수 있다. 그러므로 "시대와 사회의 변화에 적응하지 못하거나 소수의 집단에 속하는 사람들이 비주류다"는 생각은 분명 오해임에 틀림없다. 소수의 생각, 소수의 가치관을 대변하는 어떤 사람들이 대중의 수용으로 대세를 점하게 되면 그들은 곧 주류로 부상할 테니까!

회사인간 vs. 네오르네상스

요즘 많은 대학생과 젊은이들이 "사는 게 힘들다, 삶이 힘들다"고 말한다. 만나는 사람마다 아우성이다. "열심히 공부해서 대학 가도 소용없어요!", "열심히 토익 점수 따서 취직해도 불안해요!", "제 주제에 어떻게 결혼해요?", "결혼은 했지만 아이 낳을 엄두가 안 나요!", "내 집 마련은 포기할래요!" 등등 하소연 내용도 다양하다. "3년 열심히 일해서 모은 돈으로 내년에 오지탐사 가요!"라든지 "가까운 미래를 위해 지금 스페인어 배우기에 도전했어요" 혹은 "요즘 퇴근 후에 스포츠댄스를 배우고 있는데 아주 좋아요. 사람도 만나고 운동도 하고"처럼 지극히 '개인적'이고 '긍정적'인 이야기는 듣기 어렵다. 왜 그럴까? 그것은 바로 본인의 삶을 다른 사람과 비교하면서 남들이 중요하다고 생각하는 것을 따라가는 그런 삶을 살려고 하기 때문이다. 나는 현재 젊은이들의 마음속에 '회사인간(디지털 컨서버티브)'과 '네오르네상스'가 동시에 살고 있다고 본다('디지털 괴짜'로 불리는 디지털 소비자 유형은 8장에서 자세히 다룰 것이다.). 양립 불가능한 두 유형의 모습이 공존하는 것이다. 이 땅에서 사는 게 힘들다고 느껴지는 건 그런 이유 때문이다.

한국 사회에서—특히 소비행동을 이야기할 때—는 회사인간의 라이프 스타일이 대세다. 이들의 기본적인 모토는 "그래도 나는 뒤떨어지지 않았다"이다. 뒤떨어지지 않으려고 노력하기 때문에 열심히 소비하고 열심히 남을 따라간다. 튀지 않으려고 무난함을 추구하고, 집단적 가치를 추구한다. 나름대로 열심히 일한다. 자기계발 욕구도 강하고, 호기심도 많고, 신세대들과도 잘 어울리려고 노력한다. 이들은 또 권력과 직업적 성취, 규범을 중시한다. 인간관계도 중요시 한다. 이것은 한국 사회의 일반적인 특성이기도 하다. 우리 사회에서는 비교적 사회적으로 성공한 사람들이 규범을 중시하고 인간관계도 중시한다. 사람들과의 관계가 곧 자신의 성공을 이루는 데 핵심적인 요소라고 생각하는 탓이다.

회사인간의 대표적 인물로는 '대기업에서 어느 정도 잘나가는 임원'을 떠올리면 된다. 사회적으로 성공한 사람이라 할 수 있는 주류를 대표하는 사람들이다. 회사인간의 경우 개인적으로 만날 때는 상당히 똑똑한 것처럼 보인다. 그러나 여럿이 있으면 그때부터 그들은 홍콩 영화에 등장하는 귀신, 즉 영혼이 없는 '강시'로 바뀐다. "적이 내가 무슨 생각을 하는지 알지 못하게 하라, 나의 생각을 이야기할 때는 적이 생각하는 것을 내 생각인 것처럼 그대로 알려줘라"가 그들의 모토다. 회사인간에게 디지털은 자신의 우위를 확보하는, 그래서 항상 경쟁 상황에서 내가 그 사람보다 얼마나 잘났는지 보여주기 위한 도구에 불과하다. 하지만 아이러니하게도 이들은 이 사회에서 디지털 제품이나 서비스를 가장 먼저 이용하는 소비자다.

대세를 따르려는 사람들이 회사인간을 비롯한 주류라면, 네오르네상스와 같은 비주류의 사람들은 자기 자신의 생각이나 자기 스타일을 무엇보다 중요하게 생각한다. 물론 그들도 자신의 스타일이나 행동이 다른 사람에게 어떻게 받아들여지는가에 신경을 쓴다고 말한다. 하지만 말만 그렇게 할 뿐 정작 본인은 별로 관심도 없고, 남의 평가에도 신경을 쓰지 않는다. 이것이 바로 비주류의 특성이다. 나쁜 마음이 있거나 다른 사람을 무시해서 그러는 것은 아니다. 비주류 특성이 강한 사람들은 대개 에너지를 자기 스타일이나 자기 생각에 초점을 맞추어 사용한다. 그래서 자신과 다른 사람들 사이에 어떤 괴리가 있는지, 어떤 차이가 나는지를 잘 모른다. 이들이 당황스럽거나 힘든 상황을 자주 경험하는 것은 이런 까닭이다.

네오르네상스는 "재미있게 놀면서 돈벌자"는 소비자 집단의 심리를 대표한다. 많은 사람들이 이 재미를 '펀(Fun)'이라고 착각한다. 하지만 이 재미는 펀(Fun)이 아니다. 오히려 미국의 심리학자 미하이 칙센트미하이(Mihaly Csikszentmihalyi)가 말한 '몰입(flow)'에 가까운 개념이다. 기업에서는 직원들에게 "창의적인 능력의 향상을 위해 재미를 주어야 한다"는 말을 자주 한다. 하지만 이것은 조직에서 사람들이 느끼는 '재미'라는 것을 '펀(Fun)'의 의미로 착각했기 때문에 발생하는 코미디에 불과하다. 조직 속의 인간이 느낄 수 있는 진짜 '재미'는 사람들이 자기가 의미 있게 생각하는 것을 밤새도록 할 수 있을 때 생긴다. '의미 있는 무엇을 할 수 있을 때' 사람들은 진정한 재미를 체험한다.

스티브 잡스가 아이폰이나 아이패드와 같은 기계를 만들고 싶다고 했을 때 주변 사람들은 어떻게 반응했을까? 실제로 어떤 일이 일어났을까?

| 비슷비슷, 고만고만한 회사인간

기술자들은 아마 안 된다고 말했을 것이다. 하지만 잡스는 "왜 안 될까?"를 고민하면서 그것이 정말 불가능한 것일까 스스로 의문을 제기했다. 몇 달씩 밤을 새워서라도 만들어보겠다는 신념 아래 움직였을 것이다. 많은 사람들이 "불가능하다"고 일갈한 것에 대해 "그렇지 않다"고 반응하고 싶었을 것이다. 그러다가 어느 순간 개발한 제품을 눈앞에 두고 "맞아, 이게 바로 내가 원했던 거야"라면서 기뻐했을 것이다. 그 순간이 바로 본인이 원했던 '진정한 재미'를 느끼는 순간이다. 하지만 보통 사람들은 '재미' 하면 그저 '웃고 즐기기'를 떠올리거나 〈1박 2일〉 혹은 〈무한도전〉을 보면서 낄낄거리는 순간을 떠올린다. 어떤 사람은 회사 일도 그런 수준이 되어야 한다고 이야기한다. 정말 코미디가 아닐 수 없다. 현상을 이해하고, 문제를 파악하는 우리의 일반적인 사고수준이 얼마나 저급한지를 보여주는 해프닝이다.

| 고 스티브 잡스(좌), 고교 때 '서울버스' 어플리케이션을 개발한 유주완 군(우).[5]

    네오르네상스의 경우엔 재미가 그냥 '재미'가 아니다. '본인이 얻고자 하는 것을 얻을 때 경험하는 것'을 진정한 재미로 느낀다. 그것은 사회적인 인정이 될 수도 있고, 명성일 수도, 돈일 수도 있다. 비즈니스 환경에서는 아마 가장 1차적인 것이 돈이 될 것이다. 너무나 명확한 가치이자 결과이기 때문이다. 안철수는 의사였지만 혼자 고군분투하며 백신을 만들었다. 그가 처음에 백신을 만들기로 결심한 목적이 돈이 전부였을까? 혹시 '그냥' 만든 건 아닐까? 안철수는 백신을 '그냥 재미로' 만들었다. 혼자서 밤을 새고 일하니 남들이 미쳤냐고 비아냥거렸다. 의사나 되어서 왜 쓸데없는 짓을 하는지, 백신을 만든다면서 AIDS 백신도 아닌 컴퓨터 바이러스 백신을 만든다니! 사람들은 그를 두고 "진짜 바이러스 같은 소리하네, 어떻게 살려고 저러냐?" 하고 이러쿵저러쿵 떠들어댔을 것이다. 한국에 사는 네오르네상스가 겪을 법한 현실이다.

네오르네상스에게는 마니아적인 속성이 강하다. 자신이 추구하는 재미가 사회적으로 어떤 의미가 있는지 찾아내는 데도 능하다. 또 새로운 종류의 전문성을 발휘하고, 자신을 사회적으로 잘 포장하는 데 뛰어나다. 자유와 창의력을 추구하고 즐거운 삶을 추구한다. 단순한 재미가 아니라 "내가 지향하는 것이 무엇인가"를 사람들에게 즐겨 이야기하고, 그것을 타인과 공유한다. 또 모험을 즐기고 남들이 하지 않는 짓을 곧잘 한다. 만일 그것이 다른 사람들에게 공감을 사면 확산될 전망이 커진다.

대다수의 대학생들은 본인이 마치 회사인간처럼 살면서 네오르네상스처럼 돈을 많이 벌고, 사회적 인정까지 얻게 되기를 원한다. 그래서 어떤 학생은 안철수처럼 되고자 열심히 공부해서 '안철수 연구소'에 취직한다. 물론 안철수 연구소에서 일하면 재미도 있고 새로운 것을 추구하며 일할 수 있을 것이다. 그런데 막상 그곳에 가면 또 다른 사실을 확인하게 된다. 회사인간이 가득하다는 놀라운 사실을 말이다. 비주류 네오르네상스 성향의 인물이 시작한 곳이지만, 운영은 결국 회사인간과 컴퓨터를 사용해서 매우 열심히 일하는 '정보근로자'들이 하게 된다. 즉 시간이 지나면서 가장 일반적이고 기본적인 회사로 바뀌는 것이다. 누구나 알 만한 예를 들어보겠다. 한동안 'MS(Microsoft Corporation)'는 혁신과 변화의 상징이었다. 그러나 어느 순간부터 그들 역시 우리의 피를 빨아먹는 기업에 불과하다는 인식이 확산되었다. 어쩔 수 없는 대기업이고, 그 곳을 운영하는 사람들 역시 관료주의에 빠진 회사인간인 탓이다.

대한민국에서 자수성가한 사람으로 나름 창의적인 기업가는 누구일까? 나는 주저없이 '넥슨(NEXON)'의 김정주 대표라고 대답하겠다.《포브스 *Forbes*》는 그를 20억 달러를 보유한 재산가로서 '2010년 세계 부호 595위'의 인물로 지명했다. 부모한테서 한 푼도 물려 받지 않고 자수성가했다는 점을 보면 스티브 잡스와 비슷하다. 창업자의 스토리나 사업 종목 등을 고려하면서 아마도 대부분의 사람들은 넥슨을 애플이나 구글과 같은 맥락에서 비교할 것이다. 그러나 이때 주목해야 할 사항이 하나 있다. 넥슨의 사업 분야가 게임이라는 사실이다. 게임은 주류에 속하는 사람들이 좋아하지 않는 영역이다. 아니, 주류에 속하는 사람들이 멀리하고 싶어하는 분야다. 그를 한국의 스티브 잡스라고 부르지 않는 이유도 여기에 있을 것 같다. 한국 사회의 주류라는 사람들이 말로는 "창의적이고 혁신적인 것"을 원하면서 정작 자신들의 삶에서 발생하는 창의적이고 혁신적인 일에 대해서는 심각한 알러지 반응을 일으키는 좋은 예이다. 게임산업이 처한 상황은 이런 현실을 방증한다. 주류를 대표하는 이들이 자기 생각 이외의 다른 생각을 받아들이려고 하지 않는 탓이다.

자본주의 사회에서는 돈을 많이 버는 사람이 곧 영웅이다. 두말할 필요도 없다. 하지만 옛날 사람들에게는 '징기스칸' 같은 사람이 진정한 영웅이었다. 그는 왜 영웅이 되었을까? 돈을 많이 벌어서일까? 아니다. 그는 돈 때문이 아니라 땅을 많이 점령했기 때문에 영웅이 되었다. 알렉산더 대왕도 마찬가지다. 하지만 오늘날의 맥락에서 보자면 사실 '돈' 문제와 크게 다르지 않다. 그 당시 땅을 많이 점령했다는 것은 곧 재화 축적을 의미했으니까. 그렇지만 같은 재화라고 해도 가만히 앉아서 돈을 벌고 잇속을 챙겼던 중국의 거상들은 영웅 취급을 받지 못했다. 잠시 맹모의 이야기를 떠올려보자. 맹자의 어머니는 왜 시장에서 장사를 하다가 굳이 서당 옆으로 이사를 갔을까? 만일 그녀가 계속 시장에서 장사를 했다면

| 넥슨의 김정주 대표.[6]

맹자는 중국이 아니라 세계 최고의 거상이 되었을지도 모른다. 하지만 그렇게 되어도 소용없다는 게 맹모의 판단이었다. 어디서 징기스칸 같은 힘센 장군이 나타나서 땅이고 돈이고 빼앗아 가버리면 그만이라고 생각한 것이다. "돈 많이 벌어봤자 지키지 못할 바에는 아무쪼록 국가고시에 패스해서 권력을 잡아야 한다"는 게 맹자 어머니의 생각이었다. 시간 차이는 많이 벌어지지만 요즘 우리나라 부모들의 생각과 별로 다를 바 없다. 이것이 바로 '대세를 따라가는 주류'의 생각이자 가치관이다.

나는 앞에서, 요즘 젊은이들의 마음속에는 공존 불가능한 회사인간 유형과 네오르네상스 유형이 함께 자리잡고 있다고 말했다. 이제 당신 자신을 생각해보라. 당신은 주류인가, 비주류인가? 당신은 회사인간인가, 네오르네상스인가? 당신이 진정 원하는 가치는 무엇인가? 자기가 만들어가는 삶이 무엇인지, 어떠해야 하는지 분명히 인식하지 못하고, "대충 안정적이고 편안한 삶을 찾아야 한다"거나 "대세를 좇아야 한다"고 생각한다면 그 삶은 점점 더 힘들어진다. 매우 아이러니한 상황이다. 애석하게도 우리 삶의 진실은 "안정된 삶을 추구하면 할수록 그 안정된 삶은 나에게 다가오지 않는다"는 데 있다. 삶의 비극은 여기서 발생한다. 따라서 우리는 자기 나름대로 즐겁게, 자신을 남들과 차별화하면서 살아야 한다. 그래야 삶이 자신에게 의미가 있고, 어느 순간 그것이 불안하기보다 안정된 삶이 된다. "죽으려 하면 살 것이고, 살려고 하면 죽는다"는 이순신 장군의 교훈은 오늘 이 시대 젊은이들의 삶에도 적용되는 명언이다.

♟ 디지털 괴짜, 그들을 알아야 하는 '마지막 이유'

얼마 전 한 학생이 이런 질문을 했다. "다양한 소비자 유형을 안다는 게 무슨 도움이 됩니까? 혹시 회사에서 돈을 버는 데는 도움이 될지도 모르겠지만, 그게 나와 무슨 상관이 있나요? 이런 유형 분석이란 것도 기업한테는 유용하겠지만, 나 같은 소비자 입장에서는 그런 것쯤 알아도 그만, 몰라도 그만 아닌가요? 그런 것들이 대체 우리 삶에 어떤 영향을 주나요?" 하고 말이다. 물론 이런 의문이 개인에게만 국한되는 건 아니다. 개인이 모여 조직을 형성하고, 작은 조직이나 단체들이 모여 하나의 사회를 형성하기 때문이다. 따라서 각 개인이 품는 의문은 곧 사회의 질문이 될 수 있다.

소비자 유형을 탐색하고 연구하면서 나는 놀라운 사실을 하나 발견했다. 우리 기업들마저 이런 내용을 아는 데 큰 의미를 두지 않는다는 점이다. 모두들 회사인간에 속하는 사람이라서 그런지도 모른다. 또 기업은 회사인간들에게 지배당하고 있는 상황이기 때문일 것이다. 더 놀라운 것은 이 연구를 의뢰한 회사조차 연구결과를 자기들의 문제를 해결하는 데 적용하려고 하지 않았다는 점이다. 담당하는 임원조차도 이 결과가 무엇을 의미하는지 더 이상 알려고 하지 않았다. 그냥 간단하게 '보고만 받고' 끝났다. 그들 모두가 아주 철저하게 회사인간의 모드에서 생각하고 행동한 것이다. 말하자면 "남들이 돈 많이 버는 방향을 택하고, 나도 그걸 쫓아가고, 비슷하게 보여야지"라는 생각밖에 하지 않는 것이다.

그러나 나는 이 연구를 수행하면서 나 자신을 이해하는 데 큰 도움을 받았다. 교수인 나는 어떤 유형에 속하는 것 같은가? 네오르네상스, 회사인간, 정보근로자 가운데 어느 유형에 속할까? 솔직히 말하자면 나는 회사인간이 되는 것을 거부하지만 아무리 난리를 치고, 노력을 해도 대학교수라는 입장 때문에 회사인간의 모드를 유지할 수밖에 없다. 사람들은 또 나에게 "대학교수니까 안정되고, 정년까지 일할 수 있어 좋겠어요"라고 이야기한다. 하지만 내가 지향하는 라이프스타일은 실은 네오르네상스이다. 내가 무언가를 하면서 그것이 정말로 즐겁고 재미있게 느껴지고, 다른 사람들에게도 의미 있고, 결과물도 나오고, 돈도 벌 수 있는 것! 그것이 내가 지향하는 삶의 모습이다.

현실에서 나는 정보근로자의 모드로 살아간다. 문서파일을 만들고, 그것을 인쇄하면서 뿌듯해 한다. 나의 일상은 정보근로자의 삶이지만 앞으로 좀 더 자신감을 갖고 과감하게 네오르네상스의 삶을 지향해야겠다고 생각하고 있다. 그러나 더 정확히 표현하자면 현실의 나는 지금 회사인간, 정보근로자, 네오르네상스 사이에서 '왔다갔다' 한다. 물론 꽂힌 거에 열중하는 '디지털 루덴스'의 삶도 나름 괜찮고 재미있을 것 같다. 그러나 "역시 나는, 그건 아니야" 하는 생각이 더 강하다. 그런 생활 자체가 나에게는 힘들기 때문이다. 어떤가? 정말 재미있지 않은가? 한국 사회에서는 이처럼 소비의 유형만 제대로 파악해도 누군가의 삶을 이해할 수 있다. 그리고 내가 어떻게 살아가야 하는지, 내가 뭘 잘할 수 있는지, 진짜 좋아하는 게 무엇인지를 아는 데도 큰 도움이 된다. 이제 남은 궁금증은 이것이다. "이 책을 읽는 당신은 디지털 소비 유형을 통해 무엇을 느꼈을까?"

8장

21세기 디지털 신인류의 라이프스타일

🚶 승민이는 1GB 컴퓨터를 샀을까?

"1GB면 평생 써도 다 못쓰겠네." 영화 〈건축학개론(2012)〉에서 주인공 승민이 한 말이다. 선배 재욱이 새로 장만한 펜티엄하드 1GB 컴퓨터를 보고 감탄하면서. 이 장면에서 관객들은 폭소를 터뜨렸다. '테라바이트 시대'에 사는 우리가 보기에 승민이는 선사시대 사람 같다. "1GB면 두 시간짜리 동영상 파일 하나 저장 못 하는 용량인데…… 도대체 그때는 그 답답한 컴퓨터를 어떻게 썼을까?" 이런 생각들이 머릿속을 스치고 지나간다. 아주 오래 전 이야기 같지만 지금으로부터 불과 10여 년 전 일이다. 그런데도 어떤 관객들은 오래된 앨범을 보듯 "아련한 추억을 느끼면서" 영화를 보았을 거고, 또 어떤 사람들은 "정말 촌스러운 시대였군!" 하고 생각할 것이다.

 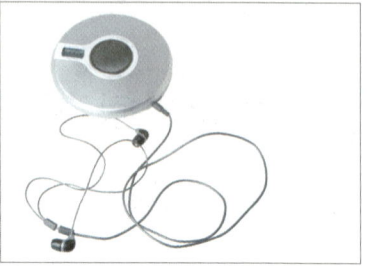

| 영화 〈건축학개론〉에서 볼 수 있는, 90년대 아날로그적 감성을 자극했던 소품들.[1]

    재욱이의 컴퓨터를 부러워한 승민이는 결국 그 컴퓨터를 샀을까? 영화인 탓에 확인할 길은 없지만, 아마 사지 않았을 가능성이 더 높다. 승민의 말 속에 그 답이 있다. "1GB면 평생 써도 다 못 쓰겠네"라는 말에서 승민이에게는 용량이 1GB나 되는 컴퓨터가 필요하지 않을 거라고 추론해볼 수 있다. 당시 사람들에게 1GB란 용량은 엄청난 것이었다. 세상의 모든 정보를 쓸어담아도 남을 만큼 큰 것이었다. 그러면 재욱은 그 엄청난(?) 용량의 컴퓨터를 왜 샀을까? 채팅하는 데는 그렇게 큰 용량이 필요 없는데. 재욱이는 돈이 많아서 그런 걸까? 승민이는 돈이 없어서 1GB 컴퓨터를 못 산 걸까?

    여기에 우리가 눈여겨 보아야 할 중요한 포인트가 있다. 바로, 새로운 것이 세상에 나왔을 때 사람들이 어떻게 반응하는지에 관한 장면이다. 우리는 대개 새로운 테크놀로지가 출시되고, 이것이 인정받아 확산되면, 많은 사람들이 "와, 새롭다, 멋있다, 신난다, 당장 사야지!" 하면서 수용할 거라고 생각한다. 하지만 현실은 전혀 그렇지 않다. 고개가 갸웃거려진다면 다음 질문을 곰곰히 생각해보라.

질문 하나

농부들이 농사를 짓는다. 새로운 품종의 벼가 나왔다. 새로운 품종의 벼는 병충해에 강하고 수확량도 좀 더 많다. 새로운 품종을 개발한 회사에서는 농부들을 모아놓고 "여러분, 이제부터 병충해에 강한 이 품종을 재배하십시오. 그러면 내년에는 수확도 더 많이 할 수 있을 겁니다. 병충해에 강하니까 특별히 농약을 많이 쓸 필요도 없습니다. 비료도 많이 필요하지 않습니다!" 하고 이야기했다. 농부들은 종묘회사의 신제품 개발보고를 듣고 나서 실제 농사현장에서 새 품종인 벼를 심을까?

질문 둘

아주 기발한 공부법이 소개되었다. 듣도 보도 못하던 신기한 공부법이다. 이 방법을 쓰면 학기말 시험에서 더 좋은 성적을 얻을 수 있을 게 확실하단다. 이런 이야기를 듣고 따르는 사람은 누구일까? 혹시 따라 하는 사람이 없는 건 아닐까? 그래도 몇몇은 해볼 것 같은가, 아니면 모두 다 따라 할 것 같은가?

    한국인들은 새로운 것을 상당히 좋아한다. 새로운 의료기법, 새로운 경제학 이론, 새로운 공부법 등 '새로운 것'에 대한 기대가 과도할 만큼 높다. 그럼에도 '정말 새로운 것'이 등장했을 때는 그것을 받아들이는 속도가 그리 빠르지 않다. 또 지속적이지도 않다. 가장 큰 이유는 사람들이 기존의 생각이나 행동방식을 바꾸는 걸 불편하고 귀찮게 받아들이기 때문이다. 기존의 사고방식과 행동방식을 바꾼다는 것은 어찌 보면 심리학에서 일임해야 할 분야이다. 사람의 행동과 사람의 심리, 사람의 마음을 바꾸는 일이기 때문이다.

실제로 대학교에서 소비자 심리학 강의를 하다 한 학생에게 (앞서 소개한 것과 같은) 새로운 공부법이 있다면 어떻게 하겠냐고 물어보았다. 학생은 잠깐 머뭇거리다 "저는 두고 볼래요"라고 응답했다. 그 학생은 자신보다 공부를 못하는 아이가 새로운 공부법을 택해서 공부하고 그 결과 학점이 잘 나오면 그제야 새로운 공부법을 따를 유형이다. 확실한 결과를 알기 전까지는 본인이 써왔던 방법을 바꾸려 들지 않을 것이다. 자기한테 익숙한 것에 대해서는 나름 확신을 가지고 있는 반면 잘 알지 못하는 미지의 것에 대해서는 불안함을 느끼는 탓이다. 새로운 테크놀로지의 문제도 마찬가지다. 신기술이 나오면 '모두' 좋아할 것 같지만 실제로 결과는 그렇지 않다. 오히려 '무조건' 안 받아들이는 쪽이 더 많다. 이런 현상이 바로 '새롭다'라는 것이 사람들에게 전달될 때 일어나는 문제이다.

1950년대 초반 에버릿 로저스(Everette Rogers) 박사는 공동체를 이룬 사람들이 변화를 어떻게 받아들이는지를 설명한 이론을 발표한다. 그것이 바로 '기술수용주기모델(Technology Adaption Life Cycle)'이다. 혁신적인 제품이 나왔을 때 이것이 어떻게 수용되고 확산되는가를 연구하여 그 결과를 토대로 혁신기술을 채택하는 데 걸리는 시간에 따라 소비자를 다섯 개 군으로 분류한 모델이다. 이 모델은 어떤 특정한 새로운 기술이나 생활방식이 사람들에게 소개될 때 거기에 열광하는 사람은 소수라는 사실을 잘 보여준다.

'이노베이터(innovator, 혁신자. 패션이나 라이프스타일에 있어 유행의 발단이 되는 혁신을 산출하거나 도입해서 그것을 표현하는 사람들. 트렌드리더와 동일하게 쓰인다)'는 기껏 5% 정도 수준이고, '얼리어답터(early adopter, 제품이 출시될 때 가

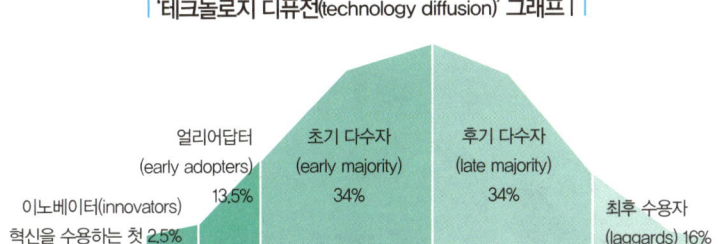

| '테크놀로지 디퓨전(technology diffusion)' 그래프 |

장 먼저 구입해서 평가한 뒤 주변 사람들에게 제품의 장단점과 성능을 알려주는 소비자군)'는 10% 정도에 지나지 않는다. 이들은 새로운 기술과 서비스에 늘 관심을 갖고 촉수를 뻗는 사람들로 새로운 기술이라면 '무조건 긍정적'인 태도를 보이는 사람이다. 마케터들이 좋아하는 사람들이다. 그러나 아쉽게도 이 둘을 합해봤자 10~15% 수준에 지나지 않는다. 따라서 더 많은 대중을 움직이려면 마케팅이 절실해진다. 더 많이 광고하고 홍보해서 제품이나 브랜드의 인지도가 제고되고 친숙하게 되면 구매 또한 자연스럽게 확산될 것이라고 믿기 때문이다.

그런데 문제가 발생한다. 광고를 통해 아무리 알려도 사람들이 신제품을 받아들이지 않는 현상이 비일비재하게 벌어진다. IPTV, 초창기 무선인터넷 서비스, PDA 등이 이에 해당한다. 이처럼 더 이상 확산이 되지 않는 상황을 '캐즘(chasm, 아주 깊은 틈)'이라고 한다. 말 그대로 '협곡'이 생기는 것이다. 단순히 광고를 많이 해서 인지도를 높인다고 해결될 문제는 아니다. 캐즘을 넘으려면 새로운 혁신을 받아들이지 못하고, 끊임없이 머뭇거리면서 갈등하고 주저하는 다수 대중이 누구인지, 그들의 마음이 어떤지를 먼저 파악해야 한다.

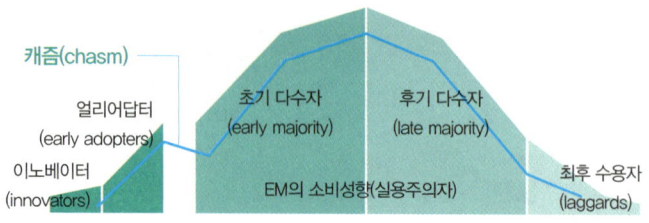

다시 영화 이야기로 돌아가자. 재욱이는 어떤 소비자일까? 아마 얼리어답터일 것이다. '새로 나온 좋고 신기한 것'은 무조건 빨리 사서 써보자는 유형에 속할 것이다. 승민이는 어떨까? 아마 그는 그래프의 중간을 차지하는 '다수 수용자(majority)'일 가능성이 크다. 다른 사람들이 써보고 좋다고 하면, 또 그때쯤 되면 스스로 필요성을 느껴서 사게 될 가능성이 크다는 말이다. 그렇다면, 승민이가 1GB 컴퓨터를 사는 데 필요한 것은 돈일까, 확신일까? 그에게는 신형 컴퓨터를 살 수 있는 돈보다 "내게 1GB 컴퓨터가 절대적으로 필요해" 하는 확신이 먼저 있어야 한다. 기업과 시장은 승민이 같은 사람의 마음을 움직여야 바로 캐즘을 넘어 대박을 칠 수 있다.

👤 대중의 마음은 흔들리는 갈대다

채진 씨는 호기심이 많고, 새로운 것을 좋아하고, 무엇이든 3년 이상 가는 것을 못 견디는 성격이다. 새로 나온 물건은 그게 무엇이든 바로 사야 직성이 풀리고, 자동차는 3년마다 바꾼다. 한군데 오래 못 있는 성격이라 3~5년에 한 번 이사를 한다. 그녀의 남편 중권 씨는 이런 아내 때문에 거의 돌아버릴 지경이다. 매사 신중하고, 고지식하고, 변화보다는 안정을 추구하는 그는 도무지 아내의 변덕을 이해할 수 없다. 멀쩡한 가전제품을 새 것으로 교체하고, 10년은 더 타도 될 자동차를 내다팔고 신형을 주문하는 아내가 그에게는 낯설기만 하다. 마치 '안드로메다에서 온 여자'처럼 보인다. 채진 씨처럼 늘 무엇인가를 적극적으로 바꾸려고 하고, 변화 자체에 저항감이 전혀 없는 사람도 있지만, 대부분의 사람은 그렇지 않다. 대개 중권 씨처럼 자기 생각이나 행동을 바꾸는 데 어려움을 느낀다. 새로운 서비스나 제품을 내놓는 게 능사가 아니라 "이것들을 알리고 평범한 사람들이 부담없이 받아들이게 하는 마케팅과 홍보 전략이 마련되어야 한다"고 주장하는 건 이런 이유에서다.

그렇다면, 정말 마케팅과 홍보가 잘되면 신제품이나 새로운 기술의 확산이 수월하게 이루어질까? IPTV를 예로 살펴보자. 3~4년 전부터 통신사들은 IPTV를 보급하려고 애썼다. 하지만 이 서비스를 이용하는 것은 일반적으로 우리가 알고 있는, 'TV를 시청'하는 것과 다르다. 서비스에 대해 아무리 친절하고 자세하게 설명해도 사람들은 IPTV가 일반 TV 시청보다 어렵고 복잡하다고 생각했다. TV에 대해서 지니고 있던 기존 관념과 생활방식을 바꾸지 않는 한 IPTV의 확산은 더딜 수밖에 없다.

와이파이, 와이브로, 즉 무선인터넷 서비스도 마찬가지다. 이들 서비스는 4~5년 전에 처음으로 보급되기 시작했다. 통신회사는 와이브로가 얼마나 대단한지 설명하면서 이 서비스가 사람들에게 꼭 필요하다고 주장했다. 하지만 보급이 거의 이루어지지 않았다. 예상한 만큼 데이터 사용량이 증가하지 않자 통신회사는 수익 차원에서 상당히 고민하게 되었다. 하지만 이들은 사람들의 행동이 바뀌면 데이터 사용량도 따라서 증가한

| SK브로드밴드 Btv 광고(좌), KT 올레tv 광고(우).[3]

다는 점을 간과하고 있었다. 그리고 단지 마케팅 활동을 통해 가격을 인하하거나 인지도를 높이는 데만 혈안이 되었다. 결과적으로 쓸데없는 경비만 지출한 셈이다. 이처럼 아무리 새로운 기술이 나오고, 그것들을 활용한 제품이 등장한다고 해도 대중적으로 확산되기란 매우 어려운 일이다. 마케팅과 홍보를 잘한다고 될 일도 아니다. 신기술이나 새로운 제품이 인기를 끌려면 무엇보다 '새로운 소비자'와 '새로운 소비행동'이 출현해야 한다. 이것이 바로 키포인트다.

내가 미국에 유학하던 시절의 일이다. 당시 미국인들은 다이어리나 스케줄러로 일상생활을 관리하고 있었다. 다이어리에 자신의 스케줄을 정리하는 행동이 누구에게나 일상적이었다. 한국인의 눈으로 볼 때는 매우 신기한 일이 아닐 수 없었다. 그런데 내가 졸업할 무렵이 되자 종이다이어리가 PDA로 바뀌기 시작했다. 많은 이들이 PDA로 스케줄을 관리하기 시작한 것이다. 이 역시 매우 신기했다. 그러나 한국에서는 당시 PDA를 쓰는 사람이 아무도 없었다. 실용성과 편리성을 강조하면서 주변 사람들에게 권했지만 그리 호응을 얻지 못했다. 그 경험은 국내 통신회사들에게 트라우마였다. 그래서 스마트폰을 출시하면서 주저하고 망설였다. 널리 확산되지 못할 거라고 예측한 탓이다. 하지만 모든 이들의 예상을 깨고 애플의 아이폰이 한국에 들어온 지 1년도 채 안 되어 스마트폰 사용자가 천만 명을 넘어섰다. 데이터 사용량도 현격히 증가했다. 광고, 가격할인 등 마케팅 비용을 아무리 쏟아부어도 꿈쩍 않던 사람들이 지금은 음성 통화보다 데이터 통신을 더 많이 사용한다. 심지어 데이터 통신량의 증가로 음성통화 병목현상이 벌어지기도 한다. 통신회사들은 지금 땅을 치고 후회하는 중이다. 데이터 사용량을 무제한으로 해놓은 탓에 본인들의 수익률이 좋지 않기 때문이다.

무선인터넷 서비스 문제의 핵심은 사람들이 휴대전화로 인터넷을 사용하는가, 안 하는가에 있다. 광고·홍보 등의 마케팅 문제가 아닌 것이다. 그보다는 행동 패턴을 바꿀 것인가 아닌가의 문제다. 소비자 대중은 과거에 휴대전화로 인터넷을 사용한 기억을 떠올리면서 "너무 불편하다"고 판단했다. 휴대전화가 스마트폰 형태로 진화하거나, 그것을 무선 단말기 수준으로 사용할 수 있다면 몰라도! 그렇게만 된다면 단박에 해결되는 문제인데도 처음엔 다들 거기까지 생각이 미치지 않았다. 휴대전화 업체 담당자들은 "왜?"라고 질문을 던지기보다 "스마트폰이라니요? 한국 실정에는 맞지 않아요. PDA도 안 됐잖아요?" 하면서 스마트폰이 국내에서 성공할 수 없는 '수백 가지의 이유'를 먼저 생각했다. '소비하는 사람', '소비자의 마음'을 보지 못한 탓이다.

사람들은 현재 스마트폰으로 다양한 활동을 한다. 정보를 찾아서 활용하고, 스마트폰이 제공하는 여러 가지 오락기능을 즐긴다. 스마트폰과 함께 일상생활을 공유한다고 해도 과언이 아니다. 우리나라 국민의 50% 이상, 네 명 중 한 명이 스마트폰을 쓰고 있는 실정이다. 그러나 같은 스마트폰이라고 해도 누가 사용하느냐에 따라 용도가 달라진다. 과연 그 용도란 것이 성별에 따라 달라지는 걸까? 아니면 연령에 따라 달라지는 것일까? 대개 "남자들은 대개 스마트폰으로 게임을 하거나 대중교통·주식정보 등을 얻는다. 또 트위터나 페이스북 같은 SNS 활동에 참여한다. 반면 여자들은 디자인·대중교통·생리주기·더치페이 어플리케이션, 스마트폰 메신저 등을 더 많이 이용한다. 그러니까 스마트폰을 사용하는 데에도 남자와 여자의 차이가 있다"고 주장한다. 사실일까? 어느 정도 일리는 있지만, 다 맞는 건 아니다. 그렇다면 연령별로 차이가 날까? 만약 연령별로 차이가 난다면, "각 연령에는 어떤 어플리케이션이 가장 잘 어울리고, 또 가장 잘 어필할 것인가? 스마트폰을 사용하면서 가장 수혜를 많이 받는 계층은 누구인가, 또 그 영역은 어디인가?" 하는 것들이 흔히 떠올릴 수 있는 질문들이다. 하지만 그 답은 십중팔구 틀린 예측이 되기 쉽다. 인간의 행동과 소비자의 심리를 탐색하지 않고 단순히 경제·경영·산업적인 측면에서 예단한 것이기 때문이다.

아이폰이라는 특정 상품을 분석해보자. 누가 아이폰을 가장 많이 이용

| 1999년 무선인터넷 네이트의 엔톱(n.Top).

하는가? 2010년 아이폰이 국내에 출시되던 초기, KT가 발표한 자료에 따르면 KT 전체 가입자 중 서울 지역 20~40대 여성 비율이 6.1%인 것에 반해, 아이폰 가입자 중 서울 지역 20~40대 여성 비중은 12.8%로 두 배 이상 높았다. 아이폰 가입자 중 20~40대 여성의 비중이 높은 현상은 특히 강남 지역에서 더욱 뚜렷하게 나타났다.[4] 그렇다면 강남 주부들에게 아이폰은 어떤 의미를 지니고 있을까? 우리는 아이폰을 통해서 강남 주부들의 어떤 특성을 알 수 있는 것일까? 혹시 강남에 사는 주부들에게는 아이폰이 일반적인 명품 구매 욕구와 맞물린 '명품의 하나'로 수용되는 게 아닐까? 단순한 통신서비스를 이용하는 게 아니라 "나는 트렌드에 맞게 이 정도는 소화하며 산다"며 자신의 '사회적인 가치'를 보여주려고 아이폰을 사용하는 건 아닐까? 다시 말해 자신의 표현 욕구를 충족하는 행동이 아닐까?

마음 MRI로 디지털 소비자를 스캔하라

경영학의 마케팅 분야에서는 보통 다음과 같은 방식으로 소비자가 어떤 특정한 제품을 구매하기까지 일어나는 심리를 표현한다. 소위 말하는 '구매행동'을 결정하는 '인지모델'이다.

먼저 제품이나 서비스를 '브랜드'라고 인식하고 시작한다. 여기서 소비란 "소비자가 브랜드를 지각하는 단계에서 구매하는 단계까지 가는 프로세스"다. 다시 말해 소비는 브랜드를 좀 더 알게 되거나 이해하는 과정이다. 어떤 물건이나 서비스에 조금 더 관심을 가지게 되면서 "그래, 이건 괜찮은 거야"라고 생각하고, 여기서 한 발 더 나아가 "내 판단이 맞아,

| 구매행동에 도달하기까지의 4단계 커뮤니케이션 과정 |[5]

인지 awareness
예상 고객들에게 우선 브랜드나 회사의 존재를 알게 한다.

▼

이해 comprehension
제품의 특성은 무엇이며 예상 고객들에게 어떻게 유용한지를 이해시킨다.

▼

확신 conviction
그 제품을 구매하겠다는 의향에 도달하게 한다.

▼

행동 action
구매행동이 실제로 이루어지도록 한다.

나는 이걸 잘 선택했어"라고 확신하게 되는 것이 바로 구매이다. 첫 번째 구매는 다음에 특정 기업의 제품이나 서비스에 대한 재구매로 이어진다. 이러한 일련의 심리과정을 '브랜드 인지모델'이라고 한다.

마케팅에서는 이 전체 과정을 '소비자의 태도'라고 말한다. 그러나 불행히도 이 모델은 인간의 소비행동이나 그 행동 자체를 실질적으로 설명하지 못한다. 소비행위에 내재한 동기가 무엇인지를 정확하게 밝혀주지도 않는다. 다만, "나는 논리적이고 합리적인 인간이야"라면서 자신을 믿고 싶어하는 소비자들에 대한 심리학자와 경영학자들의 '합리적이고 논리적인 설명' 가운데 하나일 뿐이다. 심리학 연구는 "인간의 태도와 행동은 대개 일치하지 않는다"는 분명한 사실을 보여준다.

실제로 사람들이 소비를 하는 동안 어떠한 심리적 경험을 하게 되는지 아이패드가 확산되는 과정을 통해 살펴보자. 어떤 학생이 아이패드를 산다고 했을 때 아이패드가 무엇인지 자세히 살펴본 다음 기능을 완전히 이해하고 그러고 나서 마음에 들고 확신이 생기면 "그래, 결정했어. 이걸 사야겠어" 하고 구매할까? 아니다! 보통은 "어? 쟤도 아이패드를 쓰네. 야, 멋있다. 나도 사야지" 하면서 구입한다. 그렇게 일단 사놓고 나서 기능이 무엇인지, 어떻게 쓰는지, 어디에 쓰는 게 좋을지를 그때부터 밤새워 공부한다. 새로 나온 디지털 제품을 산다고 할 때 몇날 며칠 고민한 후 사기보다 "와~ 질러. 그냥 지르고 마는 거야~" 하거나 "지름신이 강림해서 어쩔 수 없었어" 하면서 구매하는 경우가 더 많지 않은가?

위의 사례에서도 알 수 있듯이, 경영학에서 흔히 말하는 '인지모델 과정'에 따라서 소비자가 물건을 구매하는 경우는 드물다. 인지모델은 "인간은 합리적이고 논리적인 판단에 따라 구매한다"는 사고의 틀을 기반으로 한다. 하지만 이 이론으로는 실제 인간의 행동이나 소비행동을 제대로 설명할 수 없다. 인지모델 이론은 구체적인 행동을 예측하는 데 잘 작동하지 않는 탓이다. 다시 말해 실제 현상을 설명하지 못하는 이론이라고 봐야 한다. 그럴듯한 사후 설명적 내용이긴 해도 실제 상황에서 벌어지는 행동을 있는 그대로 나타내지 못한다. 경영학에서의 소비자 연구와 달리 소비심리학에서는 소비자 세분화를 통해 트렌드를 잘 받아들이는 사람과 받아들이는 데 시간이 많이 걸리는 사람들이 어떤 심리적·행동적 차이를 보이는가에 집중한다. 결과에 따라 새로운 서비스나 물건의 도입 혹은 확산을 위한 적절한 대책이나 마케팅 전략을 세울 수 있기 때문이다.

다음의 사진 속 남자는 세계 최초로 뉴 아이패드를 산 사람이다. 행복

| 세계 첫 번째 뉴 아이패드 구매자인 호주의 데이비드 타라센코 씨.[6]

| 뉴 아이패드를 사기 위해 줄 서서 기다리고 있는 사람들.[7]

한 미소를 짓고 있다. 뉴 아이패드를 출시하는 날 그 제품을 사겠다고 줄을 서서 기다리는 사람들의 행동을 당신은 어떻게 받아들이는가? 이들과 성향이 비슷하다면 쉽게 이해할 수 있을 것이다. 아이폰4S가 나온다는 소식을 듣고 서둘러 예약을 했다든지, 신형 산타페가 나온다는 말을 듣고 근처 대리점으로 달려갔다든지, 김연아 선수가 평창올림픽을 유치할 때 입었던 옷을 사러 달려가 본 경험이 있다면 말이다. 하지만 반대의 경우라면, 즉 "남들이 써본 다음 사는 게 안전해" 혹은 "새로 나온 거라고 사고, 좋다고 사면 언제 돈을 모으냐"고 생각하는 당신이라면 선뜻 받아들이기 어려운 장면일 수도 있다. 그렇다면 이들은 대체 어떤 사람들일까? 소비심리 연구의 핵심은 이런 질문에 대한 답을 찾는 것이다.

나는 디지털 소비탐색을 통해 유사한 반응을 보이는 사람들의 패턴이 여섯 가지(263쪽 참고)로 나뉜다는 것을 알았다. 그 분류를 통해 각기 다른 집단들이 서로 다른 사고방식이나 행동방식을 보인다는 것도 확인했다. 각기 다른 집단의 사람들이 어떤 사회현상을 일으키는지, 어떤 방식으로 행동하는지, 우리가 경험하는 사회현상에 어떻게 기여하는지 좀 더 자세하게 알게 되었다는 뜻이다. 또 이런 과정을 통해 그들의 속성이 무엇인지도 뚜렷하게 이해하게 되었다. 물론 나는 기존의 연구방법인 '인구통계학적 구분' 같은 외부 기준을 사용하여 소비자 집단을 구분하지 않았다. 왜냐하면 이런 방법은 소비자의 막연한 행동들을 인구통계학적 구분을 기준으로 나눈 다음 여기에서 추출한 타깃 집단의 행동을 관찰하고 예측하기 때문이다.

소비자 조사는 보통 평균값이나 최다 빈도값을 추출하는 데는 충분히 쓰일 만하다. 다양한 집단을 찾기보다 가장 평균적인 집단을 찾는 데 도움을 주니까. 하지만 나는 평균을 이야기하거나 대세를 따라가는 부류의 이야기에는 관심이 없다. 그래서 평균적이고 일반적인 소비자 집단을 찾는 게 아닌 각기 다른 소비자 집단이 어떻게 구분되며, 어떤 특이한 소비자 집단이 존재하는지 확인하는 마음 MRI 방법(4장 참고)을 사용했다. 이 방법만이 실제 우리가 현실에서 경험하는 소비자의 심리와 행동 특성을 가장 정확히, 그리고 제대로 파악할 수 있다고 믿기 때문이다. 또 소비자들이 지니고 있는 가치와 라이프스타일을 바로 확인할 수 있기 때문이다. 성별, 연령, 지역과 같은 외부적인 기준은 소비자의 특성에 아무런 영향도 끼치지 못한다. 정말 중요한 것은 그들의 내부적인 기준, 즉 '심리적인 기준'이다.

마음의 지도를 따라가는 일, 즉 마음 MRI 탐색은 소비자 집단 구분에서 고려하는 '심리적 기준'을 잣대로 삼는다. 이것은 바로 소비자들이 일상생활에서 보여주는 소비행동 그 자체이다. 우리는 여기서 각기 다른 집단이 지닌 심리적 특성들이 구체적인 소비행동을 통해 어떻게 다르게 나타나는지 확인할 수 있다.

왜 어떤 소비집단이 보이는 소비행동은 그렇게나 충동적인가? 새로운 휴대전화가 나오면 정신 없이 달려가 바꾸는 사람들은 대체 어떤 심리적 특성이 있는가? 길거리에서 혹은 운전하거나 이동하면서도 늘 전화기를 잡고 통화를 하거나 문자를 주고받는 사람들, 짬만 나면 항상 동영상을 틀어놓거나 TV를 시청하는 사람들은 대체 어떤 사람들일까?

소비자의 심리를 알고 그들의 특성을 구분한다는 것은 이처럼 다양한 소비행동에 대해 물음을 던지고 그 이유나 동기, 내면에 가려진 심리적 근거들을 찾는 일이다. 아이폰으로 다양한 어플리케이션을 다운받아 사용하는 사람이 있는 반면 나처럼 통화나 문자메시지를 주고받는 일 외에는 휴대전화를 거의 사용하지 않는 사람도 많다. 각기 다른 소비행동이다. 그러므로 우리는 각기 다양한 소비행동, 그리고 그 소비행동을 통해서 드러나는 트렌드와 소비자의 가치 혹은 니즈를 통해 그들을 분류할 수 있다. 그 다음 분류 결과에 따라서 비슷한 사람들끼리 묶을 수 있다. 개개인의 라이프스타일에 대한 확인은 이렇게 해서 가능해진다.

👤 라이프스타일로 본 디지털 신인류

7장에서 나는 주류와 비주류의 특성을 이야기하면서 디지털 소비자의 라이프스타일을 크게 두 가지로 구분했다. 바로 회사인간과 네오르네상스이다. 하지만 디지털문화를 생활 속에서 받아들이고 소비하는 패턴에 따라 이들을 구체적으로 분류하면 모두 여섯 가지 유형이 나온다는 사실이 드러났다. 디지털문화를 소비하는 사람들의 특성을 연구하고 이들을 분류하면서 나는 비로소 '디지털 괴짜'가 누구인지 알게 되었다. 그들의 참모습도 알게 되었다. 결과적으로 디지털인류의 라이프스타일에도 부류가 있다는 사실이 확인되었다. 대한민국에서 디지털 괴짜라고 불리는 사람들은 기본적으로 디지털매체를 사용하는 방법과 행동양식이 보통사람들과 매우 달랐다.

| 디지털 소비자유형표 |[8]

디지털 모더니스트 (정보근로자)	디지털 시크	디지털 컨서버티브 (회사인간)
· 이성과 합리의 화신! 성취, 발전, 성장, 프로정신 경제적 안정 · 외부의 대상을 통해 정체성 표현 · 과업, 성취 VS 유행, 재미	· 여유롭게, 트렌디하게, 너무 튀지 않게! · 경제적 안정, 인정, 소속감, 즐거운 삶, 외모 · 자기 멋을 추구 · 사회적 가치 VS 개인적 가치	· 그래도 난 뒤떨어지진 않았다! · 권력, 직업적 성취, 인정, 규범, 관계 · 기존의 것을 재생산 VS 새로운 것 생산, 변화
디지털 부머	디지털 루덴스	네오르네상스
· 뭉쳐서 띄우자! · 재미, 단순한 삶, 관계, 소속, 호기심	· 재미있으면 됐지. 으헤헤헤! · 열정, 호기심, 단순한 삶 · 자유, 유연성	· 재미있게 놀면서 돈 벌자! · 자유, 창의력, 즐거운 삶, · 모험, 공감

디지털 모더니스트_나는 이성과 합리성의 화신이다

- 나의 신상정보에 누군가 접속할 때 휴대전화 문자를 통해 알려준다.
- 언제 어디서나 휴대전화나 PDA를 통해 내 컴퓨터에 있는 정보에 접근한다.
- 다양한 매체를 이용해 언제 어디서나 영화를 즐긴다.

이 행동들은 자기의 정보를 관리하거나 나름대로 자기가 하는 일을 통제하는 데 디지털매체를 사용한다는 사실을 아주 뚜렷하게 보여주는 행동들이다. 컴퓨터를 사용해서 매우 열심히 일하는 사람인 정보근로자, 이른바 '디지털 모더니스트'들의 특성이다. 이들은 흔히 회사에 가면 볼 수 있는 사람들이다.

기본적인 모토는 이성이며, 대개 합리의 화신이다. 늘 효율과 실용성을 강조한다. 언제나 뭔가 통제하고 관리하려는 욕구가 높다. 그래서 컴퓨터를 사용할 때도 자료를 잘 관리하고 보관한다. 누군가 본인의 자료에 접근하는 데 신경을 많이 쓴다. 디지털매체를 업무에 잘 활용하지만 디지털을 통해서 자기 감성을 표현하는 데엔 서투르다. 문자를 보낼 때도 이모티콘을 잘 사용하지 않는다. 간단하고 간결하게 핵심사항만 보낸다. 주어진 일을 충실하게 처리하지만 창의적이지는 않다. 이 사람들에게 "왜 삽니까?"라고 물어보면 대부분 "성취, 발전, 성장, 프로정신"을 이야기한다. 이들은 다른 사람들이 자기를 얼마나 인정해주는지를 중요하게 생각하고, 한편으로는 경제적 안정을 추구한다. 그래서 대기업에 다니는 사람들이 많다. 이들에게 디지털매체는 자신의 일을 효율적으로 처리하는 도구나 수단이다.

디지털 부머_재미가 최고야

- 나의 위치와 주위상황, 교통 등을 문자메시지로 방송하듯 알려주고 싶어한다.
- 내가 좋아하는 연예인이 어디서 무엇을 하는지 확인한다.
- 내가 좋아하는 벨소리를 정기적으로 다운받는다.

만일 당신이 이런 행동을 쓸데없는, 또는 불필요한 행동이라고 본다면 정보근로자일 확률이 높다. 그러나 중요하다고 생각하고 또 기꺼이 이런 행동을 즐긴다면 당신은 '디지털 부머'일 것이다. 대다수 학생들(중·고등학생과 대학생)과 20~30대 젊은이들 가운데도 저런 행동을 하는 사람이 많다. 무엇이든 디카로 찍어대는 사람들, 예쁜 것을 보았을 때나 새로운 먹을거리 혹은 마음에 드는 게 나오면 무조건 사진부터 찍는 사람들이다. 이들은 또 공연을 좋아한다. 옛날에는 '팬클럽' 하면 대개 '오빠부대'를 떠올렸지만 소녀시대를 위시한 걸그룹이 등장하면서 '삼촌부대'가 나타났고, 이어 동방신기나 빅뱅이 나오면서 '이모부대'도 생겼다. 상당히 재미있는 현상이다. 나는 이들을 디지털 부머라고 부른다.

| 카카오스토리, 트위터, 페이스북.

디지털 부머들에게 디지털 기기는 비슷한 성향끼리 소통을 가능하게 해주는 일종의 견고한 채널이다. 그러나 실제 생활을 위해 효율적으로 이용하는 편은 아니다. 나름 재미있는 개그반장 같은 특성을 지닌다. 이들은 대개 비슷한 사람들끼리 뭉친다. 유행에 민감하면서 열광하고, "왜 삽니까?" 하고 물어보면 '재미'를 이유로 댄다. 상당히 단순한 삶을 살지만 관계와 소속감을 중요시한다. 자신이 "누구랑 안다"는 사실을 아주 중요하게 여긴다. 또 호기심이 많다. 그래서 "이거 무슨 일이 있다" 싶으면 그쪽에 가서 몰두한다. 이들은 예전에 '팬픽'에 몰두하던 아이들, 몸짱아줌마 혹은 '팬질'에 관심이 많은 사람들이다. 소통과 놀이를 아주 중요시하는 그룹이다.

디지털 시크 _ 유연하고 우아하게

- 집 안에서도 휴대전화로 통화한다.
- 특정한 사람을 내 블로그나 미니홈피에 못 들어오게 차단한다.
- 방송에서 나의 관심을 끄는 물건이 나오면 바로 주문하고 싶어한다.

'디지털 시크'는 삶의 기본적인 모토를 "여유롭고 트렌디하게, 그렇지

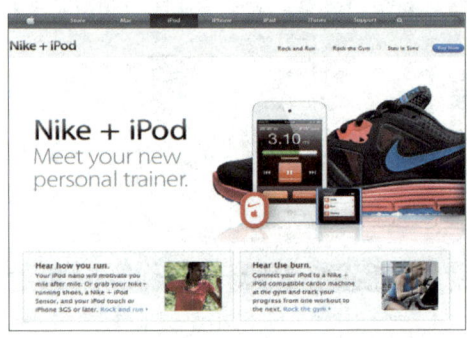

| 나이키+아이팟 키트.[9]

만 너무 튀지 않게"로 삼는다. 그래서 남들이 먼저 쓰면 그 다음에 트렌디하게 '딱, 때 맞춰' 구입한다. 이들은 자신을 아주 중요하게 여긴다. 약간의 '된장녀' 기질이 있다. 자기 스타일이 그다지 강하지는 않지만 귀찮은 것을 무엇보다 싫어한다. 그래서 누가 자기를 귀찮게 하면 참지 못한다. 자기가 좋아서 하는 건 괜찮고, 나름 알뜰한 생활을 추구한다. 디지털 시크는 안전한 것, 편리한 것도 추구한다. 기존 체제에 적응을 잘하고 대체로 순응하며 산다. 이들의 핵심 특성은 욕구 충족의 방식을 '탈 위계적'으로 보는 데 있다. 어떤 때는 점심 값 100원, 200원도 아끼지만 자기가 좋아하는 뭔가를 소유하는 데 갑자기 수십만 원을 팍 쓸 때가 있다. 그래서 남들 눈에 이따금 '황당'하게 보인다.

상황에 따라 유연하게 행동하며, 경제적 안정과 타인으로부터의 인정을 추구한다. 이들도 소속감—번듯한 회사, 번듯한 조직—을 중요하게 생각한다. 소속감이 자신의 정체성을 나타낸다고 믿는 탓이다. 디지털 시크는 어떻게든 즐겁게 살려고 노력한다.《보그》,《얼루어》,《럭셔리》등 패션 잡지의 주된 독자이기도 하다. 디지털 시크는 나름대로 피트니스도 열심히 하고, 컴퓨터나 아이패드로 책도 열심히 읽는다. 공부도 열심히 하고, 돈도 많이 벌어야 한다고 믿는다. 남에게 자랑할 수 있는 멋진 운동을 연마하고 정기적으로 해외여행을 떠나는 일은 이들에게 필수다.

디지털 루덴스_꽂혀야 산다

- TV 방송을 보다가 외출해야 할 일이 생기면 이동하면서도 그것을 마저 본다.
- 로또번호가 생각나면 휴대전화로 바로 입력해서 구매한다.
- 문자메시지를 음성으로 보내거나 듣는다.

| 디지털 루덴스는 자기가 좋아하는 일에 열정을 쏟는다.

이런 행동들을 보면 어떤 생각이 드는가? 상당히 충동적이지 않은가? 이처럼 '디지털 루덴스'는 자신의 감정이나 기분에 따라, 즉각적인 만족에 따라 움직이는 경향이 더 심하다. 이들의 기본적인 모토는 '재미'이다. 이들은 절대 틀이나 규범에 얽매이지 않는다. 그때 그때의 재미를 가장 중요하게 여긴다. 하고 싶은 건 다 하려고 든다. 그래서 만화에 몰두한다든지 비디오에 몰두한다. 자기가 좋아하는 것을 하기 때문에 열정이 많다. 하지만 이들의 열정은 대개 경제활동과 관계가 없다. 남들이 뭐라고 하든 전혀 상관하지 않고 좋아하는 것에 몰두하는 마니아적 속성을 지닌다. 본래 내용의 틀에 얽매이지 않고 자기 마음대로 활용한다. 열정과 호기심이 많지만 비교적 단순하게 산다.

디지털 루덴스의 주요 특성은 주로 낮에는 자고, 밤이면 일어나 활동하는 '주침야활'이다. 그리고 상당히 유연하다. 〈무한도전〉이나 〈개그콘서트〉의 주 시청자 층이 바로 디지털 루덴스다. 일반적으로 인터넷에서

'초딩'이라고 부르는 애들이다. 대개 많은 사람들이 초딩을 초등학생이라고 이해하지만 사실 초딩은 인터넷에서 악플을 달거나 난리를 치는 아이들, 이른바 미네르바 같은 인간을 지칭하는 단어이다. 인터넷에서 잘나가는 인기 있는 논객 가운데는 디지털 루덴스가 상당히 많다. 자기가 좋아하는 것에 꽂힌 나머지 밤을 새워 글을 올리는 부류다. 피규어 수집광이나 지저분한 테마로 〈아프리카 방송〉을 하는 사람들도 여기 속한다.

디지털 컨서버티브_나는 그래도 뒤떨어지지 않았다

- 사회적으로 중요한 사건에 대해 다른 사람들이 어떻게 생각하는지 늘 궁금해 한다.
- 누군가 나에게 가장 잘 맞는 것이라고 이야기하면 따르는 편이다.
- 영화는 커다란 TV 화면으로 봐야 제격이라고 생각한다.

'디지털 컨서버티브(회사인간)'는 자기가 좋아하는 것보다 다른 대다수 사람들이 하는 것을 따라해야 한다고 믿는다. 대학교수들은 디지털 컨서버티브에 속한다. 사실 대학교수와 같이 공부하는 것을 좋아하고 몰입하는 인간들은 디지털 루덴스의 특성을 보여야 하지만 한국 사회에서는 조

| 새누리당 광고에서 홍그리버드로 변신한 홍준표 의원.[10]

직에 잘 맞추어 사는 규범적인 삶, 외부의 시선을 의식하면서 살아가는 '그저 그런' 규범적인 인간이 되기 쉽다. 그렇기에 대학도 마치 회사처럼 조직을 강조하는 환경으로 받아들인다. 이런 경우 대학교수는 그냥 디지털 컨서버티브의 모습으로 살게 된다. 이들의 가장 중요한 모토는 "그래도 나는 뒤떨어지지 않았다"이다. 이들은 자신이 남보다 뒤떨어질까봐 몹시 두려워한다. 그래서 자신이 소속된 집단에 자신을 몰입시키고, 집단의 룰과 가치관을 추종한다. 이것을 보통 "집단적 가치를 추구하는 행동 양태를 보인다"고 말한다.

네오르네상스_즐기면서 일하자

- 자신이 기자가 되어 기사를 쓰거나 DJ 또는 VJ가 되어 직접 방송에 참여한다.
- 고장이 나지 않아도 주기적으로 휴대전화나 mp3 등의 전자기기를 바꾼다.
- UCC사이트에 나의 모습을 찍어 올린다.

'네오르네상스'는 남들 눈에 쓸데없어 보이는 행동을 기꺼이 한다. 그러나 디지털 부머들의 쓸데없는 행동과는 많이 다르다. 무언가 결과물을 만들려고 노력하고, 그것을 다른 사람과 공유하려는 속성이 강하기 때문이다. 게임회사 넥슨 김정주 대표나 '바람의 나라'와 '리니지'를 만든 송재경 같은 사람이 대표적 인물이다. 우리나라에서 그래픽 기반(graphic based) 온라인 게임의 시초가 된 것이 바로 바람의 나라이다. 또 리니지는 우리나라 게임산업의 시조가 되었다. 리니지는 10년 이상 수십조 내지는 수백조의 돈을 끌어 모으고 있다. 이 두 사람은 우리나라의 게임 산업을 일으키는 데 핵심적인 역할을 한 이들로서 게임 개발자들에게는 거의 전설적인 인물에 속한다.

네오르네상스는 "재미있게 놀면서 일하자"는 스타일이다. 이 부류의 사람들에게는 감성과 즉흥성을 중시하는 비주류의 특성이 매우 강하다. 여기에 속하는 대표적 인물로 미국의 빌 게이츠와 우리나라의 안철수 같은 사람을 들 수 있다. 대개 경제적으로 능력 있고, 사회적으로 명성을 얻은 인물들이 많다.

앞서 살펴본 여섯 가지의 유형을 크게 두 개의 소비코드로 나눠보자. 한국인의 소비심리코드는 바로 '생활인'과 '날라리'의 코드이다. 생활인과 날라리라는 코드는 소비행동의 핵심 기준이다. 이들 코드는 바로 디지털 소비를 통해 보이는 다양한 소비행동으로 분명하게 구분되어 나타난다. 앞서 살펴본 디지털 모더니스트, 디지털 시크, 디지털 컨서버티브, 이 세 가지 유형은 생활인의 코드를 가장 잘 드러낸다. 반면, 디지털 부머, 디지털 루덴스, 네오르네상스는 거의 날라리 코드와 일치한다.

이 두 가지 코드가 "언제, 어떤 소비현상으로 드러나는가"의 문제는

| 생활인과 날라리 |

생활인 합리성	날라리 감성, 즉흥성
· 열심히 생활하는, 실속 있고 합리적인 사람 · 우리 사회에서 기성세대가 그리는 정보통신 사회 생활에 충실하게 살아가는 주류의 모습 · 자신의 판단을 확신하고 객관화된 것 중시 · 가치: 합리성, 절약, 관리	· 기분 가는 대로 원하는 것 추구 · 주체할 수 없는 끼 · 남에게 보여주려는 강한 욕구 · 가치: 감성, 감각적 특성

"무엇이 대세로 인식되느냐"에 따라 달라진다. 또 현재 출현하는 소비현상뿐 아니라 향후 나타날 소비행동이 어떤 사람들에게, 어떻게 나타나는지도 알려준다. 만일 개인의 소비행위에서 감성과 감각적 특성이 강조된다면 날라리의 성향이 대세라고 볼 수 있다. 이에 비해 합리성과 절약, 관리 등의 가치가 부각된다면 생활인의 코드가 대세라고 본다. 한편, 대세가 무엇이냐에 따라 생활인과 날라리의 코드는 개인의 삶 속에서 다른 수준으로 나타난다. 특별하고 새로운 것이 사람들의 마음을 사로잡을 때는 생활인보다 날라리의 코드가 부각되고, 안정적이고 합리적인 가치가 중요시되는 사회 분위기라면 생활인의 코드가 부각될 것이다(생활인과 날라리의 코드는 7장에서 살펴본 주류와 비주류의 특성과 쉽게 연결된다).

디지털 괴짜를 위한 마케팅

어느 시대이든 대세를 만드는 사람들이 있다. 그들은 "시작은 미미하나 나중은 창대하리라" 같은 현상을 만들어낸다. 그 주인공이 바로 내가 '디지털 신인류', '디지털 괴짜'라고 부르는 사람들이다. 이들은 '캐즘 극복'을 유도한다. 따라서 이들의 특성을 정확하게 파악한다면 디지털 소비 현상도 더 자세히 이해할 수 있을 것이다. 분명한 예로 'G마켓'을 보자. G마켓은 우리나라의 전자상거래 사이트에서 시장 점유율이 단연 높은 곳이다. 벌써 30% 수준에 육박한다. 그만큼 수많은 전자상거래 사이트 중 가장 높은 성장을 보였다. G마켓을 이용하는 고객들은 어떤 사람들일까? 그들은 어떻게 해서 시장의 성장을 이끌었을까? 실제로 가장 먼저 전자상거래를 시작한 곳은 '옥션'이다. 그런데 옥션은 왜 선도자인데도 G마켓에 밀려났을까?

| 지마켓 홈페이지.[11]

| 롯데백화점 홈페이지.[12]

G마켓이 성장하게 된 원동력은 무엇일까? G마켓의 핵심 소비자는 디지털 부머이다. G마켓 시장을 통해 활성화된 유행은 고상하고 멋진 게 절대 아니다. G마켓은 거의 '막장' 수준의 시장 물건, 트렌드를 빠르게 카피한 그런 상품들을 판다. 가장 놀라운 것은 G마켓의 화면이다. 얼마나 촌스러운가? 일반인들에게도 조악하게 보인다. 그러나 G마켓은 디자인을 보여주고 고급스러운 취향을 파는 사이트가 아니다. 사람들이 편한 마음으로 물건을 구경하고 부담없이 구매할 수 있도록 만든 '편안하고 저렴한 상거래 시장'이다.

만일 G마켓을 '신세계'나 '롯데백화점'처럼 꾸몄다면 G마켓을 찾는 사람들이 그렇게까지 열광하지는 않았을 것이다. 인터넷 마케팅의 기본은 쇼핑하는 사람들의 기본적인 심리 상태를 제대로 아는 것이다. 그러나 전자상거래 시장을 운영하는 사람들 대부분이 디지털 컨서버티브의 마음가짐(mentality)으로, 즉 소비자들이 백화점이나 고급몰에서 쇼핑한다는 생각으로 마켓을 운영하다 보니 결국 소비자들이 떨어져나가는 것이다. 대신 '패스트트렌드, 패스트패션'의 속성을 가장 정확히 읽어낸 G마켓이 대한민국 최고의 전자상거래 사이트를 구축하게 된 것이다.

포털사이트도 마찬가지다. 지금 우리나라에서 가장 유명하고 활발하게 운용되는 포털사이트는 '네이버'다. 하지만 시작은 '다음'이었다. 가장 좋은 검색 엔진을 지닌 '구글'이 한국에서는 유독 힘을 쓰지 못하는 이유가 무엇일까? 우리는 이런 현상을 보면서 소비자를 안다는 건 그저 막연히 '그들의 마음을 추측'해서 되는 일이 아니라는 것을 확인하게 된다. 같은 업종이라고 해도 어떤 동네에서는 잘 되는데 어떤 동네에서는 망하는 이치와 같다.

구글은 주로 디지털 모더니스트들이 이용한다. 그런데 한국의 네이버를 이용하는 주된 소비자들은 디지털 루덴스 혹은 디지털 부머들이다. 디지털 루덴스가 올리는 내용이 정확한가 그렇지 않은가는 문제가 아니다. 여기서는 "정보가 얼마나 재미있고 얼마나 도움이 되는가?" 하는 게 문제다. 물론 디지털 모더니스트의 입장에서는 그런 것을 '정보'라고 보기 어려울 것이다(나도 연구원들에게 '네이버 지식인'의 정보를 100% 믿지 말라고 충고한다).

| 구글 홈페이지.[13]

| 네이버 홈페이지.[14]

다시, 세계 최강의 검색엔진 구글이 한국에서만 맥을 못 추는 이유로 돌아가보자. 구글은 핵심 소비자인 디지털 모더니스트의 니즈에 기능을 맞추었다. 한국의 주된 인터넷 이용자들인 디지털 루덴스나 디지털 부머들의 욕망은 읽을 생각조차 하지 못했다. 하지만 구글은 디지털 루덴스나 디지털 부머들에게 어필하는 서비스에는 관심이 없다. 그럴 필요가 없기 때문이다. 반면, 네이버는 디지털 한국인의 소비특성을 가장 철저하게 따른다. 네이버가 어필하는 서비스인 '실시간 검색어'를 보면 알 수 있다. 대세를 따르고 싶어하고, 언제나 대세에 속하고 싶어하며, 늘 대세의 이야기를 나누려고 하는 대다수 한국인들에게 실시간 검색어만큼 중요한 서비스가 없다. 곰곰이 생각해보면 이것만큼 황당한 서비스가 없는데도 말

| 미국 시트콤 빅뱅이론.[15]

 이다. 모두가 대세가 무엇인지 알아야 하고, 다수의 사람이 관심을 가지는 문제에 끌려들어가야 하는 사회이기에 가능한 현상이다.

 이번에는 우리나라 사람들이 좋아하는 TV프로그램인 〈무한도전〉과 국내에 열풍을 일으킨 미드 이야기를 해보자. 물론 둘 다 인기가 좋은 프로그램들이다. 궁금한 점은, 어떤 사람이 '무한도전'을 보고 어떤 사람이 '미드'를 보는가 하는 것이다.

 먼저 미드 열풍을 보자. 〈프리즌 브레이크〉, 〈가십걸〉, 〈위기의 주부들〉, 〈빅뱅이론〉, 〈CSI〉, 〈넘버스〉 등등에 열광하는 미드폐인이 많다. 언제부터, 또 어떻게 미드가 유행했을까? 미드 열풍은 한국인들을 디지털 괴짜라는 맥락에서 볼 때 가장 쉽게 이해할 수 있는 항목이다. 디지털 시크들은 트렌디한 것을 좇는다. 그래서 가장 트렌디해 보이는 뉴요커의 삶을 동경하면서 〈섹스 앤 더 시티〉에 빠진다. 연령대가 좀 더 어린 여자들은 〈가십걸〉에 미치고, 이 여자들과 유사한 성향의 남자들은 〈위기의 주부들〉 같은 것을 본다.

디지털 시크와 전혀 다른 인간들이 미드에 빠지는 경우가 있다. 바로 디지털 루덴스의 경우다. 그들은 트렌드가 아니라 미드 자체가 새롭고 재미있어서 본다. 한마디로 독특한 캐릭터에 몰입하는 것이다. 이는 디지털 루덴스의 특성이기도 하다. 이들은 밤을 새워서 시리즈를 다운 받고, 밤을 새워서 그것을 본다. 그래서 TV에서 방영되는 것은 도저히 보지 못한다. 한꺼번에 다운받아서 한꺼번에 보는 데 익숙하기 때문이다. 이처럼 성향이 전혀 다른 집단인데도 '미드'라는 하나의 현상에 매혹당한다. 그런데 여기에 종종 디지털 부머가 낀다. 유행을 따르고 대세를 추종하는 입장에서 미드를 안 보고 지나칠 수 없는 탓이다. "미드가 유행이라니까 봐야지! 안 보면 처지니까" 하는 생각이 그들의 기본 마인드다. 미드 열풍은 이렇게 생겨나고 확산된다. 우리나라 프로그램인 〈무한도전〉도 마찬가지다. 이것 역시 디지털 루덴스에게 잘 먹힌다. "재미만 있으면 되지, 뭘 다른 걸 따지냐?"면서, "재미 하나면 끝"이라고 생각한다. 여기 디지털 부머가 개입하는 순간 곧 열풍이 불어닥친다.

드라마나 오락프로그램에 비해 게임비즈니스는 조금 복잡하다. 처음에 네오르네상스가 재미있겠다면서 게임을 만들면 디지털 루덴스가 밤을 새워 이것을 하고, 디지털 부머들은 "친구들이 다 하니까 나도 해야지" 하면서 게임 안으로 들어온다. 게임 세계는 이런 경로로 만들어진다.

국내에서 큰 인기를 끌었던 모바일 게임 '앵그리버드'도 마찬가지다. 디지털 루덴스가 먼저 미친 듯이 이 게임을 즐기고, 이어서 디지털 부머들을 통해 널리 확산되는 것이다.

그러나 디지털 모더니스트나 디지털 컨서버티브들이 게임에 관심을 가지는 경로는 전혀 다르다. 이들의 관심은 "현재의 곤경을 타파할 수 있는 무슨 새로운 산업이 없을까, 돈을 좀 벌어야 하지 않을까?" 하는 마음에서 비롯된다. 과정을 보자면 이렇다. 디지털 컨서버티브가 디지털 모더니스트를 쪼기 시작한다. 디지털 모더니스트는 "요즘 게임이 유행한다는데, 대박이에요~!" 하고 외친다. 그러면 디지털 컨서버티브가 "그래, 너 한번 제안서 만들어 와봐"라고 말한다. 일은 이렇게 시작된다. 그러나 곧 망하게 된다. 아무리 (자기들 입장에서) 새롭고 신선한 아이디어를 내어 놓는다 한들 열정적이고 자기만족적인 네오르네상스의 창조성을 따라갈 수 없는 탓이다. 게다가 그들이 제안하는 '새로운 것'은 '이미 맛 본 사과'가 되기 십상이다.

자, 이런 상황이 벌어질 때 대기업은 어떻게 반응할까? "우리는 게임산업을 할 수 없어. 체면이 있지" 하면서 기존의 군소 게임회사를 아예 통째로 인수해서 안정적으로 사업을 펼친다. 하지만 이들도 곧 망하게 마련이다. 네오르네상스에게는 조금도 특별할 게 없는 '근성'이 디지털 컨서버티브나 디지털 모더니스트에게 결여된 탓이다. '싸이월드'가 성공하는 것 같더니만 어느새 지지부진하게 되어버리는 일들이 무시로 벌어진다. 대기업이 게임산업에 진출해서 성공한 경우는 지금까지 'CJ 미디어' 밖에 없다. 삼성은 게임에 끼어들었다가 일찌감치 망했던 전력이 있다.

| 게임회사 로비오의 앵그리버드

| 헨리 홈
로비오 수석부사장.[16]

이 세계를 주도하고 또 이 세계 안에서 숨을 쉬는 사람들은 디지털 모더니스트 혹은 디지털 컨서버티브와는 전혀 다른 종류의 인간이기 때문이다. 출발점이 다르면, 과정도 결과도 다르게 마련이다. 어떤 일에서나 마찬가지다.

'디지털 신인류, 디지털 괴짜'들은 우리가 경험하는 일상에 존재한다. 그들의 성향과 특성을 아는 것은 내가 어떤 사고의 틀로 세상을 바라보고 경험하는가를 이해하는 데 큰 도움이 된다. 사고방식과 가치관에 따라 내가 경험하는 것과 받아들이는 세계가 완전히 달라지기 때문이다. 이처럼 소비현상은 우리 각자가 다르게 이해하고 받아들이는 모든 행동을 가장 대표적으로 나타낸다. 좀 과장해서 표현하자면, "사람 수만큼 다양한 행동이 발생한다"고 보면 된다. 그렇다면 시장에 접근하는 마케터들의 방식도 달라져야 하지 않을까? 소비자의 유형에 따라, 소비자의 마음에 따라, 그리고 소비자의 반응에 따라서. 마케팅에서의 '고정관념'은 '고장난' 마케팅만 양산할 뿐이다.

9장

명품소비에 숨어 있는 마케팅 심리

돈이 많으면 '로열'하다?

어느 날 홍콩에 사는 친구한테서 연락이 왔다. 서울에 가면 볼 수 있느냐는 이야기였다. 한국에 있을 때부터 영자신문의 에디터로 일하던 그는 지금 홍콩에서 잡지 에디터로 일한다. 그는 "아시아의 명품소비를 다루는 잡지를 만들고 있는데, 이번에 한국인의 명품소비문화를 조사하려고 해. 그래서 서울을 방문하게 되었는데 만날 수 있겠지?" 하고 물었다. 그는 현재 세계 최대의 명품 그룹인 '루이비통 모에 헤네시(LVMH)' 회사와 같이 명품소비에 대한 연구를 진행 중이란다. 친구는 나중에 이렇게 덧붙였다. "나는 한국인들이 '로열(royal)'이라는 걸 어떻게 생각하고 있는지 궁금해" 하고 말이다. 매우 흥미로운 질문이었다. 관심을 표명하자, 친구는 더 구체적으로 연구내용을 설명해주었다.

아시아 각국은 '로열패밀리'가 있는 곳과 그렇지 않은 나라로 나뉘어진다. 중국과 한국에는 로열패밀리가 없지만, 일본·태국·말레이시아·인도네시아에는 로열패밀리가 있다. 로열패밀리가 있다는 것은 그 사회가 신분을 의식한다는 의미도 되지만, 일반 사람들이 그들을 뭔가 다른 계층으로 본다는 의미도 포함된다. 즉 사람들이 로열패밀리를 "일반인과 뭔가 다른 특성(something special)을 지닌 부류"로 생각한다는 뜻이다. 친구는 로열패밀리가 없는 중국이나 한국에서 사람들이 '로열하다'는 것을 어떻게 받아들이는지 알고 싶다고 말했다. 자신이 최상의 사회적 신분을 가지고 있거나 자기 자신이 남과 다르게 특별하다는 것을 과연 어떻게 표현하는지 궁금하다고 했다. 더불어 이런 욕망이나 욕구가 혹시 명품이라고 불리는 '럭셔리 브랜드' 소비와 맞물린 게 아닌지 확인하고 싶다고도 이야기했다.

우리의 마음속에 있는 "로열이 무엇인가"를 나름 제대로 보여주는 사례가 있다. 몇 년 전, 인기리에 방영되었던 〈궁〉이라는 드라마를 떠올려 보자. 얼마나 인기가 많았는지 모른다. 드라마가 끝나자 사람들이 "현재 왕조는 없지만 새롭게 로열패밀리를 부활시키는 것이 어떠냐?"고 말했을 정도다. 〈궁〉은 원래 만화가 원작이다. "만일 영국처럼 우리나라에도 여전히 왕가가 유지되고 있다면?"이라는 가정에서 출발한 것이다. (짐작과 같이) 남자 주인공은 고귀한 혈통을 물려 받은 왕세자, 세자빈으로 책정된 여자 주인공은 고만고만한 집안 출신의 평범한 여자다. 이들은 또 각각 19세기 아날로그 세계와 21세기 디지털 세계의 만남을 그린다. 우여곡절 끝에 주인공들은 상대방을 통해 더욱 성숙하고, (드라마 속) 어른들은 결코 이루지 못한 황실의 개혁과 변화를 이루어낸다. 시청자들은 이 드라마를 보면서 간접적으로나마 왕실 생활을 경험했다. 왕실 나름의 문화와 법도, 생활방식, 지향하는 가치관 등을 말이다. 그러다 보니 사람들이 그 자체를 상당히 멋있다고 생각한 것 같다. "나와 사는 방식이 다르지만 우리가 동경하는 그 무엇이 있어" 하고 생각한 것이다. 이후 〈궁〉과 비슷한 콘셉트를 가진 왕실 드라마가 또 나왔다. 타이틀은 〈마이 프린세스〉. 그러나 사람들은 〈마이 프린세스〉에 대해서는 시큰둥했다. 왕실을 복구한다는 스토리였지만 〈마이 프린세스〉에는 왕실을 상징하는 것이 거의 드러나지 않았기 때문이다.

영국의 윌리엄 왕자 결혼식 생중계는 왕실의 존재나 그들의 행사가 얼마나 대중의 관심을 끄는지, 또 일반인의 사랑을 얼마나 많이 받는지 보여준 아주 좋은 사례이다. 전 세계 20억 명이 결혼식 장면을 시청했다는 등 영국인들은 감격의 눈물을 흘렸다는 등, 그런 이야기를 들으면 왕실이라는 존재가 민주주의 사회에서 뭔가 새로운 차원의 공동체 경험이나 집단성을 체험하게 해주는 구심점 역할을 하는 것처럼 보인다. 하지만 우리나라에는 왕실이 없다. 박제된 과거 속으로 사라진 지 이미 오래다. 이런 사회에서 럭셔리 브랜드라 하는 명품을 소비한다는 게 '로열'한 것과 과연 어떤 의미상의 연결성을 가지는지를 연구하는 것은 매우 흥미롭다.

| 2006년 방영된 MBC드라마 〈궁〉(좌), 2011년 방영된 MBC드라마 〈마이프린세스〉(우).[1]

| 이재용 및 삼성가(家) 사람들.[2]

친구는 도착하자마자 '한국의 마지막 로열패밀리'라고 일컬어지는 이씨 왕조가 한국인들에게 어떻게 받아들여지고 있는지 인터뷰를 했다. 일반 대중, 역사학자, 국립박물관장, 대학교수 등 대상도 각계각층이었다. 그리고 나는 인터뷰를 통해 얻은 자료를 바탕으로 한국인이 로열한 것을 찾는 심리가 무엇인지 탐색했다. 이 책을 읽는 여러분은 로열패밀리 하면 누가 가장 먼저 떠오르는가? 한국인들은 어떤 부류를 로열패밀리라고 언급했을까? 결과는 놀라웠다. 한국인들이 로열패밀리를 언급할 때 가장 먼저 떠올리는 부류는 이씨 왕조의 후손이 아니라 '삼성패밀리' 같은 재벌가였다. 모 신문의 헤드라인, "로열패밀리, 삼성가 오늘의 패션은?"처럼 패션뿐만 아니라 삼성가의 일거수일투족은 언제나 대중의 이목을 집중시킨다.

재벌가 사람들을 로열패밀리라고 생각한다는 말은 돈만 있으면 누구든지 로열패밀리가 될 수 있다는 이야기다. 그래서인지 전통적 의미의 로열패밀리 일원인 이씨 왕가의 마지막 황세손인 이원을 로열하다고 보는 대중은 거의 없었다. 물론 국립고궁박물관장 같은 분은 '재벌가=로열패밀리'라는 공식이 말도 안 된다고 주장했다. 삼성을 비롯한 재벌가에 돈이 많다는 것을 부인할 수는 없으나 돈이 많다고 '로열티(royalty)'를 가질 수 있는 것은 아니라고 역설했다. 그는 이런 발상 자체가 천박하다고 일갈한다. '로열하다'는 건 돈을 얼마나 많이 가졌는가의 문제가 아니라 대중에게 어떤 모범을 보여주었는가의 측면에서 따질 일이라고 말한다. 역사상 이씨 왕조뿐 아니라 거의 모든 로열패밀리가 국민에게 자신들의 삶이 모범으로 비춰지게끔 노력했다는 것이다. '왕족의 품위'를 지키면서 말이다.

사람들이 돈을 통해 자신의 사회적 신분과 지위를 드러내고자 할 때 명품은 돈으로 살 수 있는 가장 쉬운 수단이다. 돈이 많다고 직접적으로 자랑하는 것은 노골적이고 천박하다는 인상을 주지만, 다른 무엇과 바꾼 돈은 오히려 자신을 남과 다르게 보여주는 '상징'이 된다. 그래서 실제로 부자가 아니더라도 남에게 '부자인 것처럼' 보이고 싶은 사람은 명품을 찾는다. 이런 현상은 "누가 부자인가?" 하는 점이 어떤 사람을 다른 사람과 구분하는 중요한 특성으로 작동하는 사회에서 더욱 뚜렷하게 나타난다. 즉 명품이란 "부자라는 사실을 돈이 아닌 어떤 것으로 가장 잘 보여주는" 물건이다. 그러므로 당연히 '비싼 물건'일 수밖에 없다. 그렇다 하더라도 '로열하다'는 것이 단순히 "내가 가진 돈이 많다"는 의미는 분명 아닐 것이다. 명품을 소비한다고 해서 나의 신분이 로열해질까 하는 점에는 여전히 의문이 남는다. 로열패밀리가 없는 우리나라에서 명품을 소비하는 사람들이 늘어난다는 것은 명품소비집단이 더욱 다양해지고 세분화되고 있다는 의미이다.

🕴 조니 워커에서 프랑스 산 빈티지 와인으로

한국의 소비시장은 많이 바뀌었다. 라이프스타일도 점점 세분화되고 있다. 이런 현상은 특히 명품소비에서 두드러지게 나타난다. 화장품만 봐도 그렇다. 40~50년 전 우리 어머니 세대는 일본에서 나온 '시세이도' 화장품 하나만 있으면 뿌듯해했다. 남들에게 '부자처럼' 보일 거라고 믿었다. 그만큼 시세이도 화장품은 귀한 물건이었다. 세월이 바뀐 지금, 시세이도는 더는 모든 여자들이 부러워하는 명품이 아니다. 백화점에 가보라. 시세이도는 뒷전으로 밀려난 지 이미 오래다. 세계적으로 유명한 제품, 낯선 브랜드가 휘황찬란한 조명 아래 빛난다. 거기서 우리는 최고가 라인인 '라메르', '프레쉬', '라프레리'부터 시작하여 셀 수 없이 다양한 명품 브랜드의 화장품을 만날 수 있다. 물론 그 가운데에는 국내 브랜드인 '설화수' 같은 화장품도 있다. '설화수'는 우리나라 주부들의 잇 아이템이다. 어디 가서 설화수 샘플을 꺼내면 "다들 쳐다본다"는 이야기가 나올 정도다. 2012년 초 모 업체에서 설화수 샘플을 모아 파는 땡처리를 단행했다. 놀라운 일이 벌어졌다. 순식간에 전 라인의 샘플이 '솔드아웃'된 것이다. 이제 우리가 말하는 명품이 더 이상 소수의 전유물이 아님을 보여주는 재미있는 사례였다.

이번에는 시계를 거꾸로 돌려 1988년으로 가보자. 서울올림픽 이후 외국 브랜드 제품들이 우리 사회에 쏟아져 들어오면서 명품과 관련되어 가장 많이 언급된 게 '사치와 과소비'였다. 외국 브랜드는 그 자체로 비싸기도 했지만, 또 다른 측면에서 근검절약을 외치는 사회 분위기와 잘 맞지 않았다. 그래서 부자의 철부지 자식을 뜻하는 '오렌지족', 그들을 따라하는 '낑깡족', 또 자신의 부를 과시하기 위해 마구 소비하는 사람을 비난하는 '졸부'라는 단어들이 무차별 탄생했다. 덩달아 외국 브랜드를 무차별 수용하는 상류계층에 대한 위화감의 수위도 높아졌다. 그 당시 '과소비 추방 결의대회' 부류의 운동이 무시로 벌어진 것만 봐도 알 수 있는 사실이다.

하지만 어느 순간부터 사회 분위기가 달라졌다. 외국 브랜드 제품을 사용하는 게 이제는 졸부를 의미하지 않는 세상이 된 것이다. 달라진 세상은 2000년대 초부터 시작되었다. 그때부터 사람들은 럭셔리 브랜드에 속하는 외국제품을 막연히 '명품'이라고 부르기 시작한다. 국내에서 만

| 한국단란주점업중앙회 회원들이 벌인 과소비추방 범국민대회.[3]

| 시대별 명품소비 심리 |

90년대	'오렌지족' 등 젊은 명품족의 등장 명품=과소비	무위도식하며 방탕생활로 하루 보내…… (연합뉴스, 1993년 1월 29일) "앞으로도 과소비와 계층간의 위화감을 조장하는 오렌지족들을 지속적으로 단속해 모두 엄벌에 처하겠다."
2000년대 초·중반	명품소비의 확산 명품=과시·동조	특별한 소수를 위해…… '식지 않는 명품열기' (한국경제, 2000년 10월 16일) "대중에게 알려서 많이 파는 것보다 가치를 알고 찾아오는 진짜 고객만 받겠다는 의도다." 작은 사치…… 신 소비자군 Buy+Identity=바이덴티티족 (동아일보, 2005년 4월 1일) "무엇을 구매하는 것에서 자신의 정체성을 찾으려 하는 소비자군인 '바이덴티티족'……" "명품족과 이미지가 비슷한 듯하지만, 명품족에 비해 실제 그런 생활을 영위할 경제적 능력이 떨어지면서도 거의 동등한 삶의 수준 추구"
2000년대 현재	명품 소비자의 분화 (대중화&차별화)	요즘 명품족이 원하는 건 덜 비싸고 고급스러운 디자인 (중앙일보, 2010년 6월 24일) "꼭 비싸야만 명품인가요, 세계적으로 명품족은 점점 젊어지고 있어요. 그들은 너무 비싸지 않으면서 고급스러운 디자인을 원하죠." 샤넬, 에르메스 '됐거든'…… '신개념 명품'시대 (스타일 M, 2010년 10월 4일) "국민소득 2만불 시대…… 개성추구 차별화된 명품 시장 형성"

들어진 브랜드나 제품이라도 그것이 유사제품에 비해 비싸거나 특별하다고 간주되면 곧장 명품이라는 이름표를 달았다. '명품 아파트', '명품 교육', '명품 서비스' 등 '명품'이라는 단어는 "뭔가 고급스러운 것, 동일 계열의 다른 제품보다 비싼 것, 질이 좋은 것"을 상징하게 되었다. 따라서 명품은 일부 사람들이 주위의 따가운 시선을 의식하면서 소비하는 물건이 아니라 누구나 선망하는 그 무엇으로 받아들여졌다. 바야흐로 '명품의 대중화'가 시작된 것이다. 명품이 우리 일상생활에서 자연스럽게

소비되고, 누구나 각기 다른 명품을 경험하는 그런 시대를 맞은 것이다. 2000년대 초 IMF 경제위기를 지나 다시 경제가 회복되고 발전되면서 순식간에 일어난 변화다.

명품소비가 급속히 대중화의 물결을 타게 되자 몇 가지 문제가 불거진다. '과소비'와 '일상화'라는 두 가지 가치관이 충돌하면서 명품과 관련된 여러 가지 논란이 수면 위로 떠오른 것이다. 엉뚱한 사건들도 터져나왔다. '된장녀'나 '신상녀' 혹은 '지름신'처럼 말초신경을 자극하는 소비문화 콘셉트의 단어들이 대거 등장한 것도 한 가지 예다. 이 단어들은 명품소비와 관련된 우리의 소비성향 또는 명품소비를 인식하는 우리의 심리가 얼마나 급속하게 바뀌었는가를 단적으로 보여준다.

된장녀는 점심으로 2천 원짜리 김밥을 먹으면서 '스타벅스'에 가서

| 뉴욕의 패션세계를 다룬 영화 〈악마는 프라다를 입는다〉.4

4천 원 이상 되는 커피를 마시는 사람의 소비생활을 지적한 단어이다. 물론 비난의 뉘앙스가 물씬 풍긴다. 한편 신상녀는 새롭게 나온 명품을 '수집하듯' 구입하는 연예인을 부러워하는 대중의 마음이 만들어낸 말이다. 하지만 지금은 된장녀와 신상녀를 구분하지 않는다. 그런 이야기조차 촌스러운 일이 되어버렸다. 명품소비가 일상이 된 탓이다. 소비행동이나 성향만 따지고 본다면 서울에 사는 소비자들의 취향이 웬만한 뉴요커, 아니 더 높은 것처럼 나타나는 상황이 된 것이다.

언젠가는 '루저남'이 큰 이슈가 된 적이 있다. 사실 어떤 여자가 키 큰 남자를 좋아하든 말든 그 기준이 180㎝가 되든 말든 그게 도대체 나와 무슨 상관인지 모르지만, 대한민국에서는 불 같은 '국민 감정'이 일어났다. 한국인들은 (본인이) 이해할 수 없는 상황이 눈앞에 벌어지거나 규범에 어긋나는 상황이 발생하면 곧잘 분개한다. 그러나 이해할 수 없는 상황이란 대개 새로운 뭔가가 나타난 것이고, 규범에 어긋나는 것이라 해도 시간이 지나면 새로운 규범으로 자리잡게 마련이다. 명품소비에 대한 새로운 규범도 마찬가지다. 우리가 명품소비의 패턴이나 까닭 등을 알아야 하는 이유는 바로 이것이다. 즉 명품소비가 새로운 소비문화로 부상한 배경을 살피면서 그 중심인 소비자를 이해하고, 그들의 행동과 심리를 이해하고, 소비행동이 어떻게 변화할 것인가를 예측해야만 사회상의 변화도 예측 가능하기 때문이다.

20~30년 전만 해도 명절이나 기념일에 주고받는 최고의 선물은 외국산 '브랜드 양주'였다. 하지만 시간이 흐른 이 시점에서 한국인이 가장 선호하는 선물은 명품이 되었다. 최근엔 명품이 '고급와인'으로 바뀌었

다. 대중이 소비하는 고급스러운 물건은 이렇듯 시대별로 달라진다. 한때 대세였던 외국산 화장품에서 고가의 양주로, 또 대중이 선호하는 럭셔리 브랜드 제품에서 최고급 와인으로……. 시대에 따라, 또 한 시대를 살아가는 사람들의 가치관 변화에 따라 소비자의 명품소비 의식도 진화한다는 것을 알 수 있다. 그러므로 지금의 명품소비 현상을 '명품=과소비', '명품=과시·동조'라는 단순한 프레임으로 보아서는 안 될 것이다. 명품소비는 더 이상 가격의 문제가 아니기 때문이다. 번쩍거리는 포장지에 싼 조니워커 블랙라벨을 주고 받던 사람들이 이제는 고풍스러운 상자에 담긴 빈티지 와인을 주고 받는다. '졸부의 황금목걸이 이미지'를 버리고 '세련된 도시 보헤미안'의 이미지와 함께. 명품소비는 이제 개개인의 취향, 개성, 라이프스타일을 반영하는 사회현상이 되었다.

명품홀릭 한국인, 당신의 심리가 궁금하다

《럭셔리》라는 잡지가 있다. 2011년 3월로 창간 10주년을 맞은 잡지다. 그곳 기자가 10주년 기념 특집으로 "한국인의 명품소비 성향, 어떻게 바뀌었나?"에 대한 기사를 실을 예정이라면서 나를 찾아왔다. 일본인, 중국인들까지 한국에서 명품을 살 만큼 한국은 명품쇼핑 왕국이 되어버렸다. 그만큼 국내 명품 시장이 활성화되었다는 뜻이다. 너도나도 명품을 사는 나라, 대학생들마저 버젓이 고가 브랜드 가방을 들고 다니는 나라. 한국인들에게 명품이란 도대체 어떤 의미일까? 소비자 집단을 그들이 추구하는 가치와 라이프스타일에 따라 나눈다고 할 때, 집단구분과 관계없이 명품에 열광하는 사람들의 심리는 도대체 무엇일까? 나는 우리나라 사람들이 명품에 열광하고 집착하는 현상 자체도 흥미로웠지만,

사실 그 이면에 숨은 사람들의 심리에 관심이 더 많았다. 도대체 '그 어떤 것'이 한국인들을 명품에 목매게 만든 만들었을까? 그 속마음은 무엇일까?

명품소비 행동과 관련된 우리 사회의 반응은 참으로 다양하다. "사치하면 안 된다"는 입장, "짝퉁이라도 걸쳐야 무시당하지 않는다"는 이야기, "내가 벌어서 내가 쓰는데 무슨 상관이냐"는 주장 등 생각도, 입장도, 의견도 가지가지다. 이처럼 특정 소비행동에 대해 각기 다른 생각이나 가치가 적용되는 경우 심리학이 개입할 가능성은 더욱 높아진다. 나는 대한민국이 늘 궁금한 심리학자 중 한 사람으로서 우리 사회의 명품 과열 현상을 어떻게 설명할 수 있을까 고민해왔다. 그리고 이 현상을 제대로 파악하기 위해 많은 사람들을 일일이 만나서 그들의 의견과 반응, 경험을 들어보았다. 막연히 책이나 논문을 읽는 것만으로는 우리 눈앞에서

| 고가 제품만 소개하는 잡지 《럭셔리》.[5]

벌어지는 구체적인 현상을 이해하기 어려운 탓이다. 그래서 인류학자들이 '필드'에 나가서 연구대상의 구체적인 행동과 흔적을 모으듯 나 역시 그런 식으로 연구활동을 진행했다.

한국인의 명품소비 현상을 더 잘 이해하기 위해 명품 샵의 매니저는 물론 명품 마케팅 담당자도 여러 명 만났다. 또 롯데백화점 'AVENUE'와 같은 주요 명품점을 애용하는 'VVIP고객'들을 만나 그들의 명품소비 경험에 대한 이야기도 많이 들었다. 일반인의 명품소비에 대한 생각을 알아보는 것은 기본, 다양한 계층의 사람, 다양한 직업에 종사하는 많은 소비자들을 만나 그들의 각기 다른 반응을 탐색했다. 뿐만 아니라 명품에 대해서 사람들이 일반적으로 하는 이야기, 언론이나 대중매체에서 다루는 명품 관련 기사들도 일일이 스크랩했다.

VALS(2장 참조)와 유사한 구분이 한국 사회의 소비자들을 나타내는 데 적용될까? 이것을 좀 더 구체적으로, 한국에서 명품소비를 하는 사람들을 구분하는 데 적용한다면 어떻게 될까? 한국 사회의 명품소비 성향에서 드러나는 구체적인 소비자들의 핵심 가치와 라이프스타일은 무엇일까? 이렇게 구분할 때 소비자 유형은 어떻게 나뉘어지는가? 하지만 이런 질문이 전부는 아니었다. 여기서 더 나아가 우리는 각기 다른 명품소비 집단을 확인할 수 있고, 그로써 현재 한국 시장에서 명품소비를 주도하는 핵심집단이 누구인지, 그들의 대표적인 특성이 무엇인지도 알 수 있다. 어쩌면 우리가 지닌 막연한 통념 가운데 하나인 "돈 많은 사람이 명품을 소비할 것이다"는 생각이 붕괴될 수도 있다.

이들의 심리를 확인하는 작업은 따라서 명품소비와 관련된 새로운 마케팅 전략을 수립하는 게 가능하다는 뜻이기도 하다. 즉 소비자 심리를 다루는 마케팅 이야기가 사람들이 어떤 특성을 가지고 있는지 또 그 특성에 따라 구체적으로 어떤 활동을 할 수 있는지 자연스럽게 풀어내는 매개체 역할을 할 수 있다는 뜻이다. 구체적인 소비자 집단과 마케팅 활동을 연결시킬 수 있는 것이다. 그렇다면 명품소비 심리를 연구하는 입장에서 우리가 정말 알고 싶은 것은 무엇인가? 다음과 같은 질문들이 아닐까?

- 현재 한국인들에게 명품이란 어떤 의미를 지니고 있을까?
- 소비행동의 측면에서 본다면 과거 10년 전과 비교할 때 어떤 차이가 있을까?
- 명품에 대한 과거 사람들의 생각과 지금 사람들의 생각 사이에는 큰 차이가 있고 변화가 있다. 어떤 것들일까?
- 과거 10년 전에 비하면 현재 우리나라 사람들의 소득수준은 매우 높아졌다. 덕분에 사람들은 더 쉽게 명품에 접하고, 명품을 소비할 수 있게 되었다. 그렇다면 사람들이 명품을 통해 충족하고자 하는 심리적인 만족감도 높아졌을까? 어떻게 달라졌을까?

이 같은 변화와 차이를 구체적으로 알려면 우리는 먼저 현재와 과거 명품소비를 대표하는 주요 소비자 집단이 어떤 사람들이며, 그들의 심리적 특성이 무엇인지를 파악해야 한다. 현재 대한민국에서 명품소비를 중심으로 서로 뚜렷하게 구분되는 소비자 집단은 어떤 사람들일까? 이들 집단의 변화는 과거에 비해 어떻게 달라졌을까? 타임머신을 타고 돌아가 과거의 사람들을 인터뷰하면서 그들의 명품소비 특성을 알 수는 없다. 따라서 이런 질문에 대한 답을 찾기란 쉬운 일이 아니다. 하지만 현재 사람들이 보이는 명품소비의 특성이나 명품소비를 대표하는 주요 소비자 집단의 특성을 분명하게 확인한다면 이런 질문들에 대한 나름의 답을 찾을 수 있을 것이다. 물론 여기에는 연구에서 나타난 자료를 통한 추론이나 해석이 필요하다. 각기 다른 명품소비집단이 지니고 있는 명품소비에 대한 기준이나 가치, 또 그들의 라이프스타일이 어떻게 다른지 구분하는 작업도 필요하다.

다음의 네 가지 질문은 명품소비 심리 영역에서 나타나는 한국인의 심리를 탐색하고, 그것이 어떤 경로를 통해 일상으로 드러나는지 연구하는 데 단초를 제공한 것들이다.

1. 현재 한국인들에게 명품이란 무엇인가? 과거 한국인의 명품에 대한 생각이나 행동에 비해 지금의 명품소비 심리와 행태는 어떻게 달라졌는가?
2. 명품소비를 중심으로 서로 뚜렷하게 구분되는 소비자 집단은 어떤 사람들인가? 이들의 심리적·사회적 특성은 무엇인가?
3. 각기 다른 명품소비집단들이 명품소비에서 중요하게 생각하는 기준, 가치, 라이프스타일은 무엇인가?
4. 현재 한국 시장에서 명품소비를 주도하는 핵심 소비집단은 누구인가? 명품소비집단을 통해 알게 되는 명품소비의 심리코드와 마음의 지도, 그리고 명품소비 마케팅 전략은 어떤 것인가?

명품소비와 관련된 사람들의 심리코드를 탐색한 결과, 한국인의 명품소비집단은 네 가지로 드러났다. 이 네 집단은 각 유형별로 '과거와 (다른)

현재의 모습'을 동시에 드러냈다. 단순하게 표현하면, "과거의 모습과 현재의 모습"으로 구분할 수도 있고, 또 "겉으로 드러내는 명품소비의 심리와 실제 속마음"을 나타내기도 한다. 따라서 나는 한국인의 명품소비에서 모두 여덟 개의 심리코드를 찾을 수 있었다. 이 각각의 심리코드를 어떻게 해석하느냐에 따라 우리는 한국인의 명품소비 심리를 더 잘 이해할 수 있다. 또 과거와 현재의 상태를 비교할 수 있게 된다. 가장 먼저 해야 일은 "각기 다른 내용으로 표현된 한국인의 명품소비 심리코드가 무엇인지"를 파악하는 것이다.

명품소비 심리코드를 분석하라: 여덟 가지 명품소비 유형

내가 알아낸 한국인의 명품소비 심리코드는 모두 여덟 가지다. 명품소비를 하는 데 나타난 여덟 가지 다른 마음, 더 쉽게 표현하자면 각기 다른 "여덟 개의 소비집단"을 확인한 셈이다. 2011년 한국 사회에서 명품소비와 관련하여 가장 뚜렷하게 확인할 수 있었던 집단은 '자급자족형'과 '판타지형'이라는 심리코드로 구분되는 소비자였다.

자급자족형은 현재 나름대로 쉽게 확인할 수 있는 명품소비 심리코드지만, 판타지형은 겉으로 드러나기보다 (어쩌면) 자급자족형이 마음속으로 품고 있는 심리코드인지도 모른다. 혹은 과거에 뚜렷하게 드러났던 명품소비 심리코드라고 할 수도 있다. 두 가지 서로 대비되는 심리코드는 전체 명품소비와 관련된 마음의 지도가 그려진 후, 한 번 더 자세하게 서로의 관계나 속성에 대해 설명할 것이다. 우선 자급자족형과 판타지형의 기본적인 속성부터 살펴본다.

자급자족형 _ 열심히 일한 당신, 샤넬을 들어라!

자신의 명품소비와 관련하여 이런 이야기를 하는 사람이라면, 당신은 자급자족형이다.

- 명품으로 다 꾸미기보다, 저렴한 의상과 적절히 매치하는 것이 세련된 것이다.
- 남과는 다른 나만의 개성을 가지는 것이 매우 중요하다.
- 명품에는 전통과 상징성이 깃들어 있다.
- 명품을 구매하는 것은 열심히 일한 나에게 특별한 선물을 하는 것이다.
- 명품은 유행 타는 제품보다는 클래식한 아이템을 구입한다.
- 내가 특별히 좋아하는 명품 브랜드가 있다.
- 나의 이미지에 꼭 들어맞는 명품을 구매한다.
- 에르메스나 까르띠에, 루이비통처럼 예술과 연결된 브랜드가 진정 고급이다.
- 명품은 반드시 매장이나 면세점 등에서 구입한다.

| 자급자족형은 자신에게 선물하듯 명품을 구입한다.[6]

- 자신의 이미지, 패션감각, 지적인 면모가 없이 명품을 들고 다니는 것은 어울리지 않는다.

이들은 자신의 소비행위에서 비교적 합리성을 추구한다. 자신의 삶에 자신감을 가지고 나름 열심히 살아가는 젊은 층이라고 할 수 있다. 부를 아주 많이 축적한 것은 아니지만, 마치 자신에게 선물하듯 명품을 구입한다. 물론 자신의 돈으로, 자신이 번 돈으로 한다. 열심히 일한 자신에 대한 일종의 보상으로 명품을 구입한다. 이들에게 명품은 나름 뿌듯한 기분과 연결된다. 그때그때마다 마음에 드는 것을 살 수 있다고 생각하고, 누군가 명품소비에 대해 잔소리를 하면, "자기가 좋아서 산다는데 왜 그러세요?"라고 반응할 수 있다. 좀 더 여유가 있으면 해외여행 겸 해외쇼핑도 마다하지 않는다. 이 같은 소비성향을 고려하여 자급자족형이라고 이름을 붙였다.

자급자족형은 명품을 사회생활을 위한 필수 액세서리로 생각한다. 하지만 이들은 정작 개성이나 스타일, 정체성이 뚜렷하지 않은 사람들이다. 자기 정체성을 스스로 만들어가기보다 일반 사람들이 좋다고 하는 것을 따르고 싶어하는 탓이다. 하지만 이것은 "잘됐다, 잘못됐다"고 판단할 사안이 아니다. 라이프스타일, 즉 사고관이나 가치관의 차이일 따름이니까. 흥미롭게도 자급자족형 부류는 남들이 좋다고 하는 것을 자기 것으로 하면서도, 정작 자신의 것을 스스로 만들어 나가는 데 어려움을 느낀다. 위험을 감수하기보다 남들이 멋있다고 하는 것, 잡지나 기타 대중매체에서 본 것 가운데서 자신에게 맞는 무난한 것을 구입한다. 또 그렇게 사는 것을 훨씬 편하다고 믿는다. 마치 명문대에 들어가거나 일류 기업에 취직하면 내 인생이 멋있어지고 잘 살게 될 거라고 믿는 것과 같은 심리다.

자급자족형에게 명품은 자신이 삶을 열심히 산 대가로 자기에게 베푸는 선물이다. 명품의 선택 기준은 불명확하지만 무엇보다 자신의 가용 자원 내에서 구입하려 한다. 그렇기에, 클래식 아이템 브랜드를 계획적으로 소비하고, 소위 누구나 가져야 한다고 이야기하는 잇 아이템을 사려고 노력한다. 이들에게는 명품에 대한 정보를 담은 잡지나 기타 매체들이 비교적 중요하다. 자급자족형은 자신의 명품소비에 대해 스스로 실용적인 이유를 부여하거나 나름 제품 자체에 대한 정당성을 부여한다. 명품이 가진 예술성이나 클래식한 부분을 강조하는 것은 이 같은 심리가 발동한 탓이다. 그렇기에 번듯한 로고가 없어도 누가 봐도 명품 브랜드인 줄 아는 제품을 갖추려고 한다. 그 편이 훨씬 고상하다고 생각하기 때문이다. 한마디로 "명품은 비싸지만 자신의 능력에 맞춰서 산다"는 소비의식을 가진 사람들이다.

판타지형_내겐 너무 대단한 명품

자급자족형의 심리코드를 가진 사람들에게는 명품이 자기가 번 돈으로 살 수 있는 '특별한 그 무엇'이다. 그러나 판타지형의 사람들에게는 무엇보다 명품 하나를 사는 것 자체가 대단한 일이다.

- 잘 만들어진 짝퉁은 구매할 만큼 괜찮은 제품이다.
- 가지고 싶은 명품에 대한 교육이나 정보 교환 커뮤니티에 가입한다.
- 호사는 게으름이나 허영이다.
- 스마트폰이나 인터넷으로 명품 브랜드의 런칭쇼를 본다.

- 다른 사람들이 많이 구입하는 제품을 나도 구입한다.
- 유명인들이 사용하는 아이템을 따라 산다.
- 명품을 구입할 때 다른 사람의 사용후기를 꼼꼼히 확인하고 구입한다.
- 명품 매장에 들어가면 무엇이 제일 인기가 좋은 제품인지 물어본다.
- 명품을 구입하면 사람들에게 자랑한다.
- 명품을 소비할 때 해당 브랜드의 도덕성, 윤리, 공공성까지 확인한다.

이들이 중시하는 것은 사실 '남의 눈'이다. 그래서 다른 사람들이 자신을 경제적으로 여유가 있는 사람으로 보아주기를 바란다. 명품은 그런 바람을 충족시켜주는 채널이다. 그렇기에 판타지형에 속하는 사람들은 경제적 능력이 충분하지 않으면 짝퉁이라도 사려고 한다. 주변에서 흔히 볼 수 있는 명품소비의 일반적인 모습이기도 하다. 하지만 정작 명품에 대한 자신의 진짜 속마음―명품 구매는 대단한 일이다―을 들키지 않으려고

| 프랑스 파리 샹젤리제의 루이비통 매장. 명품 매장은 판타지형의 꿈이 실현되는 장소다.[7]

애를 쓴다. 그래서 오히려 "그까짓 것쯤이야!" 하는 태도를 유지한다.

판타지형은 분명 명품에 관심이 높다. 하지만 자신이 가진 관심만큼 그것을 구매로 편하게 이어가기는 어려운 편이다. 어쩌면 돈은 그리 많지 않아도 시간적으로는 여유있는 그런 부류의 사람일 수 있다. 그렇기에 명품과 관련된 케이블의 런칭쇼 따위를 즐겨 보거나 구매 사이트에서 다양한 제품들을 꼼꼼하게 살펴본다. 명품 하나를 산다는 것이 본인에게 나름 중요한 일이므로 남들의 사용후기는 반드시 읽는다. 이들의 명품 구매 기준은 "어떤 유명인이 갖고 다니는가?"이다. "유명한 그 누군가가 소유한 것을 자신이 가짐으로써 그 사람이 된 것 같이 느끼는" 판타지를 충족시키고 싶어하기 때문이다. 남들에게 인정 받는 어떤 이의 후광을 나의 것으로 하고 싶은 욕심의 발로이기도 하다. 그렇기에 명품을 구입할 때 '남들이 알아줄 만한 것', 혹은 '남들이 충분히 아는 것'을 선호하며, 가격 면에서 소화할 여유가 되지 않으면 '짝퉁'이라도 산다.

판타지형의 심리코드를 가진 사람은 대개 명품에 대해서 양가적 감정을 가진다. 자신의 경제적 조건이 명품을 편안하게 살 수 없는 상황인 탓이다. 그래서 자신이 명품 하나를 사는 건 대단하고 상당히 합리적인 일이라고 생각하면서도 남들이 명품을 갖고 다니는 것을 보면 허영심이나 과시라고 폄하한다. 특히, 다른 사람이 가진 물건이 진짜인지 짝퉁인지에 예민하게 반응한다. 간절히 원하는 것을 구하는 데 어려움이 따랐던 만큼, 명품을 아무렇지 않게 갖고 다니는 사람들을 보면 마음이 불편해진다. 결국 판타지형에게 명품소비란 그 개인의 가치나 라이프스타일을 나타내기보다 또 다른 환경에 있는 자신, 즉 자신이 동경하는 삶을 살아가는 자신의 모습을 상상하는 판타지적 특성을 갖는다.

격조형_명품인생의 모토는 교양과 품격이다

명품소비와 관련하여 두 번째로 뚜렷하게 구분되는 집단은 격조형과 과시형이다. 명품은 일단 남과 다른 나의 삶이나 라이프스타일을 나타내는 것이다. 격조형의 경우 비교적 명품에 대한 자기 취향이 뚜렷하다. 하지만 과시형의 경우에는 과거, 남과 다른 자신의 사회적 신분을 드러내기 위해 명품을 사용했던 사람의 마음을 연상하면 된다.

- 남이 인정하는 것이 아닌, 내가 생각하는 명품에 대한 기준이 있다.
- 남과는 다른 나만의 개성을 가지는 것이 매우 중요하다.
- 조각보, 옻칠, 소반, 선비정신, 한복 등이 한국의 럭셔리라 생각한다.
- 자연친화적인 삶이야말로 진정 럭셔리한 삶이다.
- 명품은 유행 타는 제품보다는 클래식한 아이템을 구입한다.
- 교양이나 학식 같은 '정신적 럭셔리'를 잘 나타내는 것이 진짜 명품을 소비하는 것이다.
- 명품 브랜드라도 다 좋은 품질은 아니기 때문에 신중하게 구입한다.
- 명품으로 다 꾸미기보다 저렴한 의상과 적절히 매치하는 것이 세련된 것이다.
- 내가 특별히 좋아하는 명품 브랜드가 있다.
- 명품의 궁극은 패션 아이템이 아니라 예술이다.

격조형 심리코드를 가진 사람들은 명품구매에 비교적 익숙하다. 이들의 소비수준은 높은 편이고 문화취향도 고급스럽다. 이들에게 명품은 '문화적 정취와 예술적 취향이 있는 특별한 것'으로 간주된다. 그렇기에 물질적인 가치에 기반하여 명품을 이야기하기보다 정신적 럭셔리를 높이 평가한다. 예술적 가치와 전통을 드러내는 것이 명품과 관련된 이들의 라이프스타일이다. 이들이 사는 집은 마치 박물관 같다. 예술작품이라 할 만한 도자기 등이 많고 대개 고풍스러운 한옥에 산다. 자신의 삶이 한국적 전통과 멋을 보여주는 것이어야 한다고 생각하는 탓이다. 그러면서도 서양의 맛있는 음식이나 문화에 일가견이 있다.

격조형의 명품소비 심리코드는 격조 있는 삶과 스타일, 삶의 품격이다. 그래서 이들에게 명품은 특정 브랜드의 제품이 아닌 문화와 예술 취향이 강한 생활 방식이나 제품이 된다. 분명 남들이 말하는 명품을 즐겨 소비하고 거기 익숙하지만 브랜드 자체에 연연하지 않는다. 특정 브랜드를 고집하지도 않고, 특정 브랜드에 대한 충성도도 별로 높지 않다. 이 부류에 속하는 사람들은 명품을 도구―자신의 삶을 충분히 풍요롭고 우아하게 해주는―로 소비한다.

격조형의 소비성향을 보이는 사람들은 의식주 문제를 고민하는 수준을 넘어선 생활인이다. 경제적으로 아주 부유한 상황은 아니지만, 자신의 삶에서 중요한 가치가 무엇인지 나름 분명히 하는 유형이다. 문화·예술

| 격조형 집단은 뚜렷한 취향으로 '생활 명품'을 소비한다.

적인 소양이 높고, 무엇보다 자신의 삶에서 정신적 가치와 삶에 대한 품격을 중시한다. 대다수의 사람들은 격조형의 품격을 유지하려면 경제적으로 상당히 여유가 많아야 할 거라고 생각한다. 하지만 이들에게 경제적 안정은 절대적인 부의 축적이 아니라 스스로 원하는 삶에 대한 만족도를 높이고 생활 속에서 여유를 찾는 것이다.

우리 사회에는 돈을 많이 벌지 않고도 문화적 소양과 품격을 추구하며 사는 사람들이 많다. 어떤 이들은 자신이 하는 일을 통해 격조 있는 삶이 무엇인지를 보여준다. 일상의 삶 자체에서 명품과 같은 품격이 우러나오게 한다. 이른바 삶의 예술가들이다. 이들은 물질적 소비보다 자연 친화적 삶을 추구하고, 명품을 럭셔리 브랜드가 아닌 삶의 가치와 철학으로 여긴다. 따라서 '명품인생'이나 '웰빙 삶'을 즐겨 이야기한다. 전 문화부 장관 겸 교수이자 문필가로 활약한 이어령 씨, 전통 한복 전문가로 명성이 있는 이영희 씨 같은 분들이 대표적이다. 격조형이 내세우는 명품소비의 모토는 '문화와 예술성'이다.

과시형_기다리지 말고 먼저 드러내라

사람들은 이제 자본주의 물신이 지배하는 삶에 지쳤다. 다들 '웰빙'을 외치면서 대안을 찾기 바쁘다. 우리 사회도 예외가 아니다. 격조형은 이런 사회 분위기에서 많은 사람들이 지향하는 삶의 스타일로 부상했다. 명품소비 현상에서도 마찬가지다. 현재를 주도하는 명품소비 심리코드가 격조형이라면, 과시형은 한때 우리 사회에서 명품소비란 단어와 함께 떠올리곤 했던 심리코드이다.

- 잘 만들어진 짝퉁은 구매해도 괜찮다.
- 호사는 게으름이나 허영이다.
- 나한테 좋아 보이는 것보다 남들이 어울린다고 하는 제품을 사야 후회가 없다.
- 다른 사람들이 많이 구입하는 제품을 나도 구입한다.
- 내가 명품을 걸친 것을 사람들이 몰라주면 속상하다.
- 명품 매장에 가면 불편한 느낌이 든다.
- 명품을 구입하면 사람들에게 자랑한다.
- 유명인들이 사용하는 아이템을 따라 산다.
- 명품 매장에 들어가면 무엇이 제일 인기가 좋은 제품인지를 물어본다.
- 이왕이면 트렌디한 제품을 구입한다.

과시형의 소비행태는 판타지형과 비슷하다. 하지만 차이는 분명히 있다. 바로 자신을 드러내는 방식에서다. 판타지형이 명품을 통해 자신이 가지지 못한 부를 '갖고 있는 것처럼' 보여주려 한다면, 과시형은 명품을 통해 자신의 재력과 성공을 드러낸다. 판타지형에게 재력이나 성공은 판타지의 영역에 속하지만, 과시형에게는 자신이 이미 이루어놓은 현재 삶의 모습이다. 한때 우리 사회에서 졸부라고 지칭했던 사람들의 모습을 떠올리면 된다. 이들은 자신의 성공을 남에게 보여주기 위한 수단으로 명품을 적극 활용한다. 그러나 명품소비가 일반화되고 대중화되면서 과시형의 심리코드를 가진 사람들은 더는 없는 것으로 보인다. 이 심리코드는 과거에 우리가 명품소비자들을 말할 때 가장 쉽게 적용하던 것이다.

과시형의 심리코드를 가진 사람들은 명품 구매를 통해 자신을 과시하고 타인으로부터 관심과 인정을 받으려고 한다. 명품이 자신의 사회적 신분이나 지위·가치를 높여주리라 기대한다. 이들에게 명품은 '돈으로 살 수 있는 대단한 무엇'이다. 따라서 자신의 재력을 확인하고 인정받을 수 있는 가장 간편한 수단을 명품이라고 본다. 가능한 한 남들이 좋다고 하는 명품은 다 가지려고 하고, 명품이 자신의 사회적 신분을 확인시켜 준다고 생각하는 탓에 아주 열심히 사용한다. 이들에게는 교육도 명품과 같은 의미를 지닌다. 그래서 자식을 좋은 대학에 보내고, 본인도 명문대의 최고경영자과정을 이수하려고 노력한다. 교육에 따라 사회적 신분이 올라간다고 여기기 때문이다.

과시형은 대개 자기정체성이 약하다. 분명하고 뚜렷한 개성이나 스타일이 거의 없다. 하지만 이들이 가진 재력과 삶의 방식은 남들에게는 '부러워할 만한 무엇'으로 보인다. 과시형의 사람들 역시 이 점을 스스로 알고 있다. 그래서 '자신만만한 사람'으로 행동하는 것을 불편해 하지 않는다. 다른 사람들이 이런 면을 나름 뚜렷한 정체성과 개성을 겸비한 것으로 받아들인다는 사실을 잘 알기 때문이다. 따라서 명품은 곧 이들의 정체성 자체가 된다. 이를 테면 재력을 기반으로 이룬 인간관계, 본인 소유의 고급 집이나 호화 별장, 값비싼 수입 자동차, 고가 브랜드 의류 등이 이들의 정체성을 대신하는 것이다.

과시형은 사회적 신분과 수준을 높이는 방편으로써, 그리고 자신의 재력을 과시하는 수단으로써 명품을 중시한다. 짝퉁도 얼마든지 구매할 수 있다고 생각한다. 이들은 명품에 대한 구매 정보를 다양하게 갖고 있지만, 제품 자체의 성격이나 특성, 또는 상징적으로 표현되는 문화적 소양에 대해서는 무지한 편이다. 이들에게 명품은 그저 남에게 보여주기 위한 것, 혹은 자신을 치장하는 데 쓰이는 나름 비싼 물건 이상이 아니기 때문이다. 판타지형은 자기가 가지고 있는 명품이 '유명한 제품'인 것을 강조하고, 과시형은 '유명하고 비싼 것'임을 강조한다. 그들이 자주 쓰는 표현인 "이게 얼마나 유명하고 비싼 건데!"라는 말은 과시형의 심리코드를 그대로 보여준다. 한때 논란이 일었던 '4억 명품녀'는 과시형의 심리코드를 가장 잘 드러낸 경우이다. 만일 과시형이 자신에게 없는 재력을 과장해서 드러내는 수단으로 명품을 이용한다면 판타지형이라고 보아도 좋다. 과거에 어려운 생활을 하다가 일확천금으로 재력을 쌓은 사람들은 흔히 과시형 명품소비 행태를 보인다. 그들의 삶이 '겉은 그럴싸한데 진정성이 없어 보이는' 것도 이런 이유 때문이다.

생활형_요람에서 무덤까지, 명품소비는 나의 일상

한국 사회가 경제적으로 풍요로워졌다는 사실을 확인시켜주는 집단이다. 이들이 명품소비의 주체가 되었다는 것은 현재 한국 사회에서 명품소비가 더는 특별한 소비행동이 아니라는 뜻이기도 하다.

- 남이 인정하는 것이 아닌, 내가 생각하는 명품에 대한 기준이 있다.
- 내가 특별히 좋아하는 명품 브랜드가 있다.
- 남과는 다른 나만의 개성을 가지는 것이 매우 중요하다.
- 명품은 반드시 매장이나 면세점 등에서 구입한다.
- 나의 이미지에 꼭 들어맞는 명품을 구매한다.
- 명품으로 다 꾸미기보다 저렴한 의상과 적절히 매치하는 것이 세련된 것이다.
- 주위 사람들이 나만의 스타일이 분명하다고 자주 이야기한다.

- 명품에는 전통과 상징성이 깃들어 있다.
- 계획 없이 명품을 충동적으로 구입할 때가 있다.
- 피부를 제대로 가꾸는 것도 명품을 소비하는 것과 같다.

'생활형'의 심리코드를 가진 사람들에게 명품은 그저 생활의 일부이다. 대부분 어릴 때부터 명품을 자연스럽게 사용해왔던 부류로 젊은이들 중에서 생활형 명품소비 성향을 가진 사람이라면 부모가 경제력이 있는 경우이다. 이들에게는 자신이 좋아하는 특정한 브랜드가 있고, 나름대로 브랜드에 대한 충성심이 높은 편이다. 생활형에게는 명품이 특별한 게 아니다. 그래서 남들이 명품을 특별한 것으로 언급하는 것조차 탐탁하게 여기지 않는다.

생활형에게는 자기만의 세련된 스타일이 있다. 대개 백화점에서 VVIP

| 삼성전자 이건희 회장의 부인 홍라희 리움미술관장.[8]

급으로 우대하는 사람들이다. 남에게 자신의 스타일이나 명품을 과시하지도 않는다. 있는 그대로의 모습을 보여준다. 하지만 명품을 너무나 자연스럽게 사용한다는 것 자체로 독특하게 보인다. 이들에게 명품소비는 특별한 이벤트가 아니라 익숙한 소비행동이다. 특정 브랜드에 대한 오랜 구매 경험이 있고, 자기 개성이나 스타일을 분명히 하며, 자기 중심적이고 개인주의적인 라이프스타일을 즐긴다.

이 유형에 속하는 사람들은 자신의 이미지와 생활수준 관리를 매우 중요하게 여긴다. 타인의 인정이나 관심보다 자신의 스타일을 더 중요하게 생각한다는 뜻이다. '에르메스'에서 파는 수천만 원짜리 '버킨 백'은 보통 몇 달을 기다려야 구입할 수 있다고 한다. 하지만 생활형 수준의 고객에게는 그것을 사는 게 어려운 일이 아니다. 대다수 명품숍은 이런 고객을 위해 시즌 런칭쇼를 하기 전 미리 신상품을 소개해준다. 이들은 명품에 대한 지식 수준이 높고, 정보의 채널도 다양하다. 명품에 대한 경험과 철학이 풍부해서 남의 이야기는 그냥 흘려 듣는 수준이다. 자신이 좋아하는 스타일이다 싶으면 가격에 구애 받지 않고 구매한다. 국내뿐 아니라 해외에서도 쇼핑을 많이 한다. "대한민국 상위 몇 퍼센트"라는 말을 할 때 거기 속하는 부류의 소비 패턴이라고 보면 된다.

무조건형_겉보기라도 나는 좋아

생활형이 풍요로운 한국 사회를 살아가는 일반 대중이 바라는 이상적인 소비모습이라면, '무조건형'은 갑자기 풍요로워진 한국 사회에서 명품소비가 일반화되는 과정을 뚜렷하게 보여준다. 이들에게 명품은 '남이 좋다고 하는 것, 남들이 알아주었으면 하는 것'을 모두 상징적으로 나타낸다.

- 잘 만들어진 짝퉁은 구매해도 좋은, 괜찮은 제품이다.
- 남자가 명품에 밝으면 상당히 세련된 사람이라는 인상을 준다.
- 명품을 구입하면 사람들에게 자랑한다.
- 내가 명품을 걸친 것을 사람들이 몰라주면 속상하다.
- 호사는 게으름이나 허영이다.
- 국내에서 판매되는 명품은 진짜인지 믿을 수가 없다.
- 명품을 들면 내가 훨씬 나은 사람이 된 것 같다.
- 명품 매장에 가면 불편한 느낌이 든다.
- 나한테 좋아 보이는 것보다 남들이 어울린다고 하는 제품을 사야 후회가 없다.
- 명품을 구입할 때 다른 사람의 사용후기를 꼼꼼히 확인하여 구입한다.

무조건형의 심리코드를 가진 사람은 과시형이나 판타지형과 분명히 구분된다. 이런 사람들에겐 자신을 뚜렷하게 드러낼 만한 무엇, 정체성을 규정지을 만한 그 무엇이 없는 경우가 많다. 앞에서 언급한 것처럼 판타지형이나 과시형은 자신의 경제적 능력, 혹은 사회적 지위처럼 자신이 얻기 바라는 무엇인가를 명품과 연결시키면서 이상적인 것을 추구한다. 하지만 무조건형의 경우는 자신의 개성이나 정체성 없이 '무조건 남들이 좋다고 하는 것, 남들이 부러워하는 것을 좇는다. 이들은 자기 정체성이나 삶의 가치, 라이프스타일 등을 스스로 만들어가는 데 가장 어려움을 느끼는 사람들이다. 막연하게 돈을 많이 벌려고 하면서, 정작 중요한 자신의 삶은 그때그때 상황에 맞춰 임기응변적으로 살아가려고 한다. 화류계 등 '겉보기에만 화려한' 직종에 종사할 가능성이 높다.

| 면세점에서 쇼핑을 즐기는 관광객.[9]

　무조건형에 속하는 사람들은 "저 사람이 명품을 쓰나 안 쓰나, (쓴다면) 어떤 제품을 즐겨 사용하는가"를 기준으로 타인을 판단한다. 즉 '명품소비가 가능한지 아닌지'를 사람 보는 기준으로 삼는 것이다. 이들은 남자가 명품에 밝으면 상당히 세련된 사람이라고 생각하고, 명품을 구입한 뒤에는 이것을 자랑하고 싶어서 안달이 난다. 무조건형은 이 지점에서 나름 욕심과 기준이 있는 판타지형이나 과시형과 구분된다. 미묘한 차이지만 이 자체로 무조건형 심리코드를 가진 사람들의 삶의 방식이나 직업을 어느 정도까지 짐작할 수 있다.

　소유욕망이 앞서는 무조건형은 명품에 대한 인지와 선호가 높다. 친구가 명품을 가지고 있으면, 그림자만 보고도 브랜드 이름을 맞출 정도다. 하지만 명품을 충분히 활용할 수 있는 취향이나 지식은 없다. 무조건형은 누군가가 명품을 구입한다고 하면 발 벗고 나서 도움을 준다. 짝퉁인지 아닌지도 귀신 같이 알려준다. 본인은 비록 명품을 구매할 능력이 없어서 짝퉁을 가지고 다니지만 말이다. 이들은 명품을 '일단 가져야 하는 것', 또는 '타인에게 보여주기 위해 꼭 가지고 있어야 하는 것'이라고 본다. 따라서 경제력에 대한 인정이나 과시의 수단으로 보는 경우도 많다. 무조건형은 명품소비 자체보다 "(명품을 소유한) 나를 남들이 어떻게 볼까, (명품을 즐겨 사용하는) 저 사람은 어떤 사람인가?"를 사람 평가의 척도로 삼는다. 따라서 이들은 유명 연예인이나 유명 브랜드에 열광한다. 이왕이면 같은 명품이라도 로고나 태그가 크고 눈에 잘 보이는 것을 선호한다. 특히 광고나 스타마케팅 같은 홍보에 영향을 많이 받는다. 명품 자체에 대한 환상(명품 아파트, 명품 학교, 명품 화장품)을 가지고, 명품이라고 하면 무조건 선호한다. "명품은 당연히 좋을 것"이라고 믿고, 또 "비싸면 좋은 것"이라고 생각하기 때문이다.

자아표출형 _ 개성 있고 고집 있게 소비한다

명품소비가 대중화되면서 일각에서는 이런 소비현상이 얼마나 합리적인가를 두고 논의가 분분해졌다. 그러자 마케팅 분야에서도 명품을 소비하는 합리적인 이유를 언급하기 시작했다. 이때 가장 뚜렷하게 제시된 적절한 이유가 바로 '개성'이다. 즉 명품소비를 개성의 표현이라거나 개성의 충족으로 보는 시각이다. 명품을 사치품이 아니라 소비자 개인의 취향에 따른 물건으로 보는 입장이다. 이런 마케팅의 영향을 비교적 잘 대표하는 집단이 바로 '자아표출형'이다.

- 남과는 다른 나만의 개성을 가지는 것이 매우 중요하다.
- 명품으로 다 꾸미기보다 저렴한 의상과 적절히 매치하는 것이 세련된 것이다.

- 자신의 이미지, 패션감각, 지적인 면모 없이 명품을 들고 다니는 것은 어울리지 않는다.
- 남이 인정하는 것이 아닌, 내가 생각하는 명품에 대한 기준이 있다.
- 명품은 유행 타는 제품보다 클래식한 아이템을 구입한다.
- 교양이나 학식 같은 정신적 럭셔리를 잘 나타내는 것이 진짜 명품을 소비하는 것이다.
- 명품 브랜드라도 다 좋은 품질은 아니기 때문에 신중하게 구입한다.
- 명품 쇼핑보다는 자기계발에 투자하는 것이 더 낫다.
- 내가 특별히 좋아하는 명품 브랜드가 있다.
- 자연친화적인 삶이야말로 진정 럭셔리한 삶이다.

자아표출형 심리코드를 가진 사람들은 취향과 개성이 아주 뚜렷하다. 그다지 경제력이 있다고 말하기는 어렵지만 무엇보다 자기 취향을 지킬 줄 알고 나름 자신의 소비에 분명한 고집이 있다. 자기 스타일이 뚜렷해서 일반적인 소비 트렌드나 유행과 다르게 본인이 선호하는 것을 유지하고 따른다. 따라서 남들의 시선을 의식하지 않고 자신이 좋아하는 특정 디자인이나 브랜드, 또는 '에스닉 스타일(아프리카, 중동, 남미, 중앙 아시아 지역 등의 민족의상이 가지는 독특한 분위기를 반영한 스타일)'의 명품을 소비한다.

자아표출형은 삶에서 자기만의 향취를 추구하기 때문에 일상을 지루해하지 않는다. 남들에게 자기 삶을 즐기는 열정파로 보인다. 정체성과 스타일이 뚜렷한 라이프스타일을 추구하므로 혼자 사는 경우가 많다. 이들에게 명품은 자신의 개성을 보여주기 위한 도구에 지나지 않는다. 이들에게 명품소비는 자신이 지향하거나 보여주고자 하는 개성 혹은 삶의

| 미셸 오바마는 기존 퍼스트레이디들과 달리 개성 강한 패션을 소화한다.

이미지의 연장선상에 있다. 그래서 무작정 유행을 따르는 대신 자신의 정체성을 돋보이게 할 브랜드나 특정 디자인의 제품에 관심을 쏟는다.

한국 사회에서는 자아표출형의 모습으로 명품소비를 하기가 쉽지 않다. 하지만 마케팅의 영향으로 자신의 명품소비를 자아표출형이라고 주장하는 것도 가능해졌다. 미셸 오바마의 패션 스타일로 대표되는 명품소비 형태가 바로 자아표출형의 좋은 사례다. 바로 명품을 통해 자신의 정체성을 추구하지만 명품이 아니더라도 자신에게 맞으면 어떤 물건이나 편하게 소비할 수 있다는 태도이다.

아바타형_나는 내 이상형의 아바타다

'아바타형'은 자아표출형과 완전히 대비되는 명품소비 심리코드를 보여준다. 이 심리코드에는 이전에 살펴본 판타지형, 과시형, 무조건형의 속성이 모두 포함되어 있다. 명품소비를 통해 자신이 유명 연예인이 된 것처럼, 혹은 그렇게 보이는 것처럼 생각하고 싶어한다. 남들에게 인정받고 싶은 욕구가 커서 무조건 명품을 사야 한다고 생각한다. 하지만 남들이 명품을 소비하는 것은 부정적으로 본다. 십중팔구 과시형이나 판타지형, 무조건형의 종합버전이라고 생각하면 된다.

- 명품을 구입하면 사람들에게 자랑한다.
- 내가 명품을 걸친 것을 사람들이 몰라주면 속상하다.
- 유명인들이 사용하는 아이템을 따라 산다.
- 국내에서 판매되는 명품은 진짜인지 믿을 수가 없다.
- 남자가 명품에 밝으면 상당히 세련된 사람이라는 인상을 준다.
- 명품 매장에 들어가면 무엇이 제일 인기가 좋은 제품인지 물어본다.
- 가지고 싶은 명품에 대한 교육이나 정보 교환 커뮤니티에 가입한다.
- 명품을 들면 내가 훨씬 나은 사람이 된 것 같다.
- 명품을 구입할 때 다른 사람의 사용후기를 꼼꼼히 확인하여 구입한다.
- 다른 사람들이 많이 구입하는 제품을 나도 구입한다.

이들은 명품을 좋아하고 즐겨 구입한다. 하지만 대개 정체성을 확립하지 못한 경우가 대부분이다. 이들에게 명품은 자신을 '누군가의 아바타처럼 만들어주는 그 무엇'이다. 이때 그 '누군가'란 주로 유명 연예인이나 유명 인사 또는 재력가를 상징한다. 그가 사용하는 명품을 함께 씀으로써 자신의 사회적 신분 또한 향상될 것으로 기대하는 것이다. 아바타형의 경우 명품은 신분상승 욕구를 채워주는 무엇이자 좀 더 업그레이드된 자신의 모습을 보여주는 대표적인 상징물이다. 명품에 대한 이들의 취향

| 영화 〈마이블랙미니드레스〉 포스터. '꿈은 명품관 현실은 아울렛'이라는 영화 슬로건이 아바타형의 심리를 잘 대변한다.[10]

과 지식 수준은 비교적 낮지만, 명품에 대한 선호나 기대, 열망은 아주 높다. 남들이 명품을 지니면 약간 천박하다고 생각하지만 자신은 명품을 두를 때 훨씬 고급스러워진다고 믿는다.

한국 사회에서 일반적인 대학생이나 20대 젊은 여성들이 가지는 심리는 아바타형인 경우가 많다. 일반적인 20대 여성들의 경제력은 아직 일천하여 자신의 능력으로 명품을 자연스럽게 소화하기 힘들기 때문이다. 하지만 "저렇게 들고 다니면, 저렇게 입으면 멋있을 것 같다"는 생각에서 무리해서라도 명품을 가지려고 한다. 자신들의 정체와 삶이 불명확하므로 어떻게 해서든 명품을 통해 나름 사회적으로 인정받고 싶어하는 것이다. 그런데 아직 경험이 부족하고 나름대로의 역량을 갖추지 못한 경우가 많아서 명품을 삶을 보완하는 도구로 이용한다.

한국 남성 가운데 고상하고 우아하게 살려는 심리가 강한 사람은 아바타형의 심리코드를 따를 가능성이 높다. 대개 백수가 많은 20대에게는 명품소비가 낯선 소비활동일 가능성이 많다. 그런데도 이들이 만일 명품소비를 하려고 든다면 십중팔구 아바타형의 심리를 그대로 드러내는 것이다. 아바타형은 명품 브랜드가 지향하는 가치나 이들의 정체성에 대한 탐색보다 남들이 특정 명품을 어떻게 생각하는지 먼저 고려한다. 남들이 좋은 것이라고 하면 자신도 그것을 가져야 할 것 같다고 생각하고, 대다수가 한다면 나도 따르고 싶다는 '대세 추종' 성향을 보인다. 무엇보다 명품에 대한 막연한 동경이 있다. 자신의 개성이나 스타일이 무엇인지 모르지만, 명품을 통해 그것이 드러난다고 생각한다. 하지만 어느 누구라도 자신의 소비형태를 아바타형이라 한다면 불쾌하게 생각할 것이다.

이상에서 살펴본 바와 같이 여덟 가지 집단에서 나타나는 소비심리코드는 각각 뚜렷한 차이를 보인다. 기본적인 삶의 모토는 더더욱 다르다.

자급자족형은 명품을 살 수 있는 능력이 되고, 판타지형은 아예 능력이 안 된다. 자급자족형은 합리성·계획성·자기인정이 있는 반면, 판타지형은 타인 의존성이 있다. 격조형과 과시형은 기본적으로 중요하게 생각하는 대상에 차이가 있다. 즉 삶의 품격과 문화를 먼저 생각하면 격조형이고, 경제력과 사회적 인정을 우선시한다면 과시형이다. 일상적인 생활에서 명품을 자기 삶의 스타일이나 취향을 드러내기 위해 사용하는 것이 생활형이라면, 무조건형은 명품이라면 다 좋은 것이고 돈만 있으면

| 명품을 소비하는 여덟 집단의 심리 코드 |

자급자족형
"내 능력에 맞게 산다"
- 사회생활의 필수품이자 스스로 선물하는 특별한 무엇
- 합리성과 실용적 정당성 부여
- 스타일을 추구하지만 몰개성
- 가용자원과 능력에 맞춘 소비

판타지형
"연예인 ○○가 한 건데……"
- 관심은 많지만, 소비는 못함
- 명품을 사치라고 생각 하면서도 간절히 바라는 양가적 태도
- 유명인과 유행에 민감

격조형
"문화와 예술성이 있어야지"
- 예술성, 역사성이 구매 기준
- 브랜드에 연연하지 않음
- 명품소비가 자연스럽고 문화·예술적 품격을 추구
- 문화·예술적 소양과 관심 높음

과시형
"얼마나 유명하고, 비싼데!"
- 명품은 자신의 사회적 신분과 성공을 과시하는 도구
- 학력·지적 소량이 떨어지거나 콤플렉스가 있음
- 명품소비는 경제력 과시 행위

생활형
"나도 알거든, 그 정도는!"
- 명품소비는 일상 생활이자 자연스러운 삶의 일부
- 개인주의·자기중심적 생활
- 명품에 지식과 철학이 있음
- 선호하는 특정 브랜드 로열티 높음

무조건형
"비싼 거면 좋은 거 아냐!"
- 보여주기 위해 가져야 하는 것
- 구매능력과 생활수준은 다름
- 가짜 명품도 OK
- 유명인과 유명 브랜드에 약함
- 개인의 취향이나 지식 없음

자아표출형
"나에게 맞아야지"
- 자기 개성을 드러내는 스타일. 정체성 뚜렷
- 자신의 이미지와 맞는지가 중요
- 자기충족·자기만족적 소비
- 브랜드 의존적이지 않지만, 남들과 다른 무엇을 찾음

아바타형
"이 정도 가지면 나도 머지않아……"
- 명품으로 신분·지위 변화 욕구
- 자기 정체성과 개성 약함
- 명품이 자기 정체성을 대체
- 명품을 통해 자아를 찾으려는 사람의 심리·착각·기대·허영

명품을 살 수 있다고 생각하면서 소비한다. 자아표출형은 기본적으로 자기 중심적이다. 아바타형은 개성이 없는 대신에 명품을 통해 자신을 드러내려고 한다. 내가 명품을 쓰면 좀 더 멋지고 훌륭한 사람으로 보일 거라는 기대 심리를 품었기 때문이다.

명품 마케팅의 새판을 짜다

각기 다른 소비자 집단을 이해하게 되면 이제 그것들이 과거와 현재에 따라서 어떻게 달라지는지도 알 수 있다. 또 현재 지배적인 소비집단이 누구인가도 알 수 있게 된다. 현재의 명품소비집단은 명분과 정답을 찾거나 우아하게 욕망을 충족시키는 소비를 이야기한다. 하지만 과거에는 지금보다 훨씬 더 노골적으로 욕망을 부각시켰다. 그래서 명품소비에 대한 비난도 거셌고 걸핏하면 사회적으로 이슈화하는 경향도 강했다. 그 시절만 해도 남에게 숨기고 싶은 욕망, 혹은 드러내고 싶지 않은 속마음이 표출되는 것을 극도로 꺼렸기 때문이다. 또 노골적인 욕망을 그대로 드러내는 걸 천박하다고 여겼다. 하지만 지금은 그런 분위기가 많이 완화되었다.

한국인에게 명품은 '내가 열심히 벌어서 간혹 하나씩 구입하는 것', '격조 있는 문화를 자연스럽게 누리기 위해 필요한 것', '생활 속에서 자연스럽게 사용하는 것', 또는 '나의 자아와 개성을 표출하기 위해 내가 사용하는 어떤 특별한 것' 등등 사람마다 각기 다른 의미를 갖는다. 격조형, 생활형, 자아표출, 자급자족형은 비교적 '현재에 초점'을 두며 자기라는 것을 강조한다. 반면, 과시형, 무조건형, 판타지형, 아바타형은 비교적 '과거에 뚜렷하게 나타난' 소비집단이다. 과거의 한국인에게 명품이란 "삶의 판타지를 충족시키는 것, 남에게 과시하기 위해 하나쯤은 꼭 가지고 있어야 하는 것, 남들이 가지면 무조건 나도 가져야 하는 것, 아니면 (아바타처럼 나는 없고) 나를 대신하는 특별하고 비싼 무엇을 소유하는 것"이라는 의미가 강하다. 이들 소비집단의 공통점은 '동조지향적'이라는 점이다. 지금도 이런 특성을 보여주는 사람이 있다.

21세기를 살아가는 한국인의 명품소비심리에는 위에 언급한 현재와 과거의 심리 두 개가 혼재되어 나타난다. 명품을 누구나 가질 수 있는 것으로 생각하는 현재 한국인의 심리와 명품 소유를 통해 남과 다른 그 무엇을 드러내고 싶어했던 과거 한국인의 욕망이 뒤섞여 있다는 뜻이다. 이 두 가지 욕망은 안타깝게도 현실에서 완벽하게 나누어지지 않는다. 이런 현상은 무엇을 의미할까? 어떤 마케팅 전략을 택해야 급격하게 팽창하는 한국 명품소비 시장을 접수할 수 있을까? 이제부터 나는 이런 고민 아래 한국 사회에서 명품소비를 주도하는 집단이 누구인지 다시 한번 되짚어볼 것이다. 앞서 살펴본 것처럼 한국인의 명품소비집단은 여덟 가지 유형으로 세분화된다. 하지만 정작 어떤 집단이 현재 대한민국의 명품소비문화를 리드하는지 알기란 어려운 일이다.

당신은 이 여덟 가지 명품소비집단 중에서 어느 집단이 가장 멋있다고 생각하는가? 혹은 "저렇게 되고 싶다"고 생각하는 유형이 있는가? 내가 이렇게 묻는 이유는 단순하다. 대한민국의 명품 마케팅이 개성과 자아를 대단히 강조하기 때문이다. 그들은 십중팔구 "나를 빛나게 하고, 나의 개성을 드러내는 동시에 충족시켜주기 때문에 나는 이 명품을 쓴다"라는 이미지를 강화하는 전략을 더 많이 사용할 것이다. 물론 지금까지도 그래왔다. 하지만 대한민국 사람들 가운데 개성이 뚜렷한 사람이 과연 얼마나 될까? 그래서 나는 대다수 사람들이 삶의 정답처럼 여기는 자아표출형의 소비현상에 가장 주목한다. 자아표출형이야말로 삶에서 격조를 추구하고 우아해지고 싶어하는 한국인의 마음을 가장 잘 드러내기 때문이다. 현실은 비록 그렇지 않아도 대부분의 사람은 이런 생활을 바라고 추구한다.

실제로 마케팅하는 사람들이 가장 많이 이야기하는 부류 역시 자급자족형과 자아표출형이다. 하지만 명품소비집단을 막상 구분해놓고 보니, 모든 사람들이 궁극적으로 지향하는 삶의 모드는 격조형이었다. 여덟 가지 집단 중 생활형은 본인들이 명품을 소비하는 데 별로 의미를 부여하지 않으므로 마케팅 대상에서 제외된다. 격조형도 마케팅 대상으로 삼기엔 까다로운 편이다. 이들은 삶의 격조를 높이는 데 목적이 있고, 명품이라는 것도 그냥 물건이라기보다 예술 작품과 같은 것으로 보는 탓이다. 그렇다면 현재 한국시장에서 명품소비를 주도하는 핵심 소비집단은 누구일까? 바로 젊은 세대가 많은 자급자족형과 자아표출형이다. 따라서 한국의 명품 시장은 젊은이들에 의해 리드되고, 빠르게 확산하면서 집단을 이루어간다는 특징을 보인다. 중국인들의 명품소비가 과시형과 무조건형을 기조로 하는 것과 비교되는 현상이다. 중국의 명품소비 패턴은 10년 전 우리나라의 명품소비 패턴과 비슷하기 때문이다. 한국에 온 중국인들이 일본인보다 다섯 배나 더 많이 명품을 구입하는 것도 이런 맥락에서다.

가능성이 가장 높은 대상만 염두에 둔 마케팅이 아니라 다양한 소비자 집단에게 폭 넓게 영향을 미치려면 어떤 식으로 명품 마케팅 전략을 짜야 할까? 하워드 모스코비츠의 연구를 다시 한 번 떠올려보자. 펩시와 스파게티 소스 실험에서 우리는 "모든 사람의 입맛을 만족시키는 한 가지 맛이란 없다"는 사실을 확인했다. "다양한 사람을 만족시키는 다양한 맛이 존재"했을 뿐이다. 명품소비 마케팅도 마찬가지다. 여덟 가지 소비집단을 만족시키는 한 가지 마케팅은 존재할 수가 없다. 따라서 기업은 신제품 기획이나 브랜드 전략을 새로 수립할 때, "어떤 소비자 집단에게 가장 먼저 어필할 것인지"부터 분명하게 파악해야 한다. 소비자 집단마다 명품을 소비할 때 중요하게 생각하는 가치들이 다르기 때문이다.

자급자족형과 판타지형은 '능력'을, 격조형과 과시형은 '수준'을, 생활형과 무조건형은 '조건'을, 자아표출형과 아바타형은 '자아'를 중요시한다. 만약 어떤 브랜드가 이 모든 소비자 집단을 아우르겠다고 하면서 "소비자 집단의 능력, 수준, 전통, 자아 정체성을 다 고려한 브랜드 관리를 한다"고 나서면, 오히려 어떤 소비자 집단에게도 매력적으로 어필할 수 없을 것이다. 이렇게 한다면 결국 제품이 얼마나 유명한지, 가격은 어떤지의 기준만 남게 될 것이다. 그렇다면 한국 사회에서 대표적으로 성공한 명품 마케팅 사례로는 무엇을 들 수 있을까? 그 마케팅의 핵심 소비집단은 누구일까? 그들은 어떤 이유에서 명품을 소비하는가?

실제로 우리 사회에는 다양한 명품에 관련된 다양한 마케팅이 있다. 다음 그림은 각 유형에 해당하는 심리코드와 관련된 다양한 마케팅 사례를 언급하고 있다. 판타지형의 경우 '스타마케팅'이 부각된다. 과시형의 경우엔 '초특급 스타' 또는 'VVIP 전략'이 먹힌다고 생각한다. 무조건형의 경우 "명품은 무조건 사야 한다"고 믿는 마음을 활용한다. 아바타형에 속하는 사람들은 '귀족마케팅'에 반응한다. 자신을 대신하는 아바타가 귀족같이 살기를 바라는 것이다.

예를 들어 대형마트 내 명품 매장에서 제품을 구입하는 집단은 합리

| 명품소비집단이 중요하게 여기는 것 |

성, 실용성을 중시하는 자급자족형일 가능성이 높다. 격조형은 대개 '예술과 명품의 동거(콜라보레이션)'라는 명목으로 예술 작품 같은 디자인이 들어간 에어컨 혹은 '앙드레김 냉장고' 등을 구입한다. 하지만 생활형은 명품 시장에서 성공한 특정 브랜드나 상품을 중심으로 물건을 구입할 것이다. 이들에게는 '브랜드 로열티'가 있다. 그래서 '플래그 숍'으로 부르는 독립 매장을 주로 이용한다. 이 유형의 사람들은 백화점에 가서 쇼핑하는 것을 불편하게 생각한다. 플래그 숍에 가면 단골 매니저가 알아서 최신상품을 권해주고 VVIP로 대접해주기 때문이다. 이들은 그런 과정을 통해 매우 자연스럽게 '신상'을 소비한다. 자아표출형에게는 차별화 전략이라고 해서 '셀렉트 숍(일명 편집 숍이라고도 한다. 소비자들이 좋아할 만한 아이템들로 매장을 채운 것)'을 권한다. 이처럼 소비유형에 따라 선호하거나 고수하는

매장 형태도 다르다는 것을 알 수 있다. 대표적으로 성공한 명품 마케팅을 예로 들자면, '스타마케팅', '고가 전략', '스타마케팅+고가 전략', '귀족마케팅' 등이다. 물론 이들은 다른 소비자 집단에게도 어필한다.

현재 한국 사회의 명품소비는 가장 뚜렷한 소비행동이자, 한국인의 심리를 가장 잘 보여주는 대표적인 소비현상이다. 다양한 소비자의 모습을 보여주는 동시에 향후 우리 사회에 뚜렷하게 부각될 소비트렌드도 알려준다. 아마도 격조형, 자아표출형, 생활형, 자급자족형의 심리코드가 미래에 더욱 뚜렷하게 나타날 것이다. 물론, 이것은 소비자 개인의 성향이 더욱 뚜렷하게 부각될 경우이다. 이제까지 살펴본 것처럼 명품소비자 집

| 명품소비집단별 마케팅 사례 |

자급자족형	판타지형
합리성 실용성(면세점, 아울렛) '마트'내 '명품' 매장 눈길	스타마케팅(미디어활용) 패션가 명품 스타마케팅 전성시대
격조형	**과시형**
예술성 강조(콜라보레이션) 명품과 예술의 동거……	스타마케팅+고가 전략 초특급 스타, VVIP 전략
생활형	**무조건형**
브랜드 로열티(플래그 숍) 시장에서 성공한 특정 브랜드나 상품을 중심으로……	고가 전략 천만 원짜리 자전거…… 명품 자전거 총출동
자아표출형	**아바타형**
차별화 전략(셀렉트 숍) 튀는 콘셉트, 명품 안 부럽다	귀족마케팅에 반응 불황 모르는 상위 1% 마케팅

단을 세분화하는 것이 마케팅 전략을 짜는 데 가장 핵심적인 요소임을 이해한다면, "명품에 열광하는 그들은 누구인가?" 하는 단순한 호기심 만족 차원을 넘어 정확한 마케팅 대상이 어떤 심리코드를 가지고 있는지 더욱 확실하게 알게 될 것이다. 그러므로 향후 이 사회에서 자신의 제품을 명품 브랜드로 만들려고 하는 마음을 가진 사람이라면, 또는 명품 산업을 더 발전시키기 원하는 기업이라면 무엇보다 각기 다른 심리를 가진 명품소비자 집단의 다양한 마음을 알아야 할 것이다.

당신의 라이프스토리를 업그레이드하라

김지수 씨는 남들이 부러워하는 속칭 '사모님'이다. 남편은 대기업의 마케팅 부장으로 동년배 가운데 연봉이 가장 높다. 지수 씨의 남편은 오랜 전문직 경력 덕분에 짬짬이 기업 특강을 나간다. 그는 거기서 생기는 과외 수입을 용돈으로 쓰기 때문에 지수 씨는 남편의 급여 전액을 생활비로 사용한다. 아침에 일어나 아이들과 남편을 학교와 일터로 보낸 후 그녀는 '렉서스'를 몰고 한강이 내려다보이는 고급 피트니스 클럽에 간다. 일주일에 두 번은 학부모 클럽에서 만난 같은 반 학생 엄마들과 골프를 치러 필드로 나간다. 그리고 한 달에 두어 번 이른바 '백화점 편집 숍' 실장의 전화를 받고 '신상쇼핑'을 나선다. 그녀는 "명품을 사용하되 천박하지 않게, 명품이 빛나는 게 아니라 명품이 나의 삶을 빛나게, 온 가족이 명품처럼"이라는 모토를 가지고 살아간다. 초등학교 교사 아버지 밑에서 '그저 그렇게 자라', 다행히 '한 미모 덕에' 일류 대학을 다니던 지금의 남편과 연애 결혼한 그녀는 우아한 자동차를 몰고, 고급스러운 핸드백을 들고, 이탈리아제 명품구두를 신고 고교동창회에 나가는 날이 가장 즐겁다고 한다. 그녀는 '짠돌이 선생 집 그저 그런 막내딸'이 아니라 '대기업 마케팅 부장의 우아한 사모님'으로 살아가는 지금 이 순간이 행복하다. 남편이 좀 더 높은 자리로 승진하고, 아이들만 공부를 잘해준다면 그녀는 '성공 인생 종결자'가 될 거라고 믿는다.

오늘날 한국인들에게는 명품이 단지 비싼 물건(luxury goods)만을 의미하지 않는다. 그들에게 명품은 물건 이상의 의미를 지닌다. 명품을 구매함으로써 자신의 삶 자체가 명품처럼 업그레이드 되길 바라기 때문이다. 한국인의 명품소비와 관련된 심리를 논의할 때는 이 점을 반드시 고려해야 한다. 한국인에게 명품소비란 럭셔리한 제품을 구입하는 행위 자체로 그치는 게 아니라 '일상에서 각 개인이 만들어가고 싶어하는 삶의 방식이나 추구하는 삶의 모습 혹은 욕망을 현실에서 구현하는 일'이다. 한국인의 '명품소비=삶의 방식'이라는 공식이 가장 잘 드러나는 행위는 '명문대학 입학'이다. 누군가는 "교육이 어떻게 명품소비와 같은 맥락인가?" 하고 의문을 제기할 것이다. 하지만 열심히 돈을 모아 루이비통 핸드백을 사는 것과 명문대 진학을 위해 고군분투하는 것은 결국 같은 심리다. 명품도, 명문대학도, 남에게 멋있어 보이거나 폼 나게 보여야 하는 삶의 과정에서 꼭 필요한 것들이니까.

사람들은 흔히 럭셔리한 핸드백을 사고 소유하는 데 만족감을 느낀다. 그 제품이 어떤 역사를 가지고 있는지 문화적으로 어떤 의미가 있는지 따위는 별로 중요하게 생각하지 않는다. 굳이 알려고도 하지 않는다. 심지어 자신이 구입한 고가의 물건을 잘 관리하고 활용하기 위해 어떻게 해야 하는지, 제품의 특성은 무엇인지도 제대로 알지 못한다. 마치 좋은 대학에 입학하는 게 중요하지 그 이후 대학교육의 질이나 교육과정에 대해서는 깊이 생각하지 않는 것과 같다. 요즘 우리 대학가에서는 등록금 인하를 촉구하는 운동이 심심찮게 벌어지고 있다. 이 문제를 한국인의 명품소비와 관련 지어 생각하면 매우 뜻밖의 결론이 나온다. 만일 학생들이 자기가 다니는 대학이 최고의 명문(=명품)이라고 생각한다면 등록금을 인하해달라고 요구하는 일은 벌어지지 않을 테니까. 그런데 명문대학이라고 해서 기를 쓰고 들어와보니 다른 대학과 별반 차이가 없다. 가르치는 사람도, 학생들도 다 거기서 거기이다. '수업의 질보다 취업률'을 따지는 게 대학이라면 굳이 비싼 등록금 내고 명문사립대학에 갈 필요가 있을까? 또 명문대학이라는 곳에서는 학생들이 등록금을 인하해 달라고 격렬하게 요청하는데 비해 별 볼 일 없는 취급당하는 지방대학의 학생들은 조용한, 이 '불편한 현실'의 진실은 무엇일까?

우리는 여기서 명문대학과 명품에 대한 한국인의 조금은 당혹스런 심리를 읽을 수 있다. 사실 명품을 파는 상점들은 가능한 한 할인을 하지 않는다. 명품을 '명품'으로 유지하려는 자본주의 사회의 명품 마케팅 전략의 일환이다. 이따금, '가뭄에 콩나듯' 세일을 한다고 해도 '몇몇 특급손님'에게만 연락이 간다. 어떤 소비자들은 "세일하는 명품은 사지 않는다"

| 3초마다 그 가방을 가진 사람을 만날 수 있을 정도로 흔해 '3초 백'이라고 불린다는 루이비통의 핸드백은 명품소비가 필수가 된 현실을 보여준다.[11]

고 고백한다. 세일로 대중화된 명품은 더 이상 '특별한 그 무엇'이 아니기 때문이다. 그런데, 이른바 '교육의 명품'이라 할 수 있는 명문대 학생들은 도리어 등록금 할인을 거세게 요청한다. 어떤 심리일까?

등록금은 '대학교육'이라는 상품을 '사기' 위해 지불하는 비용이다. 이런 맥락에서 보자면 한국의 명문대 학생들에게는 그들이 받는 명문교육이 동대문 시장에서 파는 물건과 같은 수준인 것 같다. 한국의 명문대학에서 교육 받는 학생들이 등록금 인하 요청을 하는 것은 현재 자신들이 받는 교육을 명품으로 인식하지 않는다는 사실을 그대로 보여준다. 명품이기는커녕 시장에서 흥정 가능한 제품으로 생각한다는 뜻이다. 아무리 대학 스스로 명문대학이라고, 명품교육을 제공한다고 주장해도 그 물건을 사는 소비자가 할인매장 제품이거나 시장제품이라고 인식한다면 그 대학은 결국 짝퉁을 파는 곳이 되고 만다. 대학등록금이 사회적 논란이 되고, 학생들이 등록금 인하 요청을 하는 데 각 대학들이 대응하는 것을 보면, 분명 우리 사회에서 대다수의 명문대학은 짝퉁제품을 파는 상점과 유사한 상황에 있음을 알 수 있다. 물건을 사는 손님인 학생들의 행동이 바로 상점의 속성과 거기서 파는 물건의 수준을 가늠케 한다. 만일 그들

| 반값등록금 릴레이 1인 시위.[12]

이 자기가 받는 대학교육을 고급 백화점의 명품코너에서만 구입할 수 있는 물건이라고 생각한다면 굳이 할인해 달라고 떼를 쓰지 않을 것이다. 혹시, 명품이라 생각하지만 그것을 가능한 한 싸게 사고 싶은 심리라고 주장할 수도 있다. 마치, 아울렛 매장에서 명품 브랜드를 사려고 하는 그런 심리 말이다.

한국인이 보이는 명품소비 심리가 우리 사회의 다양한 논란거리에 어떻게 반영되는지, 또 그것이 우리 삶의 모습을 어떻게 보여주는가 하는 문제는 대학의 등록금 인하에만 국한되지 않는다. 우리 각자가 이 사회에서 잘 산다는 것이 무엇이고, 또 어떻게 살아야 하는가의 문제와 직접 연관이 있다. 명품소비는 무엇보다 당신이 어떤 사람이고, 어떤 방식으로 사느냐에 대한 흥미로운 표식을 만들고 그것을 보여준다. 또 우리 각자가 가진 삶에 대한 믿음이 무엇이며, 이것이 어떤 소비행동으로 나타나는지도 알려준다.

얼마 전 지인 한 사람이 내게 이런 말을 했다. "교수님이 남과 달리 튀는 구석이 좀 많아도 한국 사회에서 잘 적응하고 살 수 있는 건 모두 학벌 덕분이에요." 즉, "당신의 학벌이 마치 명품백처럼 당신을 부각시켜주고, 또 당신이 이 사회에서 튀는 행동을 하더라도 남의 공격이나 질책을 당하지 않고 잘 방어해주기에 살아 남을 수 있다"는 진단인 것이다. 대한민국에서는 학벌 역시 한 사람을 멋지게 보이도록 꾸며주고 폼 나게 살 수 있도록 만들어주는 고가의 명품백 같다는 뜻이다. 이처럼 우리 사회의 명품은 럭셔리 브랜드가 제공하는 값비싼 물건이라는 뜻을 훌쩍 뛰어넘는다. 당신의 삶을 남과 다르게 만들어주고, 심지어 당신을 보호한다는 의미까지 내포한다. 우리는 꼭 가져야 하는 품목이라는 뜻으로 '잇 아이템'이란 단어를 즐겨 쓴다. 대개 유행하는 명품을 뜻한다. "남에게 기죽지 않기 위해", "마땅히 하나 정도는 가지고 있어야 하는", "남의 이목을 고려해서라도 하나쯤은" 등등 명품에 대한 다양한 표현들을 보면 한국인들은 물건 자체의 특성 때문에 명품을 선호하는 게 아니라 '나를 지켜보는 시선'에 대답하기 위해 명품을 구매하는 것으로 보인다. 내 삶이 좀 더 많이, 좀 더 세련되게 업그레이드된 스토리로 보이기를 원하는 것이다. 결국 한국인에게 명품은 "특정 브랜드의 물건이 아니라 우리 자신의 삶을 조금 과장해서 보여주는" 매우 중요한 상징이 되었다.

🧍 명품소비, 명품인생

한국 사회의 명품소비란 내가 얼마나 돈이 많은 사람인지 보여주는 가장 손쉬운 행동 방식 가운데 하나다. 그 사실을 먼저 이해하자. 그러고 나면 한국인의 명품소비를 두 가지 방향에서 생각하는 데 이의가 없을 것이다.

첫째, 한국인에게 명품소비는 본인들이 정답으로 간주하는 삶의 모습을 구성하는 하나의 필요충분조건이다. 즉 정답인 삶을 살아가는 사람들의 생활 패턴에 다름없다. 그래서 경제적 여력이 없는 보통 사람들마저 명품 자체의 특성과 나의 개성을 억지로 연결시키면서 정답을 찾는다. 이런 경우 경제적 능력과 상관없이 명품소비라는 단순한 행위로 자기 삶을 가능한 한 우아하게 포장하려고 한다. 여기서 나는 "우아하다"는 표현에 주목하라고 말하고 싶다. 앞에서 언급했듯이 한국인들은 돈이 아무리 많

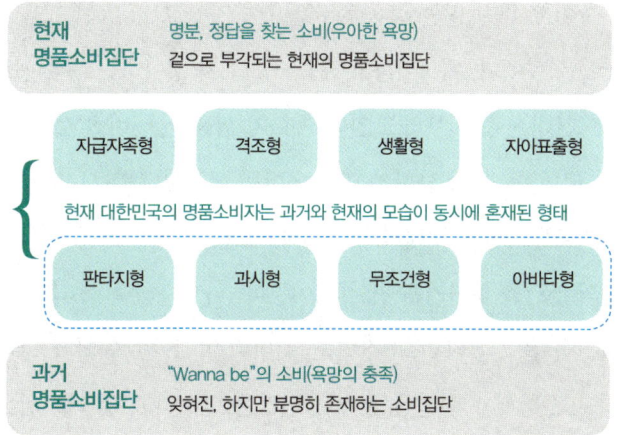

아도 그것을 노골적으로 드러내는 것을 천박하다고 여긴다. 그래서 가능한 한 자신의 삶을 럭셔리하고 우아하게 포장하려고 애쓴다. 명문대학에 가고, 대기업 취업을 선호하고, 좋은 집안과 혼사를 맺기 위해 애쓰고—성사시키기 위해 몇천만 원의 가입비를 내고 결혼정보업체에 등록한다—하다못해 명품가방이라도 하나 들려고 한다. 모두가 명품소비의 당위성을 찾는다. 명품을 소유하면 본인이 명품이 되는 것처럼.

둘째, 현재 한국 사회의 명품소비는 한마디로 "속은 없으니까 겉만 보여줘"라고 말하고 싶은 심리를 드러낸다. 겉과 속이 다른 두 가지 마음이 정작 드러날 때는 하나로 통일된다는 뜻이다. 그래서 남에게 보여지는 게 명품이라면 실상은 그게 잘 만들어진 짝퉁이라고 해도 별로 상관없다고 생각한다. 사실 많은 사람들이 이런 생각을 한다. 남에게 보이는 걸 중시하는 우리 문화의 참모습이다. 겉으로 인정하지는 않지만, 저 깊이 품고 있는 '명품에 대한 누구나의 생각'일 수도 있다.

한국인들은 대개 자기 개성이나 스타일을 뚜렷하게 인식하지 못한다. 개성을 죽이고 튀지 않는 삶을 강요받으며 자랐고 또 그런 교육을 주야장천 받아온 탓이다. 개성이라고 해봤자 자기가 좋아하는 몇몇 브랜드를 통해서 드러내는 걸 전부라고 안다. 게다가 십중팔구 '비싼 것이 좋은 것'이라고 생각한다. 우리 사회의 대세는 이런 생각이다. 다시 말해 개성 충만한 라이프스타일을 뚜렷하게 부각하기보다 대세에 따른 소비를 함으로써 삶의 정답을 찾아가는 편이다. 이른바 "나도 누구처럼 되고 싶고, 관심과 인정을 받고 싶다"고 생각하는 '워너비'의 소비행동이다. 그래서 유행을 따르고 남에게 관심을 끌거나 인정을 받으려고 잇 아이템을 구매한다. 이들에게는 명품 구입이 가장 안전한 인정욕구 충족과정이자 가장 우아하게 욕망을 충족시키는 과정이다. 내가 생각한 정답이 아니라 대세인 듯 보이는 정답을 따르면서 가능하면 개성까지 표현하고자 하는 욕구의 발로라고 보면 된다. 하지만 안타깝게도 개개인의 정체성은 뚜렷하게 드러나지 않는다.

겉으로는 우아하지만 속으로는 노골적인 게 우리 심리의 근간이다. "아니다!"라고 부정하고픈 사람이 있다면 TV의 막장 드라마를 보라. 재벌을 둘러싼 그렇고 그런 이야기들은 하나같이 자신의 욕망을 돈으로 표출하면서 싸움을 한다. 보는 이에게 양가적 감정을 일으키지만 정작 개인의 취향과 스타일은 나타나지 않고 돈만 부각된다. 언제나 임의롭게 명품인생을 소비한다. 물건도 배우자도 나아가 삶 자체를 명품으로 즐긴다. 아이템별 명품소비를 인정과 과시, '쿨하고' 돈 많은 인생의 상징으로 간주한다. 그리고 거의 90% 반대 지점에 있는 시청자들은 거기 열광한다.

명품소비 심리를 탐색하다 보면 한국인의 핵심 욕망이 무엇인지, 그것을 어떻게 충족해야 하는지를 알게 된다. 누군가는 사람의 심리를 모두 까발린다는 것에 거부감을 가질 수도 있다. 그러나 사람의 심리를 정확하게 파악하는 것은 또 다른 즐거움이다. 인간에 대한 통찰을 얻기 때문이다. 심지어 자신의 존재에 대한 이유까지 찾아낼 수 있다. 우리의 삶은 사실 욕망의 표현과 충족의 과정이다. 그리고 우리 사회에서 개개인이 자신의 욕망을 좀 더 우회적이면서 우아하게 표현하고 충족할 수 있도록 도와주는 것이 바로 명품소비이다.

과거 신분제 사회의 인간은 계급에 따라 욕망을 충족하는 방식이 정해져 있었다. 아무리 돈이 많더라도 사회적 신분이 낮으면 충족할 수 있는 욕망에 한계가 있었다. 하지만 지금은 다르다. 비교적 한계가 없는 수준에서 각 개인이 자신의 욕망을 표현하고 충족할 수 있게 되었다. 그런 행위가 또 다른 비용을 지불하게 만들긴 했지만! 무엇보다 욕망이라는 것은 우리에게 지속적인 만족감을 주지 않는다. 욕망은 반드시 회한과 후회, 또는 충족의 쾌감과 거의 유사한 수준의 상실감을 주게 마련이다. 욕망을 충족하는 순간 상실의 절망이나 회한을 맛본다. 그리고 이것은 인간이 마땅히 지불해야 하는 비용이다.

명품소비는 사회적 시선 속에서 자신을 멋진 사람으로 보여주려는 행위에 불과하다. 하지만 대개의 경우 명품소비는 순식간에 개인을 사라지게 한 뒤 명품만 남게 만든다. 욕망을 충족하기 위해서 명품을 소비하지만 정작 나 자신의 욕망은 사라지고, 남아 있는 명품이 나의 욕망을 삼키는 꼴이다. 〈마이더스의 손〉 이야기를 보라. 황금에 눈이 먼 왕은 결국 가장 사랑하는 딸은 물론 자기자신마저도 황금으로 변하게 만든다. '욕망이 존재를 삼켜버린' 것이다. 이 이야기는 어쩌면 대부분의 사람들이 물질적인 욕망의 노예로 전락한 요즘 한국 사회를 잘 보여주는 것인지도 모른다.

나는 "돈과 성취가 인간의 욕망을 가장 잘 나타낸다"고 본다. 특히 우리나라에서는 더욱 그런 것 같다. 돈이 없는데도 명품을 소비하는 사람들을 보면 얼핏 유흥업소 종사자들이 떠오른다. 정체성을 확인하는 소비 행위가 아니라, 남에게 떠밀리거나 어쩔 수없이 해야 하는 과시형 소비이기 때문이다. 명품을 통해 돈이 있음을 확인하고, 또 그런 소비행위를 통해 사회적인 인정을 얻으려고 하는 것이다. 따라서 겉으로 이야기하는 것은 에르메스 버킨백이지만 핵심은 사실 '돈과 사회적 인정'에 있다. 이처럼 한국 사회에서의 명품소비는 자신의 존재를 드러내게 해주는 어떤 것, '특별하지만 가장 손쉽게 접근할 수 있는 채널'이다.

앞서 우리는 명품소비의 여덟 가지 소비자 유형을 살펴보았다. 자급자족형은 자신의 능력을 통해서 소비한다. 판타지형은 연예인을 추종하면서 소비한다. 중고제품도 잘 이용한다. 격조형은 정신적인 명품을 추구하고, 과시형은 명품의 이미지를 타인에게 강조한다. 누구에게 "내가 무엇을 가졌다"고 자랑하는 것이다. 생활형은 자신의 생활에서 명품 사용이 매우 자연스러운 유형이다. 반면 무조건형은 비싼 가격에 초점을 둔다. 자아표출형은 자신에게 잘 맞는 것을 가장 중요하게 생각한다(하지만 이 유형은 한국인들에게는 잘 나타나지 않는다). 아바타형은 소비를 통해서 자신의 위치를 확인한다. 이들에게는 자신이 어디에 속하는지 파악하는 게 무엇보다 중요하다.

내 경우를 말해보겠다. 나는 지향점은 격조형이지만 종종 자아표출형의 모습을 드러낸다. 격조형을 지향하는 탓에 누군가는 이런 나를 과시형으로 볼 수도 있을 것이다. 이처럼 명품소비 유형을 살펴보면서 그 가운데 내가 어디에 속하는지 확인하는 것은 곧 '일상의 나'를 발견하고 '숨겨둔 나의 욕망'을 확인하는 새로운 계기가 된다. 당신은 어느 유형에 속하는가?

에필로그

나는 존재한다,
고로 행복하다

🎎 특별한 대한민국을 위한 소비심리 연구

당신은 지금까지 사람들의 소비심리를 탐색하는 긴 여정을 마쳤다. '사람들'이란 회사의 입장에서는 고객이고, 개개인으로 볼 때는 소비자이다. 또 성향이나 비슷한 특성 혹은 반응을 중심으로 모이면 대중이 된다. 우리는 이들 모두를 대상으로 '특정하고 비슷한 성향을 지닌 사람끼리' 혹은 '다양한 현상에 대한 다양한 반응'에 따라 집단으로 구분하거나 유형별로 정리해서 그 특성을 살펴보았다. 그 과정을 통해 과거의 마케팅은 '모든 사람에게 어필하는 한 가지 어떤 것'을 추구한 반면, 현재의 마케팅은 '다양한 마음'을 중시하는 방향으로 가고 있음을 확인했다. 과거에 했던 소비현상 또는 소비행동의 심리적 분석은 "사람들이 물건을 지각·인지하여 구입하고 사용하는 데 이르는 일련의 심리과정의 탐색"이었다. 소비자는 논리적이고 합리적일 거라는 심리학자와 경영학자들의 기대에 부응한 결과였다. 하지만 이런 기대는 깨어진 지 오래다.

오늘날의 소비심리 연구는 고객이 왜 특정 물건에 더 관심을 가지는지, 소비자들이 특정 물건을 소비함으로써 자신을 어떤 방식으로 드러내려고 하는지, 그리고 대중이라는 사람들이 자신의 삶을 어떻게 만들어가는지에 대해 관심을 갖는다. 어떤 물건이 잘 팔리는가에 초점을 두기보다 "특정한 물건을 사는 사람들은 누구인가?"를 이해하려고 애쓴다. 이를 테면, 스마트폰 중에 어떤 것이 잘 팔리는가를 연구하는 게 아니라 아이폰을 쓰는 사람, 갤럭시S를 쓰는 사람, 갤럭시노트를 쓰는 사람, 옵티머스뷰를 쓰는 각각의 사람이 누구인가에 먼저 관심을 두는 것이다. 즉 물건 이 아니라 소비자인 인간에 초점을 두는 입장이다. "사람은 (소비자의 마음은) 이성적이고 합리적일 것이다"는 막연한 가정을 버리고, "인간은 감성적이다. 그리고 그들의 마음과 행동은 종종 비이성적이다"는 인식 아래 '소비자의 마음'을 탐색하는 것이다.

소비심리 연구는 무엇보다 이 사회에 살고 있는 사람들 각자가 어떤 사람인지, 이 사회에서 일어나는 다양한 사회현상이 우리 삶에 어떻게 연결되어 있는지 잘 보여준다. 자본주의 사회에 살고 있는 우리 인간은 소비행위를 통해 자기 삶의 문제를 해결하고, 또 자신의 욕망을 충족한다. 따라서 욕망의 충족과 삶의 문제가 만나는 접점을 좇다보면 "이 사회에서 살아가는 나는 어떤 사람인지, 나는 어떻게 살아야 할 것인지"에 대한 통찰을 얻을 수 있다.

앞서 설명한 다양한 사례를 통해 당신은 여러 가지 사실을 확인했다. 우리가 일생동안 얼마나 많은 것들을 소비하는지, 무엇인가를 소유하기 위해 고민하고 돈을 벌고 정작 '마음먹은 대로' 소비하기까지 얼마나 많은 시간과 노력을 쏟고 있는지, 소비행위에 따른 라이프스타일은 또 얼마나 다양한지 등을 확인할 수 있었다. 그렇다면 잠시 인생의 문제를 돌아보자. 진학, 취업, 결혼, 출산 등 삶의 다양한 문제와 마주쳤을 때 우리는 '원하는 대로 살기 위해' 얼마나 많이 노력하는가? 월급 모은 돈으로 첫 명품백을 살 때처럼, 아니면 내 생애 첫 차를 뽑을 때처럼 진중하게 고민하고 있는가? 자신의 마음이 무엇인지 정확하게 알지 못한 채 남들이 좋다는 것을 그대로 따라 샀던 것처럼, 혹시 당신의 인생을 '추종모드'로 조종하고 있지 않은가? 남에게 있어 보이려면 하나씩은 꼭 가져야 한다는 잇 아이템을 사는 것처럼!

아무리 많은 연구가 이루어져도, 아무리 다양한 탐색이 이루어진다고 해도, 그 결과물이 인간의 행복한 삶과 직접 연결되지 않는다면 아무 소용없다. 더구나 21세기 특별한 대한민국을 살아가는 우리 한국인에게는 더욱 그렇다. "요즘 사는 게 어떠세요?"라고 물었을 때 "너무너무 좋아요!"라고 선뜻 말하지 못하면서도, 대다수 한국인은 "그런데 왜 그렇게 열심히 사세요?"라고 추궁하면 십중팔구 "행복해지려고요!" 하고 대답한다. 내가 소비심리를 연구하면서 그 최종 목적지를 '개개인의 행복한 삶'에 둔 것은 이런 마음을 읽었기 때문이다. 이제 여행을 마칠 때가 되었다. 에필로그에서 나는 소비심리 연구가 한국인의 행복한 삶에 어떤 도움을 줄 수 있는지 살필 것이다. '정치와 삶의 가치'라는 두 가지 이슈를 통해서.

♟ '소통'과 '선거'가 소비행동이 되는 이유

2012년 3월 전파를 타기 시작한 '포스코'의 TV광고는 매우 인상적이다. 소통 캠페인의 일환으로 나가는 연작 광고 가운데 하나다. 광고 속 최부장은 젊은 사원들과 잘 어울리기 위해 '셔플댄스'를 배운다. 쉬워 보이는 동작이지만 실제로 하려면 다리가 살짝 꼬인다. 팔다리 움직임의 박자가 맞지 않아서다. 그럼에도 불구하고 열심히 연습하는 최부장을 보면 "꼭 저렇게까지 해야 할까?" 싶어 안쓰러운 마음도 생긴다. 하지만 정작 최부장은 셔플댄스를 배우고 젊은 동료들과 함께 스텝을 밟으며 즐거워한다. '셔플댄스 소통'은 일단 성공이다. 물론 소통의 문제가 셔플댄스 하나로 해결되는 건 아니지만, 최부장은 일단 '셔플댄스 배우고 함께 추기'라는 채널을 통해서 경쾌한 춤을 좋아하는 젊은이들의 마음을 먼저 확인했다. 소통은 그래서 가능했다. 소통의 문제는 이처럼 크고 작은 일상사를 해결하는 과정에서 '서로의 마음을 정확하게 확인'하는 것부터 시작해야 한다.

나는 지난 10년 동안 한국 사회의 특정 이슈나 사건에 대한 각기 다른 반응과 심리코드가 어떤 것인지 연구해왔다. 언제인가부터 우리 사회에서는 "소통이 안 된다"면서 "소통을 잘하고 싶다"고 토로한다. 저마다 소통의 문제를 심각하게 느끼고 있다고 말한다. 서로 생각이 달라 의사소통이 안 된다고 하소연한다. 이런 생각들을 반영하는 대표적인 표현이

| 포스코 2012년 소통 캠페인 〈셔플댄스〉 편.[1]

바로 '좌파', '우파' 그리고 '진보', '보수'와 같은 이데올로기적 단어들이다. 예전에는 '영남', '호남'과 같은 지역적인 단어들이 대세였다. 서로 다른 생각을 하고, 의사소통 하는 것을 힘들어 하고, 서로를 적으로 간주하여 싸우는 듯 보는 게 모두 이데올로기 혹은 지역의 차이 때문일까?

과거 우리는 사회현상으로 쉽게 경험하는 소통의 장애를 이데올로기나 지역의 문제로 보았다. 이런 사고는 매우 흔하고 진부한 것이다. 대개 인간의 마음이 연령이나 성별, 또는 생활지역에 따라 다를 것이라 믿는 인식의 틀에서 비롯된다. 하지만 이 같은 판단 기준은 사람의 마음을 살피는 도구로 적합하지 않다. 개개인의 차이는 '각기 다른 사람이 가진 심리코드의 차이'를 반영하는 것이기 때문이다. 보수 성향이 우세한 경북 지역에 살아도 어떤 사람은 자비로 《레프트 대구》같은 잡지를 만들 만큼 진보적이고, 또 다른 누군가는 말 그대로 "일상에서 비전까지 몽땅 꼴통 보수"일 수 있다. 이런 사람들이 만난다면 과연 이야기가 잘 될 것인가? 분명 커다란 간극이 생길 것이다. 심리코드가 다르면 서로 의사소통 하기 힘들 뿐 아니라 이해하기도 쉽지 않고, 사고와 행동방식에서 어마어마한 차이가 나기 때문이다.

한국인들은 특정 이슈나 사안에 대해 자신의 생각과 마음을 정확하게 밝히는 데 매우 서툴다. 가장 큰 이유는 "문제를 정확하게 파악하고 진단하지 못하기" 때문이다. 그리고 두 번째 이유는 자신의 심리코드가 무엇인지 알지 못할 뿐 아니라 자신과 다른 마음을 나타내는 "타인의 심리코드를 전혀 읽지 못하기" 때문이다.

서로 다른 심리코드의 표현이 가장 극적으로 구현되는 상황은 '선거'이다. 사실 선거는 소비심리, 소비행동의 측면에서 볼 때 "시장에 나온 상품 가운데 가장 그럴듯한 것을 선택하는 행위"와 다르지 않다. 현실에서의 소비가 다양한 물건으로 나타난다면, 선거는 소비자의 마음이 구체적인 인물이나 정당이라는 대상을 어떻게 평가하는지 잘 보여준다. 형식적으로 선거는 우리 국민 전체를 대표하는 인물을 뽑는 정치 행위에 해당한다. 그러나 이것은 분명 각기 다른 소비자의 마음을 표현하는 아주 구체적인 소비행위다. 이제 당신이 선거에 참여한다고 생각해보자. 어떤 사람을 지지한다고 했을 때, 그 사람이 정말로 당신을, 또 당신의 생각을 잘 대표한다고 이야기할 수 있을까? 그가 당신의 어떤 생각을 대표하는지, 그가 선출되고 난 뒤 당신을 위해 무엇을, 어떤 활동을 구체적으로 할 수 있을지 생각해본 적이 있는가? 아마 거의 없을 것이다. 그렇다면 당신에게 선거란 대체 무엇일까? 선거는 어쩌면 "당신의 생각을 대표하는 그 누군가를 선출하는 일"이 아닐지도 모른다.

대통령 선거를 생각해보자. 선거 전부터 치열하게 벌어지는 홍보기간을 거치면서 당신은 특정 후보에 대한 정보를 수집한다. 만일 당신이 정치에 관심이 많은 사람이라면 자발적인 정보 수집과 비교 분석에 나설 것이고, 고만고만한 관심밖에 없다면 TV토론이나 정견 발표 같은 공개된 프로그램을 통해 정보를 얻을 것이다. "에잇, 더러운 세상" 하거나 "그 놈이 그 놈이지" 하면서 아예 관심의 스위치를 꺼버리는 사람도 있을 것이다. 이번에는 당신이 오랜만에 마음에 드는 뭔가를 사야 하는 상황이라고 가정하자. 선물을 해야 할 상황이라도 상관없다. 당신은 분명 '오랫동안 바랐던 아주 좋은 그 무엇'을 사기 위해서 인터넷 사이트를 비교해가며 정보를 구할 것이다. 친구들의 반응도 살피고, 다른 구매자들의 사용 후기도 면밀히 읽어볼 것이다. 고가의 브랜드제품을 "음, 이거! 포장해주세요!" 하면서 덜컥 구매하는 사람은 거의 없다. 소비한다는 건 자신의 (정신적인) 욕망을 충족하는 일인 동시에 (경제적인) 손실을 감당하는 일이기 때문이다.

이제, 어느 특정한 사람을 대통령으로 뽑는 것과 백화점에 가서 럭셔리 브랜드 지갑을 사는 일을 두고 한번 비교해보자. 어느 것이 더 중요한가? 물론 누구나 "당연히 대통령 선거"라고 대답할 것이다. 하지만 현실에서 우리는 백화점 명품관에 가서 브랜드 지갑 하나 사는 것을 더 중요한 일이라고 여긴다(선거관리위원회에서야 국민이 대통령 뽑는 것을 무엇보다 더 진지하게 고민해야 하고, 더 중요하게 생각해야 한다고 말하겠지만, 실제 우리의 행동은 그렇지 않다). 어쩌면 당신은 "나라의 정기 행사로서의 대통령 선거"가 아니라 "선거날=투표하고 쉬는 날"이라고 생각할지도 모른다. 따라서 투표하러 가기 전날까지 밤을 새워 후보에 대해 정보를 수집하지도 않을 것이다. 이처럼 '선거와 소비'라는 개개인의 행동 측면에서 보자면 "선거에 쏟는 심리적 에너지는 백화점에서 가서 좋은 지갑 하나 사는 데 쏟는 것보다 훨씬 약하다." 여

| 쇼핑과 선거는 자신의 욕구를 표현하는 '소비'라는 측면에서는 동일한 행위이다.[2]

기에서 나는 "왜 그런가?"의 문제를 다루려는 게 아니다. 대통령 뽑는 일이 명품 하나 사는 것보다 덜 중요하다고 말하는 것도 아니다. 나는 다만, 대통령 선거가 개인의 선택과 결정이라는 소비심리의 입장에서 볼 때 백화점에 가서 지갑 하나 사는 것보다 개인에게 덜 중요하다는 것을 상기시키고자 한다. 선거나 소비행위나 개개인에 따른 '선택의 문제'이기 때문이다.

♟ '사람 좋고 무능한' 이웃집 아저씨에게 바라는 것

노무현 대통령이 취임한 지 얼마 안 되었을 때다. 보좌관이 대통령에 대한 국민의 마음을 알고 싶다면서 나에게 연락을 했다. 당시 청와대에서는 전체 국민 가운데 대통령을 지지하는 사람이 20%, 반대하는 사람이 20%, 애매모호한 집단이 60% 라고 알고 있었다. 청와대는 이 조사 결과가 정말인지 궁금해했다. 국민의 마음을 더 정확히 알고 싶다고 했다. 국민의 마음과 정서를 제대로 알아야 대통령의 이미지를 어떤 식으로든 만들어나갈 수 있다고 생각한 탓이다. 자, 이번에는 입장을 바꾸어 생각해보자. 만일 당신이 대통령이라면 위와 같은 세 부류의 국민 가운데 어느 집단에 더 많은 관심과 에너지를 집중할 것인가? "대통령인데 당연히 모든 국민을 다 포용하면서 통합모드로 가야 하는 거 아닌가?" 같은 공자님 말씀은 하지 말기 바란다. 대통령이 어떤 집단을 적대시하느냐 포용하느냐의 문제가 아니라, 특정 집단이 대통령을 바라보는 이미지는 무엇인지, 대통령을 어떤 이미지로 부각시켜야 하는지를 묻고 있기 때문이다. 대통령이 국민에게 각인될 수 있는 자신만의 뚜렷한 이미지를 갖는다는 것은 무엇일까? 마케터의 입장에서 본다면(대통령을 하나의 상품으로 생각할 때) 특정 소비자 집단에 초점을 두고 판매와 마케팅 전략을 짜는 것이 아닐까?

실제로 대부분의 많은 사람이 "지지하는 사람들에게 초점을 둔 정책이나 이미지를 가져가야 옳지 않을까?" 하고 이야기한다. 하지만 지지하는 사람들은 대통령이 무엇을 하든 지지하는 입장이다. 따라서 특별히 이미지의 문제로 고민할 필요가 없는 대상이다. 당시 노무현 대통령의 보좌관이었던 사람도 그 정도는 알고 있었다. 그 역시 지지하는 층이 대통령을 어떻게 보고 있는지, 어떤 기대를 하고 있는지는 잘 안다고 말했다. 또 대통령을 반대하는 사람들의 심리도 어느 정도 알고 있다고 말했다. 그들은 대통령이 무슨 일을 하든 반대할 것이므로 당분간 거의 포기하는 마음으로 갈 수밖에 없다고 고백했다. 따라서 청와대에서 정말 알고 싶어하는 사람들은 바로 대통령을 지지하지도 않고 반대하지도 않는 국민 60%의 마음이었다. 그들의 속마음이 어떤지, 그들은 과연 대통령을 어떻게 보고 있는지가 궁금했던 것이다. 가능하다면 향후 대통령의 이미지와 정책 방향을 그 사람들의 심리코드를 알아내어, 거기 초점을 맞춘 방식으로 짤 수 있기를 고대한다고 했다.

당시 나는 무엇보다 노무현 대통령이 국민에게 어떤 이미지로 인식되고 있는지가 궁금했다. 그래서 사람들의 마음속에 있는 대통령에 대한 심리코드를 먼저 확인했다. 그 결과를 청와대 보좌관에게 이렇게 알려주었다. "중도성향의 국민은 대통령을 '편안한 이웃집 아저씨'로 바라봅니다. 동시에 '약간 무능한 인물'이라고 생각합니다." 만일, 우리 이웃집 아저씨가 아주 능력 있고 잘나가는 사람이라면 그를 편안하게 느낄 수 있을까? 아마 그러지 못할 것이다. 바로 옆집에 사는 누군가가 나보다 훨씬 월등하고 뛰어나다면 불편한 게 한두 가지가 아닐 것이다. 사사건건 비교당할 것을 생각하면 피곤이 쓰나미처럼 몰려올 것이다. 일상에서는 차

| 국민에게 편안한 이웃집 아저씨의 이미지였던 고 노무현 대통령.³

라리 그저 그런 평범한 사람을 대하는 게 낫다. 그렇다면 '편안하지만 약간은 무능하게 느껴지는 이웃집 아저씨'가 어떻게 하면 이웃 사람들의 마음을 사로잡을 수 있을까? 어떻게 하면 뭔가 큰일을 할 수 있는 사람이라는 신뢰까지 얻을 수 있을까? 이것이 바로 '대통령이라는 상품을 파는 마케팅 전략'을 설정하는 과제였다.

"어떤 사람이 한 조직의 장인데, 그 사람은 편안하고 좋은 사람이다. 그런데 무능하다." 자, 그렇다면 이 사람은 어떻게 해야 조직 구성원들의 마음을 살 수 있을까? 이런 질문을 한다면 사람들은 어떻게 반응할까? 아마도 "조직의 장이라면 당연히 능력을 발휘해야 한다. 그런데 무능하다면 문제가 있는 것이다. 구성원들의 신뢰를 얻고 리더의 역할을 잘하려면 '좋은 사람'보다 능력이 우선이다. 그런데 모두들 그를 무능하게 본다니, 그것 참 큰일이다!"고 생각할 것이다.

리더가 리더십을 발휘하는 것은 리더 본인의 능력도 문제지만, 무엇보다 주위 사람들이 그를 어떻게 바라보느냐의 문제이기도 하다. 실제로 당시 노무현 대통령의 측근들은 국민에게 대통령의 카리스마와 능력을 보여주어야 한다고 생각했다. 국민이 대통령을 무능하게 보거나 무시한다면 그것 자체가 큰 문제라고 간주한 것이다. 가능한 한 능력을 분명하게 보여주고 확인시켜주어야 하니, 그에 따른 번듯하고 뚜렷한 변화를 준비해야 한다는 생각도 하게 되었다. 하지만 그런 커다란 변화는 하루아침에 이루어지지 않는다. 변화가 일어난다한들 국민이 거기에 한마음으로 동참할 리 만무하다. 자, 이런 상황에서 국민은 '편안하지만 약간 무능해 보이는' 이 분을 과연 어떤 마음으로 바라보게 될까?

우리는 대개 이웃의 사람 좋고 편안하지만 무능한 어떤 이가 큰일을 하겠다고 나서면 불안해 한다. "그냥 하던 대로 하지, 뭘 그렇게 큰 일을 벌이나?" 하고 생각할 것이다. "저러다가 혹시 무슨 사고를 치는 건 아닐까?" 하면서 걱정도 한다. 편안한 이웃집 아저씨가 잘할 수 있는 일은 이웃을 편안하게 해주는 일이다. 조용히 존재하면서 아주 작은 일이지만 사람들에게 중요한 일, 그들이 충분히 공감할 수 있는 일을 골라서 처리하는 것이다. 골목길을 청소한다든지, 노숙자들에게 밥을 지어준다든지 하는 좋은 모습을 강단 있게 밀고 나가다보면 사람들은 점차 그의 능력을 조금씩 인정하게 된다. 그러다가 어느 정도 시간이 지나면 국민이 되려 먼저 "이제 좀 더 번듯하고 큰일을 해주세요!" 하고 요청할지도 모른다. 그럼 사람 좋고 편안하지만 무능한 이웃집 아저씨는 "능력은 별로 없지만 열심히 해볼게요"라면서 일을 시작할 것이다. 이런 식으로 자연스럽게 흘러가는 방향이 좋지 않을까?

나는 보좌관에게 이 내용을 이야기했다. 하지만 별로 좋아하지 않는 기색이었다. 그는 아마도 이 나라를 빨리 변화시켜야 한다고 생각했던

| 고 노무현 대통령은 임기 동안 소신 있고 카리스마 넘치는 이미지(과거 인권변호사, 청문회스타 시절)를 밀고 나갔다.[4]

모양이다. 결국 노무현 씨는 대통령이라는 상품으로 시장에 나왔지만 인기는 별로 얻지 못했다. '참 좋은데 알릴 방법이 없어 결국 잘 팔지 못한 상품'이 되고 말았다. 이 경우는 사람들의 반응과 마음을 읽었으나 통념에 우위를 넘겨준 마케팅의 패배라고 할 수 있다. 하지만 그가 다시 편안한 이웃집 아저씨로 돌아가자 사람들은 무능한 것마저 좋게 받아들였다. 이제 그는 대한민국에서 가장 존경받는 대통령(18년 동안 대통령을 했던 사람을 제외하고)이 되었다. 겨우 5년밖에 대통령을 하지 않았고, 재임 기간 중 '대통령 탄핵'이라는 초유의 폭풍을 맞았음에도 불구하고.

벤자민 프랭클린의 열세 가지 가치덕목

개인이 추구하고 지향하는 가치는 과연 그의 인생 궤적을 어떻게 드러낼까? 개인의 가치와 사회의 가치가 충돌할 때, 우리는 무엇을 택하는가? 이런 순간의 선택 또한 '가치관'에 의해 결정된다면, 애초에 우리 각자가 중시하는 가치란 어떻게 탄생하는가? 미국인에게 벤자민 프랭클린(Benjamin Franklin, 1706~1790)은 매우 상징적인 인물이다. 미국 건국의 아버지라고 불리는 그는 가장 단위가 높은 화폐인 100달러짜리 지폐의 주인공이기도 하다. 사실 그는 피뢰침을 발명한 과학자였다. 학교 교육을 제대로 받지 못해 어린 시절부터 인쇄소에서 일했다. 그곳에서 글 읽는 것을 배우고, 나중에는 돈도 많이 벌었다. 후에 펜실베니아 대학교를 세우고 당시 영국 식민지였던 미 동부 필라델피아 지역에서 가장 명망 있고 부유한 사람이 되었다. 집안도 어렵고 교육도 제대로 받지 못한 그가 어떻게 성공할 수 있었을까? 식민지라는 특수한 상황이고, 독립운동을 해야 했고, 또 건국 초기라는 매우 복잡한 상황이었는데 어떻게 한 사람이 정치가에 외교관, 과학자까지 모두 아우르는 다양한 역할을 그토록 훌륭하게 수행할 수 있었을까? 답은 바로 그가 설정한 삶의 가치, 자신이 세운 뚜렷한 가치를 통해 삶을 조명한 덕분이다.

벤자민 프랭클린은 살면서 자신에게 가장 중요한 가치를 하나씩 모으

| 벤자민 프랭클린과 100달러짜리 지폐.

고 또 그것을 지키려 노력했다. 가치란 '무엇보다 자신을 가장 잘 나타내고 또 자신이 가장 중요시하는 것'이다. 그가 일생 동안 모은 가치는 모두 열세 개였다. 열세 가지의 가치 중 그는 가장 중요한 것으로 '절제'를 꼽는다. 그리고 본인 나름대로 절제를 구체적으로 표현한다. 바로 "절제란 폭음과 폭식을 삼가는 것이다"였다. 젊었을 때 절제라는 가치를 삶의 기본 모토로 삼은 사람의 생활을 상상해보라. 폭음, 폭식을 삼가는 것이 얼마나 어려운 일인지, 그리고 이것이 그 사람을 드러내는 대표적인 성향이라고 할 때, 그 사람은 과연 다른 이에게 "어떤 사람으로 보일까?"를 말이다.

절제에 성공한 다음 그는 두 번째 가치로 '침묵'을 택했다. 그에게 침묵이란 "타인 또는 나에게 유익한 일 이외에는 말하지 않는 것"이었다. 즉

| 벤자민 프랭클린의 열세 가지 가치덕목 |

1. 절제: 폭음, 폭식을 삼간다.
2. 침묵: 타인 또는 나에게 유익한 일 이외에는 말하지 않는다. 쓸데없는 말은 하지 않는다.
3. 규율: 모든 물건은 위치를 정해놓고, 일도 시간을 정해놓고 진행한다.
4. 결단: 해야 할 일은 실행할 것을 결심한다. 그리고 결심한 일은 꼭 실행한다.
5. 절약: 타인과 자신에게 유익한 일을 모색하고 낭비하지 않는다.
6. 근면: 시간을 헛되이 쓰지 않는다. 언제나 유익한 일에 힘을 쏟는다. 불필요한 행동을 하지 않는다.
7. 성실: 타인에게 폐가 되는 거짓말은 하지 않는다.
8. 정의: 타인에게 해를 입히는 행위는 하지 않는다.
9. 중용: 생활의 균형을 지키고 화내지 않으며, 타인에게 관용을 베푼다.
10. 청결: 몸과 의복, 주변을 불결하게 하지 않는다.
11. 평정: 하찮은 일, 피하고 싶은 일이 생겨도 평정을 잃지 않는다.
12. 순결: 타인의 신뢰와 자존심에 상처를 입히는 행동은 피한다.
13. 겸손: 예수와 소크라테스를 본받는다.

쓸데없는 말은 하지 않는다는 주의였다. 그것이 바로 침묵이다. 그러고 나서는 '규율', '결단' 등 하나하나 가치를 정립한 뒤 지켜나갔다. 한 가지가 익숙해지면 다음 가치를 세우는 식이다. 그가 마지막으로 내세운 가치는 '겸손'이다. 벤자민 프랭클린은 예수와 소크라테스의 삶을 본받고자 했다. 예수와 소크라테스를 본받는 겸손이 자기의 삶의 가치인 사람이라면 더 생각하고 말 것도 없이 이미 엄청난 선망의 대상이 되었거나 엄청나게 대단한 사람이 되었을 것이다. 따라서 미국인들은 벤자민 프랭클린의 삶을 가르치고 배우는 데 아무도 이의를 제기하지 않는다. 또 그의 덕목을 교육의 기본으로 삼는 데 토를 달지 않는다. 누구나 존중하는 가치를 기반으로 한 삶이 얼마나 변화할 수 있으며, 또 그것을 자기 삶에 적극적으로 수용한 삶이 어떻게 달라지는지 보여주는 최고의 멘토이기 때문이다. '아픈 청춘'에게 필요한 '임시 처방용 멘토'가 되어주는 것과는 차원이 다르다.

가치가 개인을 규정한다

우리가 추구하는 가치란 무엇일까? 가치는 말 그대로 "쓸모, 중요성" 등을 일컫는다. 물건이나 신념, 사람을 지칭하면서 덧붙이는 말이기도 하다. 또 형이상학적 논의에도 종종 사용되는 표현이다. 이제, "우리가 살면서 가장 비싸게 구입하는 것은 무엇일까?"를 생각해보자. 사람들 대부분은 자동차 또는 집을 떠올릴 것이다. 하지만 삶에서 가장 중요하고 비싼 것은 바로 우리 자신의 삶이다. 스스로 자신의 삶에 얼마의 비용을 지불하고 사는지, 이 세상을 떠나게 될 때 자신의 삶을 어떻게 평가할 것인지, 또 어떤 가치를 부여할 것인지가 가장 중요하다는 뜻이다. 자신의 삶을 일개 자동차나 집에 비교하면서 낮게 평가하고 싶은 사람은 아무도 없을 것이다. 그렇다면 당신은 어떻게 본인의 삶에 최대의 가치를 부여할 것인가? 아니면 그 누구도 감히 당신의 삶에 가격을 쉽게 매길 수 없게끔 귀중하게 만들 것인가? 이런 일련의 작업들이 바로 삶에 가치를 부여하는 과정이다.

가치목록을 보고 여기에서 자신에게 가장 중요한 가치, 자신을 가장 잘 나타내는 것을 생각해서 다섯 가지 적어보라. 여기에는 없지만 평소 당신이 자신을 가장 잘 나타낸다고 생각하거나 중요하게 생각했던 가치가 있다면 그것을 적어도 좋다. "어떻게 살아야 하나?"를 고민할 때 스스로 가장 중요한 기준으로 삼았던 것을 적기 바란다. 어쩌면 삶의 의미를 돈으로만 평가하는 데 익숙할지라도 여기에서는 그것 이상의 무엇인가를 찾아보기 바란다. "이것을 할까, 말까?", "이 회사에 계속 다닐까, 그만

| 가치목록 |

가치(Values), 삶의 중요한 선택과 결정에 영향을 주고 기준을 제공해주는 것					
책임감	자기신뢰	단순함	정서적 안정	지혜
유머	(건강)	아름다움	직업적 성취	품질
즐거움	초연함	창의성	존경	균형
충성	동정심	존엄성	진실성	관대함
정의	사랑	겸손	지식	발전
봉사	성장	경제적 안정	자주성	권력
직관	(행복)	공헌	모험	윤리
공정성	성실성	긍정적 태도	부유함	:
모험심	(가정의 화목)	끈기	신념	
협동	감사	의지력	신앙	
안전	성공	인내	우정	
자율성	소속감	자비	프로정신	
호기심	복종	자유	혁신	

둘까?" 이런 고민들을 하게 될 때 당신은 과연 어떤 가치나 기준에 따라서 움직이고, 자신의 삶을 경영하는가? 누군가 내게 이것을 못하게 한다면 삶이 힘들어질 그런 가치를 택하라. 다만 '( )'로 표시된 것은 선택하지 말기 바란다. 모두 다, 누구나 선택하는 항목이기 때문이다. 누구나 다 하는 것은 자신의 삶에 특별한 의미를 주기 힘들다. 그것은 자신의 삶을 특별하게 만들어주는 가치가 될 수 없다.

어떤 사람이 '긍정적 태도, 성장, 신앙, 즐거운 삶, 열정'을 선택했다. 이 사람의 가치단어를 보고 그가 어떤 사람일지 상상해보자. 이 가치들 중에서 같이 가는 것과 뭔가 다른 느낌을 주는 것이 무엇이 있을까? 혹시 '신앙'이 따로 노는 것 같다고 생각되지 않는가? 신앙이라는 가치를 빼면 이 사람의 삶은 쉽게 그려진다. 긍정적 태도, 성장, 열정, 즐거운 삶은 일맥상통하는 개념들이다. 아마도 이 사람은 자기가 좋아하는 일을 하면서 즐겁고 행복하게 사는 사람일 것이다. 그런데 신앙이라는 요소가 이 사람의 삶에 들어가는 순간 상황이 조금 애매해진다. 고개를 갸우뚱하게 된다. 물론 "신앙이 있으면 얼마나 즐거운데요? 훨씬 열정적으로 살 수 있어요!"라고 말할 수도 있다. 그럴 경우 선교사나 성직자의 삶이 떠오를 것이다. 이 사람은 분명—그의 삶에서 신앙만 뺀다면—아주 행복하고 즐겁고 만족스럽게 사는 모습을 보여준다. 어쩌면 너무 즐겁게 사니까 죄 짓는 거 아닌가 하는 생각이 들어 일주일에 한 번씩 종교 기관에 나가면서 죄를 사해달라고 기도하는 것인지도 모르겠다. 어쨌든 그가 고른 네 가지 가치와 신앙은 서로 닮은 구석이 없어 보인다.

이번엔 다른 사람의 가치를 살펴보자. 그가 고른 것은 '긍정적 태도, 즐거운 삶, 열정, 성실과 아름다움'이다. 이 사람은 즐겁게 살려고 하다가 어느 순간 조금 성실하게 살고 싶은 마음이 들었던 모양이다. 반성하는 마음으로 '성실'을 택한 것이다. 긍정적 태도와 즐거운 삶, 열정을 지니고 산다면 남에게도 아름답게 보일 것이다. 이런 가치를 분명히 하기만 해도 충분히 성실하게 사는 모습이다. 하지만 성실이라는 것을 더 언급함으로써, 현재 자신의 삶에 대한 자부심이나 자신감을 가지지 못한 심리상태를 드러낸다. 한 사람이 스스로 자신의 가치라고 표명하는 것을 보면 그 사람이 어떤 사람인지 알 수 있다.

가치단어로 확인한 대통령 후보들의 리더십

제17대 대통령 선거 때 있었던 일이다. 선거를 약 한 달 정도 남겨 둔 시점에 어느 신문사가 나에게 이런 부탁을 했다. "지금 대통령이 될 사람은 분명 현재의 여론 조사에서 1~4위 가운데 어느 한 사람이 될 것이다. 이들 가운데 누군가는 대통령이 될 것이다. 대통령이 되고 난 뒤 그는 어떤 리더의 모습을 보일까? 또 어떤 지도자로서 행동하게 될까? 이런 내용으로 대통령 후보자들의 면면을 한번 탐색해주기 바란다"고 말이다. 처음에는 엉뚱하다고 여겼지만 실제 이러한 탐색이 가능하다면 몇 년 후 그 사람의 정치행적과 리더로서의 모습을 구체적으로 확인해 볼 수 있을 것 같아 수락했다. 나름 흥미로운 탐색이 될 것 같았다.

연구방법은 간단했다. 대통령 후보로 나온 분들이 자신의 삶에 어떤 가치를 부여하는지, 그리고 자신의 삶을 지배하는 핵심 가치를 무엇으로 여기는지를 조사한 후 그것들을 통해 리더십 패턴을 파악하는 것이다. 나는 먼저 신문사에 다음과 같은 방식으로 자료수집을 할 참인데 이에 협조할 수 있는지 확인했다. 우선 각 후보자들에게 가서 자신을 가장 잘 나타내거나 자신이 중요하게 생각하는 다섯 가지 가치를 선택해달라고 요청했다. 이제 A리더, B리더, C리더라는 이름의 세 사람이 선택한 각각의 가치를 알려주겠다. 그 리더가 누구인지 생각하지 말고, 우선 그들이 고른 가치를 통해 그 사람을 평가해보자.

| 이들은 누구일까? |

A리더	B리더	C리더
긍정적 태도, 배려, 진실성, 창의, 감사	리더십, 배려, 신념, 겸손, 열정	정의, 정직, 자유, 신념, (인간존엄성에 대한) 배려

흥미로운 사실이 있다. 2008년 대한민국의 대통령이 되려고 했던 정치지도자들이 선택한 다섯 개의 가치 가운데 그들 모두가 공통적으로 선택한 것이 있었다. 바로 '배려'이다. 한국의 정치지도자에게 배려라는 가치는 어떤 의미일까? 국민을 배려하는 마음으로 대통령선거에 나왔다는 뜻일까? 아니면 국민이 당신을 배려하여 한 표 주기를 기대한다는 뜻일까? 무엇보다 분명한 것은 당시의 화두가 바로 배려였다는 점이다. 심지어 『배려』라는 제목의 책이 베스트셀러가 되기도 했다. 결국 한국의 정치인들은 대중에게 어필하는 그 무엇을 추종하거나 그런 성향을 보인다는 사실을 가장 먼저 확인할 수 있었다. 배려라는 가치는 이들 정치 지도자들이 자신을 잘 나타낸다고 생각하거나 중요하게 여기는 가치가 아니었다. 다만 당시 상황에 따라, 또 남들이 그렇다고 하니 그냥 따라가는 그런 수준에서 선택한 가치였을 것이다. 앞에서 살펴본 '가정의 화목', '건강', '행복' 같은 가치와 동일하다. 안타깝게도 대한민국 국민은 자신의 가치 하나

뚜렷하게 갖고 있지 않은 정치 지도자들 중에서 한 명을 대통령으로 선택해야 하는 상황이었던 것이다. 아마도 그들은 나름대로 배려라는 가치를 선택하면 사람들이 자기를 멋있게 봐줄 거라고 생각한 모양이다. 이제 남은 네 개의 가치로 각 후보들의 리더십 또는 향후 행적을 짐작해보자.

A리더는 배려를 제외하고, '긍정적 태도, 진실성, 창의, 감사'를 선택했다. 이들 가치 중에서 같이 가는 것과 같이 가지 않는 것을 따져보자. '창의'를 빼고 나서 '긍정적 태도, 진실성, 감사'라는 항목을 보면 어떤 사람이 떠오르는가? 그렇다. 종교인의 이미지가 떠오른다. 마치 목사님 같은 느낌이다. 목사님 같은 삶의 모습을 보이고 싶어하는 사람이 어느 날 갑자기 창의를 언급한다면 당신은 그 사람을 어떻게 평가하겠는가? 겉으로는 목사님처럼 진실하게 감사한 삶을 사는 것처럼 보이지만 속으로는 온갖 잔머리를 다 굴리는 그런 사람을 연상하지 않을까? 그게 아니라면 겉으로 보이는 모습과 그 사람이 속으로 추구하는 것이 별로 일치하지 않을지도 모른다는 의구심이 생긴다. 누군가 이런 가치를 드러낸다면 무엇보다 진실하다고 보기 힘들다. 특히 본인은 진실하게 보이고 싶어하고 긍정적인 태도로 감사를 이야기하지만 사람들은 점차 이 사람의 말을 의심할 것이고 그의 행동에 대해서 끊임없이 의구심을 품을 것이다. 아무리 멋있고 좋은 이야기를 해도 국민은 그에게 다른 꿍꿍이가 있을 거라고 생각할 것이다. 혹은 진실성이 없다고 판단할지도 모른다. 이것이 바로 A리더의 가치단어를 통해 확인한 그의 리더십이다.

B리더를 보자. 그는 배려를 제외하고, '리더십, 신념, 겸손, 열정'을 선택했다. 그런데 이 가치들 중에서 '겸손'이 조금 이상하게 느껴진다. '리더

십, 신념, 열정'은 적극적으로 자신의 생각을 남들에게 알리는 비교적 젊은 지도자의 모습을 보인다. 하지만 젊은 느낌을 주는 사람이 리더십, 신념, 열정을 뚜렷하게 부각하거나 내세우면 내세울수록 한국 사회에서는 그를 건방진 사람으로 인식할 가능성이 높다. 그가 겸손이라는 가치를 선택한 것은 아마도 이런 배경일 것이다. 다른 사람이 자신을 건방지게 본다는 생각 때문에 남들에게 보이고 싶은 자신의 모습을 선택한 것이다.

'리더십'의 경우에도 유사한 안타까움을 느낄 수 있다. 리더십은 그 자체로 한 개인의 삶의 방향을 결정짓는 가치가 아니다. 리더십이란 '리더가 자기 역할을 잘하게 되었을 때 사람들이 인식하게 되는 결과물'이기 때문이다. 그런데도 사람들이 리더십 운운하는 것은 지도자들이 좀 더 자신의 역할을 잘 수행하고 또 뚜렷한 결과물을 만들어내기 바라는 마음에서다(리더십 그 자체는 가치가 될 수 없다. 본인이 아무리 리더십이 있다고 주장해도 주위 사람들이 그를 따르지 않으면 리더십이 없는 것으로 보인다. 그러므로 대개 리더십이 없는 사람일수록 리더십을 강조하게 마련이다). 이 사람의 경우, 남들 앞에 나서려고 할수록 대다수가 그를 불편해 한다. 그래서 본인은 더욱더 겸손이 필요하다고 착각하게 된다.

C리더가 선택한 것은 '정의, 정직, 장유, 신념'이었다. 이 분은 어떤 분일까? 젊기보다는 나이가 드신 분일 거라는 생각이 들지 않는가? '장유유서'에서 나오는 '장유'를 언급한 것을 보면 적어도 이 분은 연배에 따른 위·아래 질서에 민감할 것 같다. 정의를 내세우는 걸 보면 아마도 직업이 법과 관련되었을 가능성이 크다. 정의는 분명 중요한 가치이다. 하지만 정의가 가치로 작동하려면 일군의 집단에서 구성원들이 도출한 합

의가 기준이 되어야 한다. 이분의 가치단어를 보면서 합의점을 찾는다면 아마 장유유서일 것이다. 어쩌면 후보 가운데 연세가 가장 높을지도 모른다. "장유에 따른 정의가 결정된다"는 신념은 분명 정직한 이 분의 마음가짐일 것이다. 안타까운 점은 지금 우리 사회가 장유유서 같은 삼강오륜의 윤리의식이 무엇인지조차 잘 모르는 시대라는 것이다. 아마도 이분이 바라는 정의가 실현되기는 어려울 듯하다.

자, 이들이 각각 누구인지 파악할 수 있겠는가? A리더는 이명박, B리더는 정동영, C리더는 이회창 후보였다. 당신의 짐작과 맞아떨어지는가? 짐작이 틀렸다면 어느 부분에서 그런가? 그 가운데 한 사람은 대통령이 되었고, 나머지 사람들은 뉴스의 정치란에서나 이따금 만날 수 있을 뿐이다. 그들의 언행을 보면서 세 명의 후보가 선택했던 가치단어와 연결시켜보는 것도 흥미진진한 일일 것이다. 그리고 과거 시점에 그들이 선택했던 가치가 현재에 이르는 동안 어떤 식으로 발휘되었는지 확인할 수 있다. 삶의 궤적을 지켜보면서 이들이 표현했던 가치가 어떤 부분에서 일치하고, 무엇이 어긋났는지 짚어보는 것도 가능하다. 아마도, 일치되는 행동을 많이 한 사람들은 비교적 존경받는 지도자로 군림하고 있을 것이고, 그렇지 않은 지도자는 대중의 관심을 잃었을 것이다. 잠깐 스포트라이트를 받으며 등장했다가 곧 잊히는 상품처럼 말이다.

한국인의 가치는 이중적이다

소비는 '나'라는 사람이 가치 있고 중요하다는 것을 알리기 위해 내가 사용 가능한 자원을 모두 활용하여 나를 알리는 행위이다. 보통 '가치'를 말하면 다들 돈으로 환산하려고 한다. 하지만 우리의 삶에서는 돈이 아닌 다른 그 무엇이 더 중요한 순간이 있다. 이런 것을 '돈이 아닌 다른 가치'라고 한다. 소비심리의 핵심은 소비자가 하는 행동이나 판단 속에 들어 있는 "돈이 아닌 다른 가치들이 어떤 것인지, 그것들은 어떻게 나타나는지"를 분명히 아는 것이다. 돈은 어떻게 쓰이냐에 따라 가치가 달라지는 대표적인 것이다. 금고에 고이 모셔놓은 몇 억보다 평생을 장사해서 모은 돈을 장학금으로 기탁하는 천만 원의 가치가 더 클 수 있다. 이처럼 삶을 풍요롭게 그리고 의미 있게 만드는 다양한 가치들이 있다는 것을 알 때, 우리는 돈을 가지고 삶을 얼마나 다양하고 풍요롭게, 살 수 있는지 알게 된다. 그리고 행복하게 살아갈 길도 찾게 된다.

우리의 일상생활이나 소비행위에서 '가치'라는 건 과연 어떤 의미를 지니고 있을까? 그 답이 궁금했던 나는 몇 년 전 소비심리학 수업을 듣던 연세대학교 학부생들과 함께 "한국인들이 중요하게 생각하는 삶의 가치는 무엇일까?"를 탐색해보았다. 미국 스탠포드 리서치 기관이 만든 VALS에서는 '혁신형'과 '생존형'이 미국을 대표하는 상징적인 가치와 라이프스타일로 나타났다면, 한국인의 가치를 대표하는 항목 가운데서는 '멋진 사람이 되고 싶은 마음'과 '욕망을 충족하는 사람으로 살고 싶은 성향'이 가장 두드러졌다.

미국의 경우 혁신을 추구하는 것은 주류의 가치이다. 비주류가 추구하는 가치란 생존하려고 노력하는 모습이다. 하지만 한국인의 가치는 '멋진 사람'과 '욕망충족'이었다. 그리고 대다수 사람들이 이 두 가지를 동시에 추구하는 것으로 드러났다. "멋있게 보인다"는 것은 각자가 지닌 다양한 욕망을 현실에서 구체적으로 실현하는 것으로 충족된다. 대개 표면적으로는 멋진 사람으로 보이길 원하면서 속으로는 가능한 한 자신의 욕망을 실현하고자 한다. 이것이 바로 '한국인이 표현하는 가치' 속에서 확인할 수 있었던 '한국인의 심리'다.

한국인이 추구하는 가치의 특성은 무엇보다 "표면적으로 드러나는 것과 속으로 충족하려는 것이 다르다"는 데 있다. 다시 말해 "겉으로 보이고 싶어하는 것"과 "속마음이 바라는 것"이 다르다. 욕망의 갈등이다. 이런 경우, 자신이 원하는 욕망을 충족하게 된다고 하더라도, 자신의 상황에 대해 만족하기 어렵다. 겉으로 내보인 것이 자신이 마음속으로 원했던 것과 같지 않기 때문에 욕망을 충족했다 하더라도, 그것은 충족된 것이 아니다. 심지어, 자신의 욕망이 충족되었더라도, 그것이 정말 자신이 원했던 욕망이 아니라고 부인하는 일까지 벌어진다. 따라서 다른 그 무엇이 아닌 자기 자신 안에서 '가장 먼저' 모순을 경험한다. 누가 시킨 것도

| 한국인의 정체성: 멋진 사람(Cool guy)과 체념한 자포형(Nobody) |

멋진 사람 Cool Guy	한국인의 정체성	체념자포형 Nobody
보여주고 싶은 모습		욕망 불충족시 정체성
· 다른 사람을 도울 때 보람을 느낀다 · 믿음직하다 · 호의나 선물에 쉽게 감동한다 · 이따금 게으르다 · 맡은 일을 철저히 수행한다 · 남들이 보지 못한 다른 면을 본다 · 모든 이에게 친절하다 · 이야기하는 것을 즐긴다 · 다른 사람 감정에 잘 공감한다		· 우울하고 어둡다 · 예술에는 관심 없다 · 한 장소에 오래 있는 것을 어려워한다 · 단순하며 반복된 업무를 선호한다 · 지시하기보다는, 받기가 편하다 · 남을 감동시키는 재능이 없다 · 때때로 무례하다 · 새로운 물건을 못 받아들인다 · 쉽게 신경질 내고 산만해진다

아닌데 그렇게 한다. 덕분에 자기가 중요하다고 믿는 것을 현실에서 추구하는 과정에서 매우 이중적인 모습을 드러낸다. 원했던 욕망을 이루더라도, 만족하지 못하고 여전히 자신이 처한 현실에 불만을 느낀다. 극심한 빈곤 상태를 탈피해 비교적 경제적 풍요를 누리는 한국인들이 여전히 삶의 어려움을 호소하면서 자신들의 삶이 불행하다고 느끼는 이유이다.

한국인의 삶의 가치와 라이프스타일

한국인이 보여주는 삶의 가치를 이해하기 위해서는 먼저 VALS에서 언급했던 가치와 라이프스타일이 구체적으로 무엇을 기준으로 구분되는지 이해해야 한다. 한국인의 가치와 라이프스타일도 VALS를 나타내는 개념 구조와 동일한 방식으로 표현되기 때문이다. 혁신형과 생존형으로 구분되는 미국의 가치는 그 자체로 열정이 있는 사람과 그렇지 않은 사람으로 나뉜다. 하지만 한국인의 경우—최소한 가치의 측면에서는—주류나 비주류 모두 나름대로 삶의 열정만큼은 뚜렷하다. 남에게 보여주고, 또 스스로 이루었으면 하고 욕망하는 바가 뚜렷하다는 뜻이다. 바로 이 지점에서 VALS가 보여준 결과와 대비된다. 한국인의 가치란 분명하게 다른 차원을 추구하는 단일적인 속성이 아니라 "한 개인이 '남에게 겉으로 보여주는 것'과 '자신이 속으로 추구하는 것'이 혼재된 상태"이기 때문이다. 주류와 비주류의 모습이 각기 다른 집단을 통해 나타난다기보다 한 사람의 삶에서 그대로 드러난다는 뜻이다. 즉 '겉과 속이 다른' 이중성으로 표현되는 것이다.

멋진 사람의 성향은 적어도 남들이 보기에 그렇다는 뜻이다. 이것은 욕망충족을 통해 이루어진다. 욕망이 실현된 모습으로 남들에게 보이는 게 바로 멋진 사람이다. 결국 한국인에게 가치란 '뚜렷하게 자신의 삶을 나타내는 어떤 것'이 아니라 '누구의 눈에 어떻게 보일 것인가를 고려하는 것'이다. 따라서 미국처럼 어느 한 사람이 주류인가 비주류인가로 구분되는 게 아니다. 어느 한 사람의 "표면적인 모습과 마음속으로 추구하는 것이 어떻게 다른가"로 구분된다. 그만큼 한국 사회의 대다수는 '이중적인 가치'를 추구하며 살아간다.

물론 이중적인 가치 표현이 꼭 한국인에게만 해당되는 건 아니다. 일본인의 심리에서도 비슷한 경향이 나타난다. 이른바 '혼네(本音, 개인의 본심, 진짜 생각)'와 '다테마에(建前, 겉모습)'이다. '겉과 속'이라는 마음의 이중성에 대한 이야기는 인간관계를 중시하고 또 집단의 압력 속에서 개인이 자신의 역할을 수행해야 하는 동양 문화의 맥락 속에서 자연스럽게 발현되는 특성이다. 한 개인의 정체성을 어떻게 형성하고 유지할 수 있는가의 측면에서 보자면, 현실에 무난하게 적응하기 위한 개인의 심리기제일 수도 있다. 이런 상황에서 누군가 겉마음과 속마음이 같아야 한다고 주장한다면 그것은 뻔한 통념이나 계몽적인 규범을 따른 당위일 뿐이다. 동양의 성인들이 '지행합일(知行合一)'의 도(道)를 주장하지만 일상의 생활에서는 당위에 그치고 마는 그런 수준이다.

따라서 동양의 문화에서 가치란 게 '당위의 문제'인지 아니면 '한 인간 개인의 심리와 행동의 일반 형태를 의미하는 것'인지를 구분하는 것은 그리 단순하지 않다. 한국인들이 겉으로 남에게 멋있는 모습을 보여주고 싶다고 말할 때 그 모습은 '소시민'과 '엄친아', '범생이'로 나눌 수 있다.

소시민의 삶은 타인으로부터 인정을 추구하고 스스로 권위를 따른다. 이들의 기본적인 모드는 '현실적응'이다. 자신의 삶에 충실할 뿐 아니라 주위의 사람들과 평화롭고 화목하게, 그리고 행복하게 살려고 노력한다. 엄친아는 우아하고 세련된, 성공한 삶의 모습을 드러낸다. 범생이는 말 그대로 시키는 일을 열심히, 성실하게 수행하는 그런 모습을 보여준다.

한국인의 가치 탐색에서 드러났듯이 사람들은 "자신을 가장 잘 나타낸다고 생각하는 가치"와 "자기 안에서 가장 중요하게 생각하는 가치"가 다르다. 누구나 '가치의 이중주'를 연주하고 있는 셈이다. 어쩌면, 남들에게 보여주고 싶은 모습과 속으로 추구하는 욕망이 '나'라는 이름 아래 자연스레 합체된 것인지도 모른다. 오스카 와일드(Oscar Wilde 1854~1900)의 소설 『도리언 그레이의 초상 The Picture of Dorian Gray(1891)』의 주인공처럼 말이다. 이 합체는 모두 세 가지 형태로 나타난다. 각각 겉과 속의 이중성이 연결된 형태이다.

남들에게 보여주는 모습을 '소시민'이라 한다면 그가 속으로 욕망하는 모습은 '잘난자'이다. 겉으로는 '엄친아'로 보아주기를 바라지만, 속으로

| 오스카 와일드의 소설을 원작으로 한 영화 〈도리언 그레이〉.[5]

지향하는 바는 '수도사'와 같은 맹목적이고 금욕적인 삶이다. 남들에게 '범생이'로 보이고자 하는 사람의 마음에는 특정 이념이나 집단규범 또는 종교적 신념과 같은 어떤 것을 맹목적으로 추종하려는 '광신도'적 마음이 도사리고 있다. 이처럼 겉과 속의 이중적인 가치가 혼재하는 사람들이 보여주는 삶의 속성은 무엇이고, 또 이 속성들은 다른 사람의 삶에서 어떤 구체적인 가치로 표현되는가? 구체적으로 어떤 사람이 어떤 가치를 가지고 있는가 쉽게 알려면 우리가 이미 알고 있는 인간에 대한 경험과 지식을 백분 활용해야 할 것이다.

한국의 '멋진 사람'들은 어떤 가치를 추구하는가?

가치는 한국 사회에 있는 사람의 라이프스타일을 그대로 반영한다. "무엇을 위해, 어떻게 살아야 할 것인가?"는 그 사람이 무엇을 가장 중요하게 여기는가를 보여주는 지표이다. 무엇을 지향하고 무엇을 바라는 삶인지 규정하는 것이 바로 가치이니까! 만일 어떤 사람이 자신의 가치를 "(마음의) 평화, 지혜, 신앙, 감사, 진실성"이라고 이야기한다고 치자. 그 사람은 분명 배려, 정직도 강조할 것이다. 우리 주위에서 쉽게 찾아볼 수 있는 소박하고 열심히 살아가는 이웃이나 친구일 수 있다. 자신의 삶을 감사하게 받아들이고 이웃을 생각하는 그런 사람들이다. 쉽게 마주치는 사람들, 착하고 좋은 우리의 이웃 같은 사람들이다. 우리는 이들을 대개 소시민이라 부른다. 자, 그럼 자신을 소시민으로 보여주고 싶은 사람의 속마음은 어떨까?

권력, 권위, 경쟁, 혁신, 완벽이 자신을 잘 나타내고 또 자신에게 중요하다는 사람이 있다. 그들은 스스로를 소시민이라고 주장한다. 하지만 그렇게 주장하는 사람일수록 실제로는 그러지 않은 경우가 더 많다. 삼척동자도 아는 사실이다. 재산이 60억 원이 넘는다면서 공직자 재산 신고를 한 오세훈 전 서울시장은 한때 대학생들의 반값 등록금 시위에 공감한다고 글을 올린 적이 있다. 자신이 두 딸의 등록금 때문에 등골이 휘는 줄 알았다면서. 정말 그랬을까? 이 예는 한국 사회에서 매우 '잘나가는 사람'이 자신의 가치를 엉뚱하게 소시민으로 포장하면서 불거졌던 실수를 보여준다. 속으로 잘난자의 욕망을 충족하려는 사람이 겉으로는 소시민의 모습을 보여야 하는 현실을 가장 극명하게 드러내주는 사회가 바로 대한민국이다.

가치 충돌이 뚜렷한 두 번째 집단은 겉으로 엄친아로 보이면서 속으로는 스스로 절제하고 맹목적인 삶을 살아가는 수도사의 욕망을 충족하려고 고군분투하는 유형이다. 여기에서 '수도사'라는 단어에 대한 이해가 필요하다. 이것을 종교적인 의미로 받아들일 필요는 없다. 수도하는 마음으로 현재의 욕구를 억제하면서 자신의 안정된 미래를 위해 오늘도 공무원이나 공사 시험 혹은 고시를 위해 열심히 자신의 욕구를 억제하는 사람들을 일컫는 말이기 때문이다. 이들은 언젠가 오게 될 '즐거운 나의 삶'을 상상하면서 오늘을 희생해서라도 '경제적 안정, 성공, 발전(성장), 긍정적 태도'라는 가치를 얻고자 한다. 또 그런 가치와 미덕으로 중무장한 자신의 모습을 남에게 보여주고 싶어한다. 내심 수도하는 마음으로 '영성, 충성심, 신앙, 순결, 자비'를 기대하면서.

가치를 통한 한국인의 삶을 확인할 때 현실에 가장 충실한 모습이 범생이와 '맹목추종자'라고 이름 붙인 집단이다. 이들이 겉으로 보여주는 핵심 가치는 '열정, 노력, 진실성, 자신감, 책임'이지만 마음속의 가치는 '영성, 단순한 삶(simple life), 신앙, 외모, 권위'이다. 한국 사회에서 이 집단의 사람들이 맹목적으로 추종하는 것은 종교적인 믿음이 아니다. 오히려 '안정성, 인정' 등과 보다 확실히 얻을 수 있는 '돈'과 같은 가치에 맹목적으로 추종한다. 물론 겉으로는 가능한 한 범생이의 모습을 간직하면서.

범생이는 박카스 광고에 나오는 젊은이처럼 상당히 건전하고 멋있게 사는 젊은이의 모습이다. 그러나 거기에는 젊은이 개인의 삶은 드러나 있지 않다. 집단이 가장 바람직하게 여기는 모습만 드러날 뿐이다. 무엇을 위해 그가 살아가는지, 지향하는 바나 생각, 시선은 뚜렷하지 않다. 기계의 부속품과 같은 삶의 모습만 보여줄 뿐이다. 그가 누구인지 이름이 무엇인지 등은 하나도 중요하게 취급되지 않은 채 그저 멋있는 젊은이로 드러난다. 당신은 소시민, 엄친아, 범생이, 잘난자, 수도사, 맹신자…… 이러한 삶의 모습 중 어떠한 모습으로, 어떠한 가치관을 지니고 살고 있는가?

Be myself, be yourself!

우리의 삶은 우리가 지불해야 할 가장 비싼 소비 항목이다. 마치 시장에 나온 상품처럼 말이다. 우리는 쇼핑할 때 눈길을 사로잡는 상품이 있으면 먼저 "잘 살펴본다." 그런 다음 구입 여부를 결정한다. 물건 자체에 나름 정당한 가치를 지불하고 그것을 구매한다. 우리가 앞에서 대통령이 되겠다는 사람들이 고른 다섯 가지 가치단어를 통해 그들이 향후 어떤 정치행동을 하게 될지 추측한 것처럼, 개인의 경우에도 자신을 대표하는 가치를 기준으로 삶에 소요되는 여러 가지 비용을 지불하게 마련이다.

한국인들은 모두 돈을 많이 벌고 싶어한다. 남부럽지 않게 성공한 삶을 살기 원한다. 하지만 정작 자신이 삶에 지불하는 비용이 얼마인지, 자신의 삶이 얼마의 가치를 가지는지에 대해서는 잘 모른다. 아니 속수무책이다. 오히려 매우 중요한 선택의 순간이 올 때마다 "어떻게 하면 좋을까요?" 하고 도움을 요청한다. 이럴 때 대다수 사람들은 "네가 하고 싶은 걸 해" 하고 말한다. 돈으로 따지자면 100원 정도 가치에 해당하는 조언이다. 분명 멋있는 말이다. 하지만 받는 사람에게는 전혀 반갑지도 않고, 고맙지도 않다. 길거리에서 만난 걸인에게 100원짜리 동전을 하나 던져 준다고 생각해보라. 100원은 분명 돈이지만 거지조차 100원을 우습게 여긴다. "100원으로 뭘 하라구?" 하면서.

고민하는 사람의 입장에서 정말 힘든 문제는 정작 자신이 하고 싶은 것이 무엇인지를 모른다는 데 있다. 무엇을 할지 모르겠는데 하고 싶은 것을 하라는 이야기는 전혀 영양가가 없다. 또 다른 고민도 있다. 어떤 젊은이가 자신이 하고 싶은 것을 무작정 하려고 할 때 가장 많이 듣는 질문이 "너 왜 그걸 하는데?"이다. 이때 만일 질문을 받은 당사자가 "그냥요. 재미있어서요!"라고 대답한다면 바로 이런 말이 날아올 것이다. "앞으로 어떻게 먹고살려고 그런 일을 해? 하고 싶은 대로 하면서 살 수는 없어."

자, 대체 어쩌란 말인가? "하고 싶은 것을 하라"고 해서 했더니 "먹고살 일"을 운운한다. 정말 사소한 예이지만 이것이 한국 사회에서 벌어지는 이야기, 한국에서 살아가는 우리의 모습이다. 그러다보니 진퇴양난의 상황에서 결국 엉거주춤한 자세로 '무난하게 사는 삶'을 택한다. 반쯤 하고 싶은 것을 하고, 반쯤은 하기 싫은 일을 한다. 내가 정말 원하는 것을 사고 싶지만 형편이 안 되니까 비슷한 짝퉁이라도 가지려는 심사와 다르지 않다. 그러니 인생 쇼핑이 즐거울 리 없고, 자신이 선택한 물건에 대해서도 큰 애착을 가지기 힘들다.

소비는 내가 살고 싶은 삶의 모습을 보여주는 동시에 남들이 하는 대로 무난하게 따라가는 삶의 모습도 보여준다. 사람들은 종종 "행복해지려면 무엇보다 타인의 시선으로부터 자유로워져라", "나만의 즐거움을 만들어라", "모든 사람이 서로 다르다는 사실을 수용해라", "자신의 욕구에 귀 기울이고 이를 적극적으로 표현하라", "일관성을 가져라", "당당하게 행복을 추구해라" 하고 조언한다. 만일 당신이 이런 조언을 받았다고 하자. 정말 이렇게 살 수 있을까? 만일 당신 주위의 어떤 사람이 이렇게 살아간다면 당신은 그를 바라보며 어떤 생각을 할까? "저 사람은 개인주의적인 가치로 똘똘 무장했군. 그리고 현실에서도 열심히 그것을 추구하고 있어!" 하고 느낀다면 당신은 정말이지 '제대로' 본 것이다. 개인주의를 집단주의보다 중요하게 생각하면서 개인의 삶에 어떤 비용이라도 지불하고자 하는 사람들이 즐겨 선택하는 행복의 비법이다. 당신은 어떤 입장에서, 삶의 행복을 위해 어떤 비용을 지불하겠는가? 소비의 문제는 바로 이런 질문에 대한 답을 준다.

소비는 소비하는 사람이 어떤 삶을 살고 있고, 주위에 있는 사람들이 어떤 삶을 살고 있는지 정확히 알게 해준다. 이제껏 이야기한 바에 근거해서 한국인의 삶의 정체를 가치로 표현해보자. 아마 한 마디로 "주위 사람들에게 멋지고 괜찮은 사람으로 보이면서 또 한편으로는 잘난 사람으로 인식되기를 원하는 것"일 터이다. 멋지고 괜찮은 사람으로 사는 모습은 어떤 것인가? 한국인이 그리는 멋지고 괜찮은 삶이란 "경제적으로 풍요롭고, (물질적으로나 정신적으로) 필요한 모든 것을 다 갖춘, 가족 중심적인 삶"이다. 하지만 이런 사람일수록 자신의 생각을 이야기하기보다 당위성을 이야기한다. 이들은 또 이런 삶을 이루려면 자기계발에 더욱 열심이어야 하고, 더 많은 인맥을 쌓아야 한다고 믿는다. 사람들 대부분이 지향하는 삶의 모습일 수도 있다. 자신이 남들보다 우월하다고 생각하거나 자신의 부나 권력을 과시하고 싶을 때, '소비'는 그가 선택할 수 있는 가장 편리한 수단이 된다.

    스위스 출신의 영국 작가 알랭 드 보통(Alain de Botton)은 이 같은 삶의 모습을 '속물근성'이라고 부른다. 현재 한국인들이 추구하는 삶에서도 속물근성은 매우 뚜렷하게 드러난다. 나쁘다고 폄하하는 게 아니다. 다만 이 속물근성이야말로 '우리가 사는 진짜 모습'이라는 것을 직시해야 한다는 뜻이다. 이 현실을 인정할 때 우리는 자신을 새로운 방식으로 이해하고, 통찰할 수 있게 된다. 속물로서의 삶을 살면서 그렇지 않다고 주장하는 것은 마치 명품을 통해 자신을 과시하고 또 인정받고 싶어하는 마음이 있으면서도 이를 숨긴 채 명품의 역사성이나 문화 등등 고상한 면만 내세우는 것에 다름아니다.

    소비자 심리, 마케팅 심리를 알기 위해 공부하는 것도 마찬가지다. 이제 막연히 미국에서 일어나는 일을 마치 한국에서도 그대로 일어날 것처럼 이야기하는 마케팅이나 소비심리에 대한 책은 더는 필요없다. 거기에는 분명 재미있는 이야기와 좋은 사례들이 많을 것이다. 하지만 그런 책은 한국인의 소비행동, 한국 사회에서 사람들이 보여주거나 원하는 삶의 모습을 다루고 있지 않다. 한국에서 생활하는 5천만 대한민국 사람들을 이해하고 또 이들의 소비심리를 파악하려면 무엇보다 이 사회에서 살아가는 사람들의 마음이 어떤지 알아야 한다. 아니, 어떤 행동이 허용된다고 믿고 있는지, 우리가 우리 자신에 대해 어떤 것을 믿고 있는지 알 수 있어야 한다. 우리 삶의 방식과 삶의 가치, 그리고 우리 자신을 드러내고 보여주는 다양한 행동에 대해 우리가 믿고 있는 것이 무엇인지를 정확하게 아는 것이야말로 소비심리에 대한 정확한 탐색일 것이다.

참고문헌 및 정보 출처

프롤로그 나는 소비한다, 고로 존재한다
1 명품매장도 발길 '뚝'…백화점, 움츠린 소비심리 만큼 '흐림', 노컷뉴스, 2012년 4월 1일
2 '명품홀릭' 대한민국, 서울경제, 2012년 4월 4일
3 "30대女, 6000만원 '전신 성형' 무료시술 후…", 중앙일보, 2012년 2월 2일
4 한국민족문화대백과사전

1장 소비심리학의 탄생
1 『The principles of Psychology』, William James, Encyclopaedia Britannica, 1890
2 연합뉴스
3 『Consumers』, Eric J. Arnould · Linda Price · George M. Zinkhan, Mcgraw Hill Higher Education, 2003, p15~23
4 『소비자행동』, 이학식 외, 법문사, 2006
5 『소비자 행동의 이해』, 이문규 · 홍성태, 법문사, 2005
6 『소비자 행동론』, 임종원 외, 경문사, 2010
7 『소비자 심리의 이해』, 홍성태, 나남, 1999

8 『소비자 심리학』, 양윤, 학지사, 2008

9 『프로파일링』, 브라이언 이니스(이경식 옮김), 휴먼앤북스, 2005

10 ⓒBARBARA KRUGER, MARY BOONE GALLERY(NEW YORK) 제공

2장 내 마음을 뺏어봐!

1 ⓒSicnag commons.wikimedia.org/wiki/File:Ford_Model_T_Tourer.jpg

2 폰티악(좌) ⓒDetectandprserve commons.wikimedia.org/wiki/File:Pontiac_Economy_Eight_2-door_Sedan_000_Series_601_1933-1935_frontright_2012-04-13_A..jpg

캐딜락(우) ⓒRamgeis commons.wikimedia.org/wiki/File:Cadillac_V-16_Roadster_1930.jpg

3 갤럭시탭으로 이란 핵시설 폭파?…… 삼성, 광고로 곤혹, 경향신문, 2012년 2월 3일

4 『HAWKINS의 소비자 행동론』, D.I. Hawkins·D.L. Mothersbaugh(이호배 외 옮김), 지필미디어, 2011

5 출산장려캠페인 광고 〈마더하세요〉 캡처

6 연합뉴스

7 영화 〈허드서커대리인〉 캡처

3장 심리학자, 새로운 마음 탐색 패러다임을 제안하다

1 영화 〈빅〉 캡처

2 휴대전화의 경쟁 상대는 음료수다?, 조선비즈, 2010년 10월 14일

3 『나이키의 상대는 닌텐도다』, 정재윤, 마젤란, 2006

4 Moskowitz Jacobs Inc., White Plains, New York USA

5 jalopnik.com/358885/commenter-of-the-day-maximum-wagon-condiment-edition

4장 당신의 마음은 방금 스캔되었습니다

1 '꼬꼬면 맛' 본 순간 "게임 끝", 머니위크, 2011년 12월 23일

2 『HOW CUSTOMERS THINK: 소비자의 숨은 심리를 읽어라』, 제럴드 잘트먼(노규형 옮김), 21세기북스, 2004

3 www.apps.nimh.nih.gov/science-news/2009/impaired-brain-activity-underlies-impulsive-behaviors-in-women-with-bulimia.shtml

5장 특명, SK 와이번스 팬의 마음을 잡아라!

1. 표준국어대사전, 국립국어원
2. 연합뉴스
3. 블로그 〈숲야구, 야구, 야구〉 blog.naver.com/jimanida
4. 연합뉴스
5. 연합뉴스
6. 연합뉴스

6장 며느리도 모르는 통신요금의 비밀을 밝혀라!

1. 연합뉴스
2. 연합뉴스
3. 연합뉴스
4. 스마트폰 안 쓰면 '퇴물'? 피처폰이 그리워, 오마이뉴스, 2012년 1월 21일
5. 연합뉴스

7장 디지털 괴짜, 그들이 온다

1. 연합뉴스
2. '안철수 열풍…' 자극제이고 희망이다, 주간한국, 2011년 12월 23일
3. ⓒSebastian Derungs commons.wikimedia.org/wiki/File:George_Soros_-_World_Economic_Forum_Annual_Meeting_Davos_2010.jpg
4. EBS 다큐멘터리 〈마더쇼크 2부, 엄마 뇌 속에 아이가 있다〉 캡처
5. 스티브 잡스(좌) ⓒMatthew Yohe commons.wikimedia.org/File:SteveJobsMacbookAir.JPG, 유주완(우) 연합뉴스
6. 연합뉴스

8장 21세기 디지털 신인류의 라이프스타일

1. 영화 〈건축학개론〉 movie.naver.com
2. 『캐즘마케팅』 제프리 A.무어(유승삼, 김기원 옮김), 세종서적, 2002

3   SK브로드밴드 Btv 광고, KT 올레tv 광고 캡처 www.tvcf.co.kr

4   '아이폰' 강남 아줌마가 선호하는 이유?, 헤럴드 경제, 2010년 3월 29일

5   『광고관리』, 안광호·이유재·유창조, 박영사, 2004

6   www.cnet.com

7   연합뉴스

8   『디지털 괴짜가 미래소비를 결정한다』, 황상민, 미래의창, 2008

9   애플 iPod 소개 홈페이지 화면 캡처 www.apple.com/ipod/nike

10 새누리당 광고 캡처

11 지마켓 홈페이지 화면 캡처 www.gmarket.co.kr

12 롯데백화점 홈페이지 화면 캡처 www.ellotte.com

13 구글 홈페이지 화면 캡처 www.google.co.kr

14 네이버 홈페이지 화면 캡처 www.naver.com

15 드라마 〈빅뱅이론〉 캡처

16 연합뉴스

9장 명품소비에 숨어 있는 마케팅 심리

1   드라마 〈궁〉, 〈마이프린세스〉 캡처

2   연합뉴스

3   연합뉴스

4   영화 〈악마는 프라다를 입는다〉 캡처

5   잡지 ≪럭셔리≫ 표지, designhouse 제공

6   영화 〈섹스 앤 더 시티2〉 캡처

7   ⓒjean-louis zimmermann commons.wikimedia.org/wiki/File:Louis_Vuitton_Champs-Elys%C3%A9es_2.jpg

8   연합뉴스

9   연합뉴스

10 영화 〈마이블랙미니드레스〉 캡처

11 ⓒStougard commons.wikimedia.org/wiki/File:Two_girls_are_walking_in_the_street.jpg

12 news-y 캡처

에필로그 나는 존재한다, 고로 행복하다

1 포스코 〈셔플댄스〉 광고 캡처
2 중앙선거관리위원회 홈페이지 www.necpr.go.kr
3 고 노무현 당시 17대 대통령 후보 대선 광고 〈상록수〉 캡처
4 연합뉴스
5 영화 〈도리언 그레이〉 캡처